KB060694

디지털 시대의
문화 예술

현대의 지성 100
디지털 시대의 문화 예술

초판 발행 __ 1999년 5월 12일
4쇄 발행 __ 2006년 3월 22일

엮은이 __ 최혜실
펴낸이 __ 채호기
펴낸곳 __ ㈜문학과지성사

등록 __ 1993년 12월 16일 등록 제10-918호
주소 __ 서울 마포구 서교동 395-2(121-840)
전화 __ 편집부 338-7224~5   영업부 338-7222~3
팩스 __ 편집부 323-4180   영업부 338-7221
홈페이지 __ www.moonji.com

ⓒ 최혜실, 1999. Printed in Seoul, Korea

ISBN 89-320-1075-7

현대의 지성 100

디지털 시대의 문화 예술

통합의 가능성을 꿈꾸는 KAIST 사람들

최혜실 엮음

문학과지성사
1999

서문
──미디어 랩 혹은 통합의 가능성을 꿈꾸는 사람들

I. 책을 내기까지

세상이 변하고 있다고 한다. 아니 심지어 새로운 시대가 시작되고 있다고 한다. 새로운 미디어, 디지털 미디어의 등장으로 다매체 · 다채널화 · 전달망의 통합이 일어나고 정보의 양은 엄청나게 많아지고 다양해졌으며 이제 눈에 보이지 않는 지식이 경제의 핵심이 되고 있다. 디지털의 네트워크는 학연 · 지연 · 혈연의 연줄망뿐 아니라 국가의 구분에조차 변화를 일으키고 있는 듯하다. 나아가 디지털의 미디어는 인간의 감성에서 출발하는 예술을 새롭게 정의하고 있다. 인류 역사상 지금처럼 과학 기술이 인간의 살아가는 방식에 영향을 끼친 시기는 없는 것 같다. 물론 여기에는 소위 콘텐츠 산업의 육성이라는 의도적인 국가 시책이 끼여든 혐의도 없지는 않지만 객관적으로 보더라도 최근 인문학은 이 상황 속에서 스스로 어떻게 있어야 할 것인가? 주체의 문제, 인식과 존재의 문제, 창조와 그 실천의 문제 속에서 어떻게 자신을 새롭게 정립할 것인가 심각하게 고민할 정도로 디지털화와 정보화는 이 세상에 큰 변화를 몰고 오고 있다.

이즈음 KAIST에서 문화 예술과 이공학의 접목을 통해 정보화 사회에 맞는 새로운 패러다임을 구축하려는 한 모임이 생긴 것은 최근의 일이었다. 필요성은 누구나 인정하지만 이공학과 인문학의 이분법이 워낙 강하게 자리잡고 있는 한국의 현실에서 전공에서의 자신의 굳건한 위치를 한 수 접고 그 경계를 넘나들기 위해서는 각자 어느 정도의 용기가 필요했던 것이다. 미래의 꿈은 크고 도전적이었지만 일단은 각양각색의 전공자들의 의견을 조율하고 뜻을 모으는 단계가 필요했고 그 방법으로 우리는 책을 내기로 했다. 인쇄 매체의 쇠퇴와 죽음을 몰고 올 디지털 부대들이 책이 웬말이냐고 누군가 농담처럼 던졌지만 우리는 바로 그 책의 죽음을 위해 책을 내야 할 필요성에 모두 동감했다.

II. 통합을 꿈꾸는 사람들

1부 제1장의 「디지털 문화 시대」는 본 연구의 서론으로 미디어의 변화가 인간에게 어떤 영향을 미치고 있으며 그 변화의 의미와 한계가 무엇인가를 쉽고도 명징한 언어로 개관하고 있다. 디지털이란 구체적인 물질 *atoms*이 아니라 비트 *bits*의 방식으로 전송되는 새로운 미디어로서 이 때문에 정보의 양은 엄청나게 많고 다양해졌으며 이제 눈에 보이지 않는 지식이 경제의 핵심이 되고 있다.

이 새로운 미디어는 문화 생활, 예술, 정치, 경제의 각 방면에 변화를 일으키고 있다. 먼저 사람과 사람 사이의 인터페이스가 주로 컴퓨터 속에서 이루어지고 인공 지능의 발달로 컴퓨터도 인간이 생각하고 판단하듯이 할 수 있어 인간이란 존재에 대해 보다 근원적인 질문을 하게 된다. 한편 대량 생산에서 다품종 소량 생산 방식으로 바뀌고 가상 현실을 통해 경제의 국경이 허물어진다. 나아가 다양한 정보, 네트워크의 구축으로 여러 문화가 만나 다양하게 교류하면서 자연스럽게 국경을 허물 것이다. 또 쌍방향적인 디지털 미디어 때문에 사람들은 시간과 공간에 구애받지 않고 교류할 수 있어 참여민주주의를 확대시킬 것이다. 그러나 정보와 기술을 장악한 새로운 제국주의의 출현, 인간을 고려하지 않는 기술의 발달이 미래의 인류를 위협할 수도 있다.

본론으로 들어가 2부는 정보 기술이 인간의 삶을 어떻게 변화시키는가를 좀더 구체적으로 기술한다. 뉴 미디어는 정보 폭탄을 퍼붓고 있다. 우리 생활 속에 다양하고 수많은 이미지를 쏟아붓고, 우리들 사고 방법까지 철저하게 변화시킴은 물론 개인 사생활에까지 영향을 미치며 심지어 심리 상태까지 변화시키고 있다. 왜 이런 변화가 미디어의 변모와 함께 나타나는 것일까? 구텐베르크가 인쇄 기계를 발명하기 전의 중세를 상상해보자. 중세의 작업실에서 원고를 복제하는 데 수천 명의 수도사들은 일일이 책을 손으로 베끼고 있었고 그 결과 복제된 책의 규모와 종류는 아주 적을 수밖에 없었다. 그러나 인쇄기의 발명, 19세기 이후 고속 복사기의 발명, 이제 디지털 미디어를 통해 엄청난 지식의 축적과 보급이 가능해진 것이다.

2부 제1장의 「디지털 정보 시대와 인간」은 디지털 기술로 인해 정보의 양과 질에 어떤 변화가 일어나며 그것이 우리 인간의 삶에 어떤 영향을 미치고 있고 미칠 것인가를 균형잡힌 시선으로 예견하고 있다. 정보화 사회에서 지식의 증가, 지식 효용의 증가, 종이 없는 사무실, 사무실 없는 기업, 멀티미디어의 보편화, 통신의 발달로 인한 가상 공간의 형성 등 정보화의 여러 현상들이 우리에게 어떤 영향을 미칠 것인가? KAIST 바로 앞에 있는 엑스포 과학 공원의 건물들 중 바이오토피아, 에너토피아, 테크노피아 등에는 미래의 생명공학, 전기 에너지 기술이 우리를 낙원으로 이끌 것이라는 메시지가 강하게 들어 있다. 이런 천진한 낙관론에 비해 조지 오웰의 『1984년』은 극단적인 비관론을 바탕으로 하고 있다. 시민들이 TV를 시청하는 일부터 대화, 요리하는 것까지 양방향적인 전자 시스템에 의해 얼마든지 감시될 수 있다는 점을 고려한다면 이 소설이 전혀 비현실적인 미래를 예견하고 있다고 볼 수만은 없다. 그러나 이 양극단론이 적어도 지금 현재 인류에 의해 이루어지지는 않을 것 같다. 결국 부분적인 여러 문제들이 대두되는데 필자는 여기에 엔트로피, 노동의 종말, 모랄리티 갭의 다양한 개념들을 사용하여 문제점들을 진단하고 있다. 기술의 개발이 지구의 자원을 더욱 빨리 고갈시킬 것이라는 전망, 정보화와 자동화가 인간의 일자리를 없앨 것이라는 우려, 인간이 지금의 급격한 정보화를 감당할 만큼 성숙하지 못했다는 비판……

이 문제를 해결할 수 있는 방법이 없느냐는 의문에 대해 필자는 조심스러우나 신중한 한마디를 던진다. "우리는 스스로 우리의 미래를 계획할 능력이 있다"는 말을. 그리고 지나가듯이 인간을 위한 기술 개발의 현황과 미래의 상황들을 소개한다. 그것이 보여주는 현명한 인간의 판단들을 간접적으로 제시하고 있는 것이리라.

그렇다면 그 기술로 미래의 우려들을 극복할 수 있는 방법은 없을까? 새로운 전자 미디어가 오히려 대인 커뮤니케이션과 매스 커뮤니케이션 사이의 구별, 공적인 커뮤니케이션과 사적인 커뮤니케이션 사이의 구별을 없애고 수직적 관계를 극복하며 수평적 관계로 확장, 진정한 민주주의의 공론장을 만들 가능성은 없는 것일까? 인류를 위협하는 것이 디지털의 속성 자체가 아니라 그것을 운용하는 인간의 잘못이라면 오히려 그것을 잘 운용하는 기술의 개발로 새로운 미래의 정보 처리 방식을 창출할 수도 있다. 물론 지금까지 이런 발상법은 '기술 결정론'이라는 경멸적인 시선을 받아왔다. 증기의 발견이 자본주의를 발생시켰다는 주장, 전화·전신이 발명되었을 때 이제 지구상에서 전쟁이 사라질 것이라고 한 예언들은 사실 낙관적이고 천진난만한 주장이었음이 역사의 과정에서 드러났다. 증기의 이용으로 대변되는 산업 혁명은 복잡한 노동의 분화와 관련이 있으며 새롭고 진보된 사회 조직으로 가는 자극제 역할을 했을 뿐이다. 전화가 처음 발명되었을 때 앞으로 통신 기관이 발달하면서 전화로 사람들이 서로의 차이점을 수시로 확인하고 고칠 수 있어서 전쟁이 사라질 것이라고 예견한 사람들이 있었다. 이 주장에서 우리는 인터넷의 발달로 지구상의 모든 나라가 한 공동체가 될 것이라는 현재의 예견을 연상하게 된다.

사실 기술이란 사용되는 방법에 따라 차이를 나타낸다. 전화 등 텔레커뮤니케이션은 일반적으로 평등하다는 특징을 담고 있다. 그러나 과거 소련의 체제에서는 오히려 도청 등 독재 정권의 유지를 위한 도구로 사용되어왔다. 결국은 기술과 환경이 상호 작용하여 미래의 체제가 산출

되는 법인데 이 경우 기술은 인간의 문제를 해결해주는 수호천사도 사회의 악도 아니게 된다. 따라서 새로 개발된 미디어를 어떤 방식으로 현재의 상황에서 인간이 원하는 방향으로 개발할 것인가가 중요하고 이 접근을 위해서 인문학자들과 과학자들의 협력과 합의는 필수적이다.

개인이 다양한 정보원으로부터 정보를 구하는 힘과 다각적인 정보원으로부터 타당성을 확신하는 방법에 대해 기술적인 진술을 한 논문의 값어치는 이래서 의미가 있을 수 있다. 정보가 너무 많고 다양해서 개인이 접근하기 힘들다면 보다 쉽고 체계적으로 좋은 정보에 접근하게 하기 위해서는 어떻게 하면 좋을까? 정보를 한 독재자의 통제 장치로 만들지 않고, 전자 미디어의 양방향성을 민주주의의 수평적 관계로 만들기 위해서는 어떻게 하면 좋을까?

「디지털 도서관에서 지식에 이르는 길」은 다양한 정보 사용자, 다양한 정보 형태를 어떤 식으로 효율적으로 통합할 것인가를 정보 아키텍처의 예를 구체적으로 제시하여 설명하고 있다. 표면상으로는 단지 도구의 측면, 즉 효율적인 정보 검색의 방식을 나열하고 있는 듯 보이지만 실제로 이 기술 개발의 이면에는 인간을 위한 정보, 인간의 수평적 관계를 위한 정보 사용 방식의 개발이란 정신이 숨어 있다.

디지털 커뮤니케이션은 지금까지의 어떤 방식과도 다른 특성을 지닌다. 비용이 적게 들고 거리 감각이 감소되며 속도가 빠르다. 엄청난 정보를 처리할 수 있으며 채널이 다양하다. 양방향성이 강조되고 정보 처리의 유연성이 있어 경우에 따라 생산자와 수용자의 구분이 사라질 정도로 독자의 능동성이 보장된다. 그렇다면 이런 다양성을 지닌 디지털 네트워크는 어떤 방식으로 사용되고 있고 사용될 것인가?

「디지털 네트워크와 커뮤니케이션의 구조」는 이런 새로운 커뮤니케이션 방식의 영향과 나아가야 할 방향을 제시하고 있다. 인간의 의사 소통은 송신자와 수신자, 정보, 신호, 코드, 매체, 피드백의 요소로 이루어졌음을 밝히고 디지털이라는 새로운 미디어가 이 의사 소통의 관계들을 어떻게 변모시키고 있는가를 살피고 있다. 필자는 디지털 네트워크가 극단적인 개인화, 간접적이고 경박한 커뮤니케이션 관계에 이를 수 있음을 지적하고 새로운 커뮤니케이션 공동체의 필요성을 역설하고 있다.

「디지털 문화의 공급 사슬 관리」는 다음 부, '새로운 미디어와 예술의 미래'에 관련하여 도전적인 내용을 담고 있음이 흥미롭다. 근대 이후 예술은 근대 이전에 비해서 더욱 창조자의 개성, 예술 작품의 일회성을 강조하는 경향이 있어왔다. 예술 작품에서 가장 중요한 부분은 독창성이며 이것은 예술가의 천재성에서 비롯되는 것이다. 그리고 작품은 이 세상에 하나밖에 없고 음악의 연주는 그 시간, 그 공간에서 한 번밖에 이루어지지 않는다는 점에서 형언할 수 없는 영기 *aura*를 내뿜는다. 대량 생산과 기술 복제의 초기 단계에서 예술은 그것의 비판으로 존재하였고 그 비판의 일환으로 일회성——하나밖에 없음, 창조 주체로서 예술가의 권위를 강조하였다. 그리하여 근대 이전 단계에서 수공업의 의미를 완전히 벗지 못했던 예술은 근대에 이르러 신비감과 권위를 획득하게 되었다. 그러나 이런 생산 방식에 대한 비판으로서 반대의 축에 섰던 예술은 이제 어느 사이에 그 물결 속으로 쓸려들어가려 하고 있다.

이런 맥락에서 「디지털 문화의 공급 사슬 관리」는 마치 "임금님은 벌거벗었어요" 하고 외치는 어린아이와 같다. 이미 예술에는 공급과 수요의 생산 방식이 스며들어 있고 TV 드라마나 영화의 제작에는 '산업'이라는 용어가 붙어다니고 있으며 책의 출판에는 공급자와 수요자의 역학 관계가 고려되고 있다. 예술은 순수/대중이라는 이분법으로 그 간극을 극복하려 하였고 '순수'한 예술을 즐기지 못하는 우중을 나무랐으나 이제 그 우중들에 의해 이 이분법은 다른 패러다임으로 극복되고 있다. 이런 상황에서 이 글은 당당하게 수요자 · 공급자 · Mass Production · Mass Customization이라는 경영의 용어를 써서 문화 예술은 대중에게 인기 있는 방향을 예측하고 그것을 어떻게 공급할 것인가를 고려해야 한다고 주장하고 있는 것이다.

4부는 이런 점을 기본 맥락으로 깔고 있다. 디지털 미디어는 그 속성상 대량 생산과 수요라는 요소를 함축하고 있는데 여기서 우리가 생각하고 있었던 예술의 속성은 모두 부인된다. 보드리야르의 말대로 복제에는 원본과 모사품이라는 개념이 숨어 있으나 디지털 시대에 이르면 원본과 모사품이라는 개념은 사라지고 모사품이 오히려 원본이 되고 인공의 상황이 오히려 현실이 되는 시뮬라크르의 개념이 떠오르게 된다 (이런 현상에 대한 다양한 설명은 각 논문들에서 이루어질 것이다). 또 창조 주체로서 인간의 능력이 의심되고 부인되는 반면, 기계에 의해 계획되고 예견될 수 있다는 확신이 전제된다. 컴퓨터는 음악을 만들 수도 있고 심지어 소설도 쓸 수 있다. 인간의 감성도 개량될 수 있다. 심하게 말하면 예술가들은 이 새로운 미디어를 실험하면서 자신의 죽음을 향하여 한발 한발 나아가는 셈이 되고 적어도 창조자로서의 예술가라는 종래의 패러다임은 이 시대에 이르러 바뀔 수밖에 없는 것이다. '예술가의 죽음'이라는 표현이 단순한 엄살로 들리지 않는 것이 디지털 시대의 현실이다.

「디지털 문화 예술의 발전에 관하여」는 과학도가 디지털 미디어를 개발하면서 느꼈던 예술과 과학, 이성과 감성의 문제에 대한 고민과 성찰이 돋보이는 글이다. 두 분야를 같이 다루었던 구체적 경험 때문에 논의의 수준이 진실되고 확실하다. 필자는 디지털 문화 예술 *culture technology*의 정의·범주에 대해 논리적이고 체계적으로 기술하고 과학과 예술의 관계, 예술에 컴퓨터가 할 수 있는 일들을 개인의 경험을 바탕으로 설명하고 있다. 그러나 가장 문제적인 부분은 예술의 창조 행위에 대한 의문일 것이다. 지금까지 예술은 개인의 창조적인 행위, 감성의 문제로 신비화되어왔고 이에 따라 미의 가치 판단 또한 주관성과 객관성 사이에서 진동해왔다.

그런데 필자는 자신의 체험을 바탕으로 컴퓨터가 스스로 작곡하고 로봇이 그림을 그리는 상황에서 예술의 창조 행위가 과연 인간만의 예술적 프로세스인가에 의문을 제기하고 있다. 지금까지 예술 활동에 컴퓨터는 컴퓨터 그래픽 같은 도구의 차원 혹은 가상 현실처럼 참여자의 능동적 반응과 참여가 일어나 기존의 예술과 완전히 구분되는 미디어의 차원에 국한되어 있었다. 그러나 지능·의식·감성 등의 요소를 모델링할 계산적 이론이 개발된다면 컴퓨터는 예술의 행위자로 존재하게 된다. 이쯤 되면 인간의 의식에 대한 정의, 나아가서 인간이란 무엇인가란 물음에 획기적인 변화가 일어날 것이다.

「인간을 위한 디자인」은 전기 산업 사회의 공업 디자인들이 기계의 성능을 드러내거나 우수성을 입증하기 위한 기술 중심의 디자인이었다면 디지털의 시대를 맞이하여 이제 디자인은 사용자 중심의 디자인이 되었음을 적절한 보기를 들어 설명하고 있다. 나아가 시나리오 중심의 디자인과 배경을 이해하는 디자인의 개념을 설명하여 인간과 제품이 교류하는 데 있어서 친밀성과 따스함을 강조하고 있다. 이것은 필자의 말대로 네그로폰테가 주장했던 디지털 시대의 특징인 탈중심화·세계화·조화력·분권화와 관계 있음은 물론이다.

위의 논문이 디지털 시대의 미술 분야의 한 변화였다면 디지털 시대의 음악에는 어떤 변화가 일어날 것인가의 물음에 대해 「디지털 시대의 음악」은 최근 MIT의 미디어 랩 *Media Lab*에서 고안된, 대표적인 디지털 음악을 소개함으로써 답하고 있다. 그것은 디지털의 양방향성의 특징을 이용하여 연주자의 개성과 마음에 의해 다양한 연주가 가능한 음악이다. 특히 음악 연주가 몇몇 전문가의 독점 영역이고 청중이 수동적인 음악 소비자의 영역을 벗어나 일반인들이 큰 음악적 훈련을 받지 않고도 음악 만들기 작업에 참여할 수 있다는 것이 중요한 특징이다. 이제 음악 분야에서도 예술가는 그 신비와 천재성의 탈을 벗어야 하는 것이다.

이런 양상은 문학 분야에서 훨씬 강도 높게 나타난다. 「디지털 서사의 미학」에는 디지털의 두 가지 특성인 네트워크와 하이퍼텍스트의 요소가 문학의 정전성(正典性)을 어떻게 변화시키고 있는가가 서술되어 있다. 태곳적부터 인간에게는 이야기라는 예술의 방식이 있었다. 이 기본 서사는 종이와 활자라는 매체를 통하여 지금의 문학이 되었고 아날로그 미디어를 매개로 영화가 되었으며 다시 디지털 미디어를 매개로 새로운 조짐을 보이고 있다. 먼저 네트워크의 양방향성 때문에 작가와 독자의 의사 소통이 원활해지면서 출판 형태가 변화하고 작가의 권위가 사라지고 있다. 또 하이퍼텍스트의 불연속적인 특성 때문에 하이퍼텍스트 소설, 컴퓨터의 롤 플레잉 *role playing* 게임 또한 발달하면서 서사성을 획득하여 문학의 새로운 양식으로 자리잡게 된다. 여기에 가상 현실의 기술이 가세하여 이제 문학은 현실과 허구의 세계를 구별할 수 없는 양상을 낳고 있다. 문학 장르는 디지털 방식의 등장 때문에 수요와 공급 (출판), 미학적 형식에 새로운 변모를 보이게 되었다. 아울러 필자는 이런 미학적 변모가 기존의 문학에 어떤 영향을 미치고 있는가를 밝히고 있는데 인문학자답지 않게 이 새로운 문학 장르에 호의적인 시선을 보이고 있다.

「하이퍼텍스트와 미래의 미디어 기술」은 최근 새롭게 등장한 하이퍼텍스트 소설의 기본 원리와 구조를 꼼꼼하게 따져주고 있어 이런 종류의 소설의 실체를 밝혀주고 있다. 이런 태도는 종래의 문학자들이 컴퓨터의 원리를 잘 알지 못하여 외형적으로 드러나는 현상들을 진술한 데 반해 하이퍼텍스트의 기본 원리를 설명하고 그 비선형적 속성과 양방향성의 원리를 분석했다는 점에서 고무적이다.

III. 미디어 랩을 꿈꾸는 사람들

작년 봄 원광연 교수님이 주재한 본격적인 첫 모임이 있었을 때 우리는 자못 원대한 꿈을 가졌었다. 물론 모인 사람들은 국방 산업이 퇴조하고 문화 산업이 중요 산업으로 떠오르는 세계의 추세에 맞추어 정보통신부가 내어놓은 과학 기술의 대중화, 혹은 과학 문화의 정립이라는 시책에 고무되었고 가상 과학관이라든가 전통 과학관 등 정통부에서 주관하는 프로젝트에 참가하는 등 실질적인 활동에 참여하고 있었다. 그러나 궁극적으로 우리가 추구하는 목표는 문화 예술과 과학 기술의 접목, 그것을 위한 연구와 교육의 기반을 조성하는 것이었다.

그리고 그 꿈의 현실화는 MIT의 미디어 랩 같은 연구소를 KAIST에 만드는 일이다. 미디어 랩은 TV·음반·영화·신문·잡지·도서·컴퓨터 등 온갖 커뮤니케이션 미디어의 거대한 융합을 꿈꾸며 오락에서 예술·교육에 이르는 범위의 인간 커뮤니케이션의 미래 형태를 연구하고 실험하는 연구소이다. 그곳에는 시각 지능, 애니메이션, 어린이와 뉴스, 탈중심화 사고 등을 연구하는 학습 분야와 이미지 도서관, 지각적 유사성 측정, 의미론적 이미지 모델링, 음성의 데이터화 등 개념 산술의 분야, 그리고 색의 의미, 미래의 뉴스, 인터랙티브 시네마, 감각의 저장, 미디어 은행, 미래의 거실 등을 연구하는 정보 오락 분야들이 있고 온갖 영역의 사람들이 새로운 인간 커뮤니케이션을 연구하고 있다. 또 학부 및 석사·박사 과정이 개설되어 있으나 특정 전공을 두지 않아 다양한 전공이 교차하는 창조적 실험장으로서 미디어 랩의 이념을 살리고 있다.

지금 한국의 각 대학에서는 멀티미디어 제작에 관련된 다양한 학과가 신설되고 있으나 그것을 뒷받침할 만한 이론적 기반이 조성되지는 않았다. 이런 미디어가 사용될 문화에 대해 체계적이고 본질적인 연구가 병행되어야 기술이 우리의 삶을 올바로 이끄는 데 도움을 줄 수 있다고 생각한다. 그리고 이런 관점에서 우리는 이공학과 인문학 전공자들의 통합적인 모임에 사명감과 자부심을 느낀다.

IV. 한 인문주의자의 과학자 바라보기

KAIST는 쾌적하고 아름다운, 사람이 없는 공간이다. 이 공간 개념은 오고 가는 학생들로 붐볐고 풍물 소리, 구호, 노랫소리로 점철된 학교 캠퍼스에 익숙했던 나에게 무척 낯선 것이었다. 낮에는 조용하고 밤에는 불야성을 이루는 곳, 낯선 것들은 도처에 잠복하고 있다가 불쑥 나타나서 나를 당황하고 힘들게 했다. 스승과 제자의 인간적인 관계를 강조하는 '선생님' 이전에 전문가의 의미가 강한 '박사'라는 호칭, 모든 것을 구체화시키고 계량화하여 설명하는 방식(예를 들어 한 학자의 수준을 논할 때 국외 유명 저널의 논문 발표 수, 학위받았을 때의 나이, 특허 출원의 수 등 온갖 숫자들이 등장한다), 훨씬 투명한 언어 습관, 인간 관계보다는 계약을 존중하며 자신을 드러내는 적극적인 방식…… 그리고 이 모든 것은 얼마간의 시간이 흐른 후 나에게 학문을 하는 방식의 차이로 정리되어 다가왔다.

처음에 나는 이런 경향들이 어떤 현상의 본질을 총체적으로 파악하거나 그것과 의사 소통하려는 노력 이전에 그것을 자신의 목적을 위해 도구로 사용하려는 이성의 도구화 경향이라고 생각했다. 인문학을 하는 사람들은 컴퓨터를 대할 때 무엇보다도 먼저 이 기계의 본질이 무엇인가, 어떤 원리로 작동하며 이것이 기존의 기계와 다른 점은 무엇인가, 인간과 사회에 어떤 영향을 미칠 것인가를 생각한다. 그러나 이곳의 과학자들은 거의 대부분 이 컴퓨터를 이용하여 어떤 것을 개발할 것인가에 관심이 집중되어 있다. 이런 사고 방식은 실생활 곳곳에 스며 있었고 회의석상 같은 데서 참으로 명징하게 드러났다. 정부의 정책이 안건에 오르면 나는 열심히 그 정책이 이루어진 원인과 배경을 분석하고 그것이 도덕적으로 옳은가, 그것이 국민 전체나 혹은 과학도들에게 어떤 영향을 미칠 것인가를 예견하고 있는데 다른 사람들은 이 정책에 KAIST가 어떻게 대처해야 할 것인가 혹은 이 정책이 현실화되면 학교가 어떤 방향으로 변모할 것인가를 처음부터 논하고 있었다.

나는 이 현상을 놀라움과 개탄의 눈으로 바라보았었다. 만약 과학자들에게 제시된 현실이 잘못되어 있다면 그 현실을 이용하여 온갖 도구들을 개발해내었을 때 그것들은 잘못된 현실을 더욱 고착시키는 데 도움을 줄 것이 아닌가. 더구나 실제 생활에까지 '무엇'을 보려 하지 않고

'어떻게'에만 집착하니 정말 이런 사람들이 정책 입안자라도 되면 큰일 나겠구나 싶었던 것이 그때의 솔직한 심정이었다.

그러나 7년의 세월이 흐르면서 점차 나의 생각은 바뀌어갔다. 아무리 세월이 흘러도 이렇게 '순진'한 사람들이 이루는 일들에 큰 실수가 없는 것이었다. 그 이유에 대해서 나는 곰곰이 생각해보았다. 차츰 나 자신이 오만하게 통찰력이라고 생각했던 총체적 사고와 비판적 관점들을 다시 점검하기 시작했다. 컴퓨터를 대하는 내 태도를 생각해보자. 만약 이공학도가 컴맹이라면 그들은 이 신기한 기계를 '어떻게' 작동할 것인가를 생각하고 그 방법을 배우려 했을 것이다. 그러나 인문학도인 나는 컴퓨터가 나에게, 나아가 인간에게 어떤 의미를 지닐 것인가부터 생각한다. 겨우겨우 작동을 배우면서 그 어느 기계보다도 일반인에게 낯선 것이라는 사실을 깨닫고 그 원리를 아는 전문가와 조작법이나 익히는 일반인과의 괴리를 개탄할 것이다. 인터넷의 엄청난 정보의 바다를 항해하면서 정보의 양에 짓눌리는 현대인들이 급기야 주어진 현실을 수동적으로 받아들이게 되는 것이 아닌가 우려하면서 말이다. 또 석 달이 멀다 하고 온갖 프로그램들을 업그레이드하면서 당연히 누구를 위한 기술인가에 의문을 느끼고 비판의 목소리를 드높일 것이다.

그러나 어느 순간 나는 이 태도가 '인식할 수 없는 그 무엇에 겁에 질린 아이와도 같은 방어적 비판주의'가 아닌가 의심하기 시작했다. 기술이 발달할수록 인간이 모든 도구의 원리를 아는 것은 점점 불가능해져 간다. 어차피 자신이 지금 사용하는 도구들을 통제하지 못하는 상황 전체를 부정하고 돌도끼를 사용하는 원시 시대로 돌아갈 수는 없는 일이다. 역시 현상 자체를 승인하고 그 속에서 문제를 해결하는 방법이 지금까지 현명했던 인류가 걸어온 역사의 방향이 아니었을까? 무조건 비판하기보다는 상황의 장점을 살리는 것이 중요하다. 인간의 수동화를 전면적으로 비판하고 극복하려 하기보다는 그 도구가 주는 편리한 면을 특장으로 인간에게 행복을 줄 다른 방법을 구할 수 있다. 또 기술로 앞선 기술의 결함을 줄일 수도 있다.

그리고 지금 생기는 여러 문제점들을 컴퓨터 탓으로 돌리는 태도는 또 다른 의미의 기술 결정론으로 비난받아 마땅하다. 기술 자체는 어느 정도 가치 중립성을 지닌 것이어서 어떤 기술이 개발되었다고 그 기술이 인간을 유토피아로 이끄는 것이 아니듯이 그 반대로 기술이 인류를 불행하게 하거나 멸망시키는 것은 아니다. 비판할 것은 디지털이라는 미디어를 인간을 고통스럽게 하고 불행하게 하는 데 사용한 상황이라고 생각한다. 그러므로 어떻게 이것을 이용하여 인간을 행복하게 할 것인가를 생각하는 것은 참으로 중요한 일이다. 내가 따뜻한 애정의 시선을 보내는 것은 도구적 이성의 바로 이런 면이다.

이 책에 실린 대부분의 글들은 디지털 미디어의 출현을 긍정적으로 바라보고 있거나 이 미디어를 이용하여 어떤 것들이 탄생하고 있고 탄생할 것인가에 관심이 집중되어 있다. 그 태도가 맹목적인 기술 개발로 치닫지 않겠다는 확신이 드는 것은 이 미디어를 인간의 행복을 위해 써야 한다는 기본 믿음들이 전제되어 있기 때문일 터이다. 이 믿음만 확고하다면 몇 번은 시행착오를 거치더라도 인간은 기술을 통하여 점차 행복의 영역을 넓히고 그 정도를 더해갈 수 있다. 기술이 인간에게 주는 고통을 기술로 극복하려는 태도, 그것은 현재 인간이 행복해지기 위한 현실적인 방법이 아닐지 모르겠다.

마지막으로 이 책의 출판을 흔쾌히 허락해주신 문학과지성사 김병익 사장님께 감사드린다. 또 이 책이 나오도록 애써주고 꼼꼼하게 교정을 보아준 편집부 여러분께 이 자리를 빌려 감사의 마음을 전한다.

1999년 5월
최 혜 실

차 례

제1부
디지털 문화 시대

디지털 문화 시대

이광형

1. 미디어의 변화

오늘날 지구상에 퍼져 있는 57억의 우리 인간이 태어난 것은 약 20만 년쯤 되었다. 지구 역사 46억 년에 비하면 아주 짧은 기간이다. 이때 태어난 호모사피엔스가 약 19만 년 동안을 채집과 수렵으로 떠돌이 생활을 했고 그러다가 지금부터 약 1만 년 전에 농업을 시작하면서 정착을 하게 되었다. 그래서 어떤 학자들은 인간이 태어난 것을 인류 문명의 첫 번째 혁명이라고 하고 농업을 시작하며 정착 생활을 한 것을 두번째 혁명이라고 말한다.

농업을 시작해 잉여 생산물이 많이 나옴으로써 여러 가지 지배 구조와 무사, 사제도 생기게 되었다. 그러다가 지금부터 약 5, 6천 년 전에 세계 네 군데에서 인류의 문명이 발달하기 시작해 티그리스 · 유프라테스 강 유역, 나일 강 유역, 인더스 강 유역, 황하 유역에서 도시 국가가 형성되었다.

그리고 다시 2천 5백 년에서 2천 년 전에 역시 4개 지역에서 사상 혁명이 일어났다. 중국에서 공자와 노자 · 맹자 · 장자, 인도에서는 부처님과 바라문 승려들, 그리스에서 탈레스, 소크라테스, 아리스토텔레스, 플라톤 같은 철학자들 그리고 이스라엘에서 이사야, 아모스, 학개, 예레미 같은 선지자들이 새로운 사상을 전파하고 인간의 삶의 방식을 가르쳤다. 오늘날 우리 인류가 생각하고 생활하는 철학의 기반은 이 사상 혁명에 기초하고 있는데 이것이 네번째 혁명이다.

그러다가 우리가 잘 아는 바와 같이 18세기에는 산업 혁명이 일어났다. 이 산업 혁명은 20세기까지 계속되어 우리의 생활 모습을 현격하게 바꾸어놓은 공업 사회 또는 산업 사회를 만들어놓았다.

그런데 우리 앞에는 또 다른 혁명의 서운(曙雲)이 감돌고 있다. 제6의 혁명이라고 할 수 있는 새로운 시대로 들어가고 있다. 지금까지 산업 사회에서는 눈에 보이는 유형의 물질이 경제의 핵심이었는데 이제는 '눈에 보이지 않는 지식'이 경제의 핵심을 이룬다. 하드웨어 중심 사회로부터 소프트웨어 중심 사회로 넘어온 것이다.

I. 정보화 사회의 변혁

그러면 이러한 사회의 변화는 어디에서 시작되었는가? 무엇보다도 컴퓨터와 정보 통신 기술의 발달에서 시작되었고, 이 기술들에 의해서 꽃피고 있다. 이런 기술의 발달은 인간 생활의 다양한 생활 모습과 의식을 바꾸어놓았고 '커뮤니케이션 미디어'의 변혁을 가져왔으며, 이 변화의 결과로 우리의 생활 모습이 변하고 있는 것이다.

'미디어'는 두말할 것도 없이 "사람들 사이의 생각이나 느낌, 뜻을 전달하는 수단," 곧 커뮤니케이션의 수단을 가리키는 말이다. 이러한 뉴 미디어는 정보를 기호화하고 전달하며 확산하고 제공해주는 새로운 통신 기술이다.

II. 디지털 기술

그러면 이런 뉴 미디어 기술은 어디에서 왔고, 어떻게 가능하게 되었는가? 이런 기술 발달의 토양을 제공한 것은 컴퓨터 및 반도체 기술과 광섬유를 이용한 정보 처리 기술의 발전이다. 오늘날 컴퓨터는 모든 정보를 'on-off'의 이분법에 의해 처리하는 디지털 *digital* 방식을 사용하고 있다. 하지만 이러한 디지털 방식이 뉴 미디어의 개발에 보다 결정적인 영향을 미치게 된 것은, 정보의 전송 부문에서도 디지털화가 이루어지면서부터이다.

정보를 디지털로 전송하기 위해서 메시지는 반드시 0과 1의 조합인 디지털 코드로 전환되어야 한다. 우리가 정보를 이해하기 위해서는 디지털 메시지가 문자·영상 및 소리의 아날로그 메시지로 다시 전환되어야 한다. 오늘날 소프트웨어들은 이와 같이 우리 일상 생활에서 사용하는 신호를 디지털로 바꾸어 전송해주고, 또다시 이를 받아서 우리가 이해할 수 있는 신호로 바꾸어준다.

일반적으로 생각해볼 때, 이런 전환은 부수적인 일인 것 같다. 하지만 디지털 코드로의 전환은 오늘날 컴퓨터 정보 처리 속도를 아주 높여주었다. 아날로그 코드를 디지털 코드로 만들고 *encoding* 다시 이것을 아날로그 코드로 전환해야 *decoding* 하는 데는 시간이 소요되고 특수한 장치가 필요하다. 그럼에도 불구하고 디지털 기술은 아날로그 신호에 기반을 둔 것보다 정보 처리 용량을 증가시키고 정보 재생의 충실도를 높였다.

2. 디지털 시대의 개막

아날로그 방식은 신호를 전기적인 신호로 변조하여 전송하는 방식을 말한다. 각 신호는 개별 신호들을 전압이나 전류의 강도와 지속성에 따라 전기적인 강약 신호로 변환된다. 이것이 전파나 유선망을 통해 수신자에게 전달되면, 다시 전기 신호를 변조하여 원래의 신호를 재생하는 것이다. 따라서 아날로그 신호는 각 신호들이 시간적인 연속성을 가지고 흐름을 형성하는 형태를 띤다.

하지만 전기적인 강약 신호를 이용하기 때문에 원래 신호가 전기 신호로 변환되는 과정에서 잡음이 섞일 수 있다. 그리고 변환된 신호가 전파나 유선망과 같은 전송로를 이동하는 과정에서 여러 가지 잡음의 영향을 받게 된다. 그 결과 정보의 왜곡이나 변형이 심하다는 단점을 가지고 있다.

I. 디지털 신호의 특징

이와 비교할 때 디지털 방식의 정보 처리는 크게 두 가지 측면에서 아날로그 방식과 뚜렷이 구분되는 특징을 가지고 있다. 첫째 특징은 기존의 아날로그 방식의 전송에 비해 신호 전송 과정에서의 손실과 왜곡을 줄일 수 있다는 점이다. 아날로그 방식의 경우 신호가 매번 복제되어 전송될 때마다 원본과 약간씩 차이를 보이기 때문에 복제 회수가 반복될수록 신호의 왜곡이 심하다.

반면에 디지털 신호는 반복적인 신호 전송에나 복제에도 불구하고 원본의 신호 형태를 그대로 유지할 수 있다. 이것은 전기적인 신호의 강약이 아니라 0과 1로 표시된 숫자의 형태로 전송되어 잡음의 삽입이 거의 없기 때문이다. 따라서 디지털 신호는 아날로그 신호에 비해 신호의 전송 과정에서 그만큼 더 정확성을 가지고 있다.

이러한 기술적인 특성으로 인해 디지털 전송 방식은 깨끗하고 정밀한 음성이나 영상 신호를 재현하는 작업에 널리 이용되고 있다. 우리 주변에서 일반화되고 있는 CD나 CD-ROM은 디지털 방식으로 음향이나 자료를 기록한 대표적인 경우이다. 이외에도 방송국에서 쓰이는 특수 영상 효과 장비나 영상 편집 장치들도 요즘은 디지털 방식으로 운영되고 있다. 나아가 기존의 텔레비전에 비해 훨씬 고해상도의 화면을 제공하는 차세대 텔레비전으로 개발되고 있는 '고화질 텔레비전 HDTV'도 디지털 방식으로 방송하고 화면을 재생한다.

II. 통합되는 미디어

디지털 전송 방식의 두번째 특징은 다양한 종류의 정보 사이에 상호 호환성을 높인다는 점이다. 이전까지는 음성이나 음향·화면 등과 같은 신호는 주로 아날로그 신호로 처리되었고, 문자나 수치와 같은 데이터는 디지털 신호로 처리되었다. 그 결과 각기 다른 미디어를 이용하여 커뮤니케이션이 이루어질 수밖에 없었다. 예를 들어서 아날로그 신호를 이용하는 음성이나 화면은 전화나 TV를 이용하고, 디지털 신호인 문자는 컴퓨터를 이용했다. 하지만 이제는 이 모든 신호들을 디지털 코드화함으로써, 상이한 커뮤니케이션 방식간의 변환이 자유롭고 상호 호환성을 가질 수 있게 되었다.

이러한 통합된 정보 전송 방식을 적용한 대표적인 예가 바로 '종합 정보 통신망ISDN'과 '초고속 통신망 *information super highway*'이라 할 수 있다. 종합 정보 통신망은 기존의 전화선을 이용하여 디지털 신호를 전송하고 신호를 재생한다. 이에 반하여 초고속 통신망은 광섬유를 이용한 디지털 신호 전송 기술이다. 이것들 모두 음성과 화상, 그리고 데이터를 디지털 신호로 통합 처리하여 하나의 전송망을 통해 전송하는 방식을 말한다.

우리가 다 알고 있는 바와 같이, 화면에 있는 그림이 움직이는 것처럼 보이기 위해서는, 1초에 20회 이상의 연속적인 화면을 보여주어야 한다. 즉 1초에 20장면 이상의 화면을 구성할 수 있는 데이터를 전송해주어야 한다. 이런 정보량은 아날로그 방식을 택하고 있는 현재의 전화선으로는 감당할 수 없는 양이다. 신호가 디지털화되어 있어야 하고 또 이를 고속으로 전송할 수 있는 장치가 필요하다. 이런 고속 전송 장치가 바로 종합 정보 통신망 또는 초고속 통신망이다.

이런 통신망이 구축되면 각 가정에서도 데이터를 전송하는 것뿐만 아니라 대화형 텔레비전 *interactive TV*, 화상 전화 *video phone*, VOD(Video

On Demand), 원격 화상 회의 *teleconference*, 사이버 쇼핑 *cyber shopping* 등과 같은 다양한 서비스를 동시에 이용할 수가 있게 된다.

이와 같이 커뮤니케이션의 질이 점점 더 좋아지고 비용이 적게 든다는 점이 디지털 혁명이 우리에게 주는 선물이며 동시에 디지털 혁명의 힘이다. 값싸고 질 좋은 화면과 소리를 제공하는 디지털 미디어를 이용하다 보니 인간 생활의 여러 모습이 바뀌고 있는 것이다.

III. 멀티미디어 시대

흔히 '멀티미디어'라는 말을 자주 듣게 되는데, 이것도 사실상 디지털 기술에 바탕을 두고 있다. 멀티미디어란 음향 기기 · 텔레비전 · 비디오 · 컴퓨터 · 전화 · 팩스 등을 하나의 미디어에 통합한 형태를 말한다. 이것이 가능하기 위해서는 각 미디어의 기능을 서로 통합하고 조정해주는 호환 장치가 필요한데, 이 기능을 컴퓨터의 디지털 시스템이 담당하게 되는 것이다.

따라서 이제는 각기 다른 정보를 얻기 위해 별도의 미디어를 구입할 필요가 없이, 이 모든 것을 동시에 제공해주는 미디어 하나만 있으면 된다. 즉 컴퓨터 + TV + 전화 + 팩스의 기능을 하는 기기가 널리 보급된다는 것이다.

뿐만 아니라 텔레비전의 화면이나 팩스의 문서 메시지, 음향 기기나 전화의 음성 신호를 컴퓨터에 저장할 수 있다. 반대로 컴퓨터에 저장된 화상이나 음성을 다시 전화, 화상 전화 혹은 팩시밀리로 다시 전송할 수가 있다. 이처럼 다양한 미디어간의 통합적인 정보 교류가 가능한 것은 바로 정보 처리 기술의 디지털화가 가져다준 편익 중의 하나다.

IV. 위성 통신

우리 생활을 바꾸는 뉴 미디어의 토대가 되는 또 하나의 토양은 위성 통신과 광통신을 들 수 있다. 이전까지는 전파 미디어가 전적으로 지상

파에 의존하고, 전화나 데이터 통신 혹은 유선 방송 등은 주로 동축 케이블을 이용하여왔다. 하지만 위성 통신은 통신 위성을 이용하여 대륙 간에 전파를 중계하는 기술이다. 광통신은 광섬유를 이용하여 고품질의 신호를 전송하는 기술이다. 이것은 특히 초고속 통신망에 이용되거나 해저 광케이블로 대륙간 통신에 이용된다.

그 결과 전통적인 미디어들은 이들 기술을 이용하여 보다 양질의 서비스를 제공할 수 있게 되었다. 더 나아가 이들 기술을 이용한 보다 새로운 미디어들이 등장함으로써 바야흐로 다채널·다미디어 시대를 개막하는 계기로 작용하고 있다.

특히 전세계를 상대로 전파를 중계하는 통신 위성의 출현은 전세계를 하나로 묶는 효과를 가져왔다. 이런 위성 통신과 대륙간 광통신을 이용하여 국제 전화와 인터넷은 물론이고, 외국에서 벌어지고 있는 생생한 장면을 동시에 보고 들을 수 있게 되었다. 운동 경기의 생중계가 좋은 예이다.

그리고 세계적인 뉴스 방송 채널인 CNN의 출현을 가능하게 해준 것도 이 디지털 기술이고, 이 방송의 출현으로 인하여 우리 생활과 국제 정치의 변화는 참으로 심대하다고 할 수 있다. 지난날 미국과 이라크의 전쟁을 생중계했을 때의 전세계인의 놀라움은 경악의 정도에 이른 바가 있다. 또한 전세계 어느 곳에 가더라도 동일한 사람들이 나오는 방송을 볼 수 있게 되었다는 사실은 세계가 하나로 묶여지고 있다는 것을 실감하게 만든다.

3. 문화 생활의 변화

우리 국어 사전은 문화라는 말을 이렇게 정의하고 있다. "인간이 자연 상태에서 벗어나 일정한 목적 또는 생활 이상을 실현하려는 활동의 과정 및 서서히 형성되는 생활 방식과 내용." 여기에서 말한 생활 방식과 생활 내용은 인간이 살아가는 환경의 영향을 받지 않을 수 없다. 그래서 떠돌이 생활을 하던 시대와 농경 시대의 생활 방식과 내용은 확연히 다르다. 마찬가지로 산업 사회의 생활 모습에 비하여 오늘날 디지털 정보 시대의 생활 내용이 사뭇 다른데 우선 살아가는 방식이 다르고 또 추구하는 내용이 다르다.

I. 사람과 사람 사이의 인터페이스

디지털 정보 사회에는 사람과 사람 사이의 의사 소통 수단이 다양해진다. 기존의 의사 전달 방식인 얼굴을 맞대는 대화는 언제까지 중요한 수단으로 존재할 것이다. 그러나 이미 우리 생활에 많이 침투한 전화를 이용한 대화 또는 컴퓨터 통신을 이용한 대화가 지속적으로 널리 이용될 것이다. 이미 컴퓨터 통신을 이용한 인터넷 전화가 인기를 끌고 있다. 또한 인터넷 이메일 *e-mail*이 더 나아가 영상까지 전해주는 비디오 이메일 *video e-mail*로 발전했다. 문자의 형태로만 전해지던 이메일이 이제 소리와 문자 그리고 움직이는 영상까지 전해주기 시작했다.

그외에 앞으로 나타나고 일반화될 대화 수단으로 비디오 전화를 들 수 있다. 이때는 화면이 평면으로 되어 벽걸이 모양으로 될 것이다. 그리고 한쪽 벽을 장식할 정도로 초대형이 된다. 미래의 비디오 전화는 기존의 음성만을 전달하던 전화에 초대형 영상을 부가한 것으로, 원거리 통신의 획기적인 전환점을 제공할 것이다. 사실 우리가 현재 직접 얼굴을 맞대고 나누는 대화와 전화를 통한 대화를 비교해보자. 전화를 통해서 대화를 할 수 있지만, 직접 얼굴을 보며 이야기해야 할 경우도 많지 않은가. 이런 경우에는 이제 비디오 전화를 이용하면 해결될 것이다.

이상과 같이 뉴 미디어에 의해서 의사 전달 수단이 다양해짐에 따라, 사람과 사람 사이의 인터페이스 *interface* 양상도 많이 바뀔 것이다. 원거리 통신을 하려면 전화를 이용해야 하는 시대에서 비디오 전화와 비디오 이메일을 이용한다면, 얼굴을 마주 대하는 직접 대화의 기회는 줄어들 수밖에 없을 것이다. 이미 우리는 편지를 써서 원거리 통신을 하는 기회가 현저히 줄어들었다. 이는 통신 수단의 변화가 가져온 우리 생활의 변화다. 앞으로 전개될 사회에는 우리의 사는 모습에 또 다른 변화가 기다리고 있는 것이다.

사람과 사람이 직접 만나는 기회가 줄어들면 어떻게 될까? 사람과 사람의 인터페이스는 주로 전화와 컴퓨터 속에서 이루어질 것이다. 즉 우리는 사이버 스페이스에서 대화할 것이고 이날이 오면 '만남'이라는 의미도 많이 변할 것이다.

II. 언어의 국경이 낮아져

또한 인공 지능 컴퓨터의 출현은 컴퓨터 통신을 이용한 대화를 더욱 확산시킬 것이다. 인공 지능 기술은 컴퓨터가 인간의 지능과 유사한 지능을 갖게 하는데 이런 기술이 점차 현실화되어 이미 우리 생활 여러 곳에 응용되고 있다.

인간의 음성을 인식하여 처리해주는 음성 인식 컴퓨터는 음성을 이용한 전화 다이얼링은 물론 전화를 이용한 예약 시스템에도 이용되고 있다. 이 기술의 발달은 앞으로 컴퓨터의 키보드를 없애줄 것이다. 지금과 같이 키보드를 이용하여 한 자씩 입력하는 것이 아니고, 말을 하면 마이크를 통해 컴퓨터가 알아서 자동으로 입력한다. 즉 인간과 컴퓨터 사이의 인터페이스에 큰 변화가 일어나고 있는 것이다.

문자 인식 기술도 많이 응용되고 있다. 이 기술은 사람이 쓰거나 인쇄한 글자를 컴퓨터의 카메라가 알아보는 것으로 이미 상당히 진전되어 은행에서 수표를 자동 인식한다든지 또는 인쇄된 문서를 자동으로 입력시키는 데 이용되고 있다. 이 기술 역시 인간과 컴퓨터 사이의 인터페이스 방식을 획기적으로 바꾸고, 결국 인간과 인간 사이의 인터페이스도 바꾸어놓을 것이다.

외국어를 자동으로 번역해주는 자동 번역 시스템은 서로 다른 언어 사이의 경계를 많이 허물어버릴 것이다. 이미 이용되기 시작한 한·일 자동 번역기는 오류가 있지만 어느 정도는 스스로 번역해낸다. 이 기술이 발전해서 귀에 보청기 같은 번역기를 꽂고 다니면 어느 외국어라도 쉽게 번역되어 들리는 날이 올 것이다. 물론 이것을 끼고 국제 전화를 해도 번역되어 들린다. 국가와 국가 사이의 국경이 낮아지는 또 하나의 전환점을 제공할 것이다.

Ⅲ. 인공 지능 시대

인공 지능의 퍼지 기술과 전문가 시스템은 인간이 가지고 있는 지식을 컴퓨터에게 넣어주는 기술이다. 이것을 이용하면 컴퓨터도 인간이 생각하고 판단하듯이 상황에 따라 스스로 적절한 판단을 할 수 있다. 이 기술이 무르익어 기계가 사람과 같이 생각하며 행동한다면 우리 생활에 엄청난 변화를 몰고 올 것이다.

즉 눈으로 보고, 귀로 들으며, 생각하는 로봇이 실용화되어 공장에 투입된다면 공장의 모습은 실로 엄청나게 바뀌고 생산의 개념도 바뀔 것이다. 공장뿐 아니라 우리 사회의 곳곳에서 이런 로봇이 인간의 노동을 대신할 것이다. 그러면 우리 인간은 무엇이고 어떤 일을 해야 하는가에 대한 보다 근원적인 질문에 봉착하게 된다.

이런 인공 지능과 위성 통신의 발달은 교통 시스템에도 큰 영향을 끼칠 것이다. 컴퓨터가 도로 상황과 지형을 알아서 운전자에게 알려주고 더욱 나아가 스스로 알아서 운전을 한다. 인공 위성이 자동차의 위치를 알아내고 교통 상황을 알아서 차량에 전해주기 때문에 가능하다. 또한 인공 지능이 발전하면 스스로 알아서 운전하는 날도 올 것이다. 또는 인간이 핸들을 움직이거나 페달을 움직이지 않고 생각만 하면 저절로 작동되는 날도 올 것이다.

이상의 인간과 컴퓨터 사이의 인터페이스 변화 외에도 앞으로는 인간이 생각하면 저절로 컴퓨터에 입력되는 단계까지 나아갈 것이다. 이는 대뇌에 대한 연구와 뇌파의 연구가 선행되어야 한다. 이런 기술들이 발달하면 장애인들도 컴퓨터와 각종 기기를 다루기 쉬워질 것이다. 즉 이 기술은 또 하나의 평등 사회에 기여하게 된다.

IV. 가정의 변화

디지털 정보 사회의 중요한 특성의 하나는 '선택의 다양성'이라고 할 수 있다. 산업 사회에서 사람들은 대부분 핵가족을 선호하였지만, 여의치 않을 경우에는 노령의 부모와 동거하는 대가족을 선택할 수밖에 없었다.

사람과 사람 사이의 '만남'의 의미가 달라진 사회에서의 가정은 어떤 모습이 될 것인가. 멀리 떨어져 있는 부모와 초대형 화면을 통해서 비디오 전화를 할 수 있다고 해보자. 가정의 모습이 바뀔 것은 자명하지 않겠는가. 가족의 구성원들이 동거할 것인지 별거할 것인지, 아니면 다른 대안을 찾을 것인지를 각 가족의 형편에 따라 훨씬 자율적·자발적으로 선택할 수 있는 선택의 다양성을 누리게 될 것이다.

결혼과 관련해서도 사람들은 결혼을 하거나 아니면 결혼을 하지 않고 독신으로 살아가는 길 중의 하나를 선택해야 했다. 그러나 오늘날에는 결혼을 하지 않고도, 결혼을 한 사람들과 같은 방식으로 살아가는 사람들이 늘어나고 있다. 또 결혼을 한 사람들은 대부분 자녀를 낳고 길러야 하는 것으로 생각했지만, 오늘날에는 결혼을 하고서도 아이를 낳지 않는 사람들이 많아졌다. 결혼·이혼·출산·취업 등에서 사람들은 훨씬 더 많은 선택의 대안을 가지게 된 것이다. 여기에다가 사이버 스페이스에서 이루어지는 사이버 섹스까지 도입되면 결혼의 양상도 많이 변하게 되어 디지털 시대의 가족의 형태는 무척 다양화될 것이다.

V. 직장의 변화

전통적인 농업 사회에서는 가정과 일터가 분리되지 않았기 때문에, 온 가족이 가족의 생업을 함께 해나갈 수 있었다. 그러나 산업 사회가 되면서 가정과 직장이 공간적으로 분리되어 부부가 출퇴근하고 아이들은 학교에 다니게 되었다. 더구나 가정과 직장이 멀리 떨어지는 경우에는 주말 부부가 될 수밖에 없는 사람들도 적지 않다.

디지털 정보 사회에 나타나는 직장의 변화로 재택 근무를 들 수 있다. 매일 직장에 출근하지 않고도 컴퓨터와 통신을 이용하여 업무를 본다. 이런 경향은 멀티미디어 통신이 가능하게 되면 더욱 일반화될 것이다. 현재와 같이 컴퓨터 통신을 이용하여 직장 동료, 상사와 협의를 하는 것은 물론이고, 초대형 화면을 이용한 비디오 전화로 협의를 하게 된다. 더 나아가 이런 초대형 화면들을 이용하여 여러 사람이 함께 원격 화상 회의를 한다면, 매일 교통 지옥을 뚫고 출근해야 할 이유가 훨씬 줄어들 것이다.

그러므로 만일 정보 사회에서 재택 근무가 보편화되고 제도화된다면, 가정에서 일을 하는 사람들이 늘어갈 것이다. 이런 변화가 농업 사회에서처럼 가정과 직장이 다시 통합되는 효과를 어느 정도 가져올 수 있을 것이라고 예상할 수 있다.

이와 같은 재택 근무가 보편화되고 산업의 정보화가 더욱 진전되어감에 따라, 주부의 취업률이 더욱 높아지리라는 것은 쉽게 예상된다. 여성이 가정에서 일할 수 있는 직업이 많아지면 보다 많은 여성들이 가사 노동과 직업 노동을 가정에서 겸업할 수 있고 근무 시간도 개인의 형편에 따라 적절히 조절해나갈 수 있을 것이다. 더구나 주부들은 자동화된 가전 제품들을 사용하여 가사 노동에 투입해야 할 시간을 줄일 수 있다. 또 생활 용품을 구입하거나 은행·관공서의 일을 보기 위해 일일이 외출을 하지 않고서도 집 안에서 용무를 볼 수 있다. 전자 상거래의 활성화로 인하여 시장에 가는 일도 줄어든다. 따라서 여유 시간을 갖게 된 주부들이 더 많이 직업적 활동에 참여할 수 있을 것이라고 예상된다. 즉 여권 신장에도 도움을 줄 것이다.

4. 여가 생활과 예술

산업 사회의 기술 혁명은 대량 생산과 대량 소비의 시대를 열었다. 그리하여 산업 사회에선 일반적으로 경제적 효율성과 합리성을 추구해왔기 때문에, '표준화'된 상품을 소비하면서 살았다. 기계화된 생산 공정에 의해 대량 생산되는 공산품들은 심미성보다는 경제성과 기능성을 더 강조하는 것이었다.

산업화 이전의 전통적인 농업 사회에서 사람들은 가족이 사용할 생활 필수품들을 대부분 자급자족해왔다. 예를 들어 대부분의 농민들은 스스로 면화를 재배하고 면화에서 실을 뽑아 베틀을 이용해 천을 짰으며, 자신들이 만든 천을 가지고 집에서 바느질을 해서 가족들의 옷을 만들어 입었다.

I. 다양성 추구

한편 산업 사회에서는 대부분의 사람들이 공장에서 만들어낸 기성복을 입었는데, 기성복은 사람들의 키와 체격을 표준화해서 제한된 수의 몇 가지 크기로 대량 생산한 것이었다. 물론 고가의 맞춤 양복 *tailor-made*을 입는 사람들이나 전문적인 패션 디자이너가 만든 고급 옷을 입는 사람들도 있었다.

대량 생산, 대량 소비 패턴과 달리 이미 다양성을 추구하는 노력은 시작되었다. 획일적인 상품에 싫증을 느낀 사람들은 자신의 개성에 맞는 상품을 찾는다. 이런 제품은 값이 비싸지만 다양성을 즐기는 사람은 늘어가고 있다.

정보 사회에서는 그와 같은 다양성의 추구가 보다 대중화될 것으로 예상된다. 컴퓨터의 발달은 종류가 다양하고 디자인이 아름다운 상품을 저렴한 가격으로 생산해서 대중에게 보급할 수 있게 하기 때문이다. 자동화된 공정을 통해서 대량 생산이 아닌 '다품종 소량 생산' 방식으로 제품을 값싸게 생산할 수 있기 때문에, 제품의 기능성뿐 아니라 심미성까지도 충족시킬 수 있는 것이다.

II. 경제 국경의 소멸

한편 대량 생산과 대량 소비의 형태는 전자 상거래를 활성화시킬 것이다. 이는 컴퓨터 속에 진열된 상품을 통신을 이용하여 주문하고 은행의 개인 구좌에서 지불하는 상거래다. 이렇게 주문한 상품은 택배 시스템을 통해서 집까지 배달된다. 규격화된 제품을 사기 위해서는 직접 만져보거나 냄새를 맡아볼 필요가 없다. 초대형 화면을 통해 실감나게 진열된 상품을 보고 주문할 수가 있다.

가상 현실 *virtual reality* 기술과 초대형 화면의 도움으로 사이버 백화점이 등장하면 소비 생활뿐만 아니라, 세계 경제 질서에도 큰 변화를 가져올 것이다.

이미 생산자와 유통업자 사이에 위상의 변화가 일고 있다. 과거와는 달리 유통이 생산자를 지배하기 시작한 것이다. 생산자는 대형 유통망을 보유하고 있는 백화점이나 할인 매장에서 지정한 제품을 지정한 가격에 납품하지 않을 수 없다. 이처럼 값싸게 가져온 제품을 싸게 팔면 고객들은 더욱 몰려서, 그 매장의 위력이 더 커진다. 이런 현상은 사이버 백화점의 출현으로 더욱 심화될 것이다.

사이버 백화점은 컴퓨터 속의 가상 백화점이다. 그래서 어느 곳에 위치한 컴퓨터에 설치되었는지는 상관이 없다. 인터넷을 통해서 어느 곳이든지 접근할 수 있기 때문이다. 따라서 국내와 국외의 구분이 모호해진다. 소비자들은 어느 나라에 설치된 백화점인지 알 필요가 없고, 값싸고 질이 좋기만 하면 구입한다. 그러면 상품은 집까지 배달이 된다. 이처럼 낱개로 들어오는 외국 상품은 일일이 조사할 수가 없기 때문에 이렇게 제품이 들어오더라도 관세를 붙일 수가 없다. 즉 경제적인 국경이 없어지는 것이다.

III. 여가 활동

한편 정보 사회의 개인들은 산업 사회에서보다 더 많은 여가 *leisure*를 갖게 되며, 여가 활동에 더 많은 비중을 두게 될 것이라는 점도 분명하다. 여가 활동을 위해 사람들은 엄청난 양의 문자 정보 · 음성 정보 · 영상 정보를 수록한 CD롬으로 개인 도서실을 꾸밀 것이며, 인공 위성과 케이블 TV로 전세계의 연주회와 공연 실황, 미술 전시회 등을 감상하고, 보고 싶은 스포츠 이벤트를 수시로 즐길 수 있게 될 것이다. 컴퓨터에서 혼자 하는 게임에 만족하지 않고, 먼 거리에 있는 사람과 함께 경쟁하는 네트워크 게임을 즐길 것이다.

또한 정보 사회의 개인들은 PC와 멀티미디어를 이용해서 스스로 창작 활동을 할 것이다. 디지털 도구를 이용하여 음악을 작곡하고 그림을 그리고 조각을 하게 되며, 많은 사람들은 감상에만 만족하는 관중의 입장에서 벗어나, 스스로 창작하고 스스로 행동하는 예술과 스포츠 활동으로 여가를 선용하려 할 것이다. 그와 같은 사람들을 위해 다양한 여가 산업이 호황을 누릴 것이고 문화 산업이 더욱 발달하게 될 것이다.

IV. 평등주의

직장 생활에서나 개인 생활에서나 더 많은 정보에 기초해서 보다 독립적으로, 보다 창의적인 의사 결정을 할 기회가 더 많아질 것으로 예상된다. 그렇게 된다면 정보 사회의 개인들은 보다 개인화될 것이며, 자율성의 영역이 훨씬 넓어질 것이다.

그와 같은 환경은 정보 사회의 인간들이 개인주의(창의성과 자율성의 존중), 평등주의(수평적인 평등한 인간 관계 존중), 그리고 인간주의(인간 중심의 가치 존중)의 가치관을 강화해나갈 것으로 예상하게 한다. 여성이나 장애인도 아무 차별 없이 정보에 접근할 수 있고, 이런 관점에서 평등의 실현에 도움을 줄 것이다.

그러나 정보화를 통해서 개인의 사생활 침해가 우려된다. 금융 거래는 물론이고 개인의 비밀스런 내용도 모두 추적될 가능성이 있다. 예를 들어서 휴대 전화를 악용한다면 개인의 위치와 통화 내용 등을 도청할 수 있고 국가 조직이 이런 기능을 악용하면 개인에 대한 통제력을 더욱 강화시킬 수 있다. 조지 오웰의 『1984년』이 현실로 다가올 수 있으며, 이런 변화에 따라 우리 인간의 삶의 형태도 많이 바뀔 것이다.

4. 정치와 경제

I. 세계화

정보 사회의 인간들은 또한 세계적인 생활 양식 *life style*에 더욱 익숙해지고 친숙감을 느낄 것이다. 많은 사람들은 직접 경험과 간접 경험을 통해서 세계 각국의 다양한 문화에 기원을 둔 세계화된 생활 양식을 일상화해나갈 것이다. 예를 들어 전세계의 사람들이 이탈리아식 피자와 일본식 생선 초밥, 그리고 미국의 햄버거나 코카콜라를 먹으면서 살아가고 젊은이들은 청바지를 즐겨 입고 아프리카의 음악을 즐기면서 살아가게 될 것이다.

이와 같은 생활 양식의 세계화는 사람들의 생활 양식을 다양하고 보다 풍부하게 한다는 점에서 바람직한 현상이라고 할 수 있다. 그러나 이런 변화가 특정 문화의 지배력을 강화하여 약소국의 문화를 소멸시킬 가능성도 있다. 변화의 과도기에는 여러 가지의 문화가 만나서 다양성

을 제공하지만 열등한 것으로 인식된 문화는 자연스럽게 잊혀져 한 세
대가 지나면 기억하는 사람도 드물 것이다. 이미 교통 수단과 방송의 발
달로 인하여 우리나라에서도 각 지방의 방언과 풍습이 많이 소멸되어진
것을 보면, 이런 예측은 어렵지 않다.

또한 정보와 기술을 장악한 새로운 제국주의의 출현을 우려하지 않을
수 없다. 정보와 기술을 보유한 나라는 강대국이 된다. 이를 무기로 약
소한 나라의 정치 · 경제 · 문화에 관여하거나 또는 지배하는 일은 그다
지 어렵지 않다. 한두 개의 거대 국가와 나머지 국가의 예속화는 미래
사회의 어두운 그림자가 될 것이다.

II. 도시의 변화

우선 가정의 문화 생활을 살펴보면 밥을 짓고 세탁을 하는 주부들의
가사 노동이 가전 제품 보급으로 많이 줄어들었다. 실내 온도, 조명, 가
스, 경비, 안전 장치, 가전 제품 작동 등이 모두 자동화되어가고 있다.
쇼핑, 뱅킹, 관광 예약 등 각종 생활 정보 서비스를 직접 받을 수 있으
며, 각국의 TV 방송 수신, 화상 전화는 물론 병원 · 학교 · 직장에 나가
지 않고도 집 안에서 진료 · 학습 · 회의 · 근무 등이 가능하게 되었다.
이런 가운데 눈에 보이지 않는 '정보'가 거래의 주요 대상이 되는 것
이다.

현재의 도시 개념은 인구와 산업의 지역적 밀접 현상으로서 정의되어
있다. 미래에는 정보 내지 지식 산업과 그 정보 네트워크로 정의되어야
할지도 모른다. 지금까지의 생활 공간은 집적에 의한 산업 활동의 능률
성 제고를 위한 형태를 취하고 있다. 이런 생활 환경이 정보 네트워크
속에서 생활의 편의성을 위해 재편성될 것이다. 즉 산업 사회의 도심이
산업 관련 생산 활동의 중심지며 도시 전체의 정점이었다면, 정보 사회
의 도심은 주로 문화적 서비스의 생산지가 될 것이다.

디지털 정보 사회에서는 거리의 개념이 바뀐다. 거리상의 제약이 약

해졌기 때문이다. 국토 공간 구조는 대도시와 지방이라는 수직적인 체계의 의미가 약해지고 지역간에는 수평적인 분화와 전문적인 체계로 변할 것이다. 중앙 집중이 약화되고 지역적인 특성이 강조된다.

관료주의가 후퇴하고 전문화에서 오는 개별적 존재의 의미가 커지는 것이다. 그에 따른 인간관 및 교육 또한 개인의 선택이나 자율성을 존중하는 방향으로 변모하게 된다. 교육 목표도 현재와 같이 체계적인 지식을 암기하거나 수동적인 인간을 형성하는 것이 아닐 것이다. 변화하는 순간마다 현명한 판단으로 적절한 의사 결정을 할 수 있는 인간 형성이 교육의 주요 목표가 되어가고 있다. 미래에는 창의적인 사람이 더욱 값을 발휘하는 사회가 될 것이기 때문이다.

III. 정치

정보 사회에서 일어나고 있는 정보 · 통신 기술의 혁명은 정치에 어떠한 영향을 미치고 있는가? 디지털 정보 통신 혁명은 뉴 미디어의 출현으로 대표되는데, 이러한 뉴 미디어를 이용한 정치 미디어는 다양하다. 그 예로 텔레비전, 이메일(전자 우편), 홈페이지, 여론 조사, 원격 화상회의 등이 있다.

이미 우리는 텔레비전 토론을 통한 정치 현장의 변화를 경험하고 있다. 인터넷을 이용한 홍보도 서서히 위력을 보이고 있고 컴퓨터와 통신을 이용한 여론 조사도 정치 현상을 많이 바꾸고 있다. 원격 화상 회의도 선거 운동 등 정치와 행정에 변화를 가져올 것이고 사이버 국회는 또다른 토론 마당으로 자리잡을 것이다.

과거와 달리 시간과 공간에 구애를 받지 않는 정보 교환을 가능케 해준다. 동시에 많은 사람들이 정치인과 교류할 수 있게 해주고 쌍방 통행적인 커뮤니케이션을 가능하게 해준다. 이러한 특성을 갖는 뉴 미디어는 시민들의 참여민주주의를 더욱 확대시킬 것이다.

IV. 경제

오늘날의 정보화 사회는 지식에 관련된 서비스 산업을 바탕으로 한 관련 산업의 확장이 특징이라고 할 수 있다. 산업 사회에서는 운송·전기·수도·금융 등과 같이 서비스가 제품 생산의 보조적인 일에 해당한다. 그러나 정보화 사회에서는 교육·건강·사회 서비스 등의 인적 서비스와 컴퓨터, 시스템 분석, 연구 개발, 부가 정보 제공 등의 전문적인 서비스의 비중이 높다. 즉 지식과 정보가 필요한 서비스들이다.

산업 사회에서 기술·자본·노동력이 전략적 자원인 것과 마찬가지로, 정보화 사회에서는 지식과 정보가 전략적 자원이 된다는 점이다. 다시 요약하자면 토지가 기계로 대체되면서 농경 사회가 산업 사회로 전환된 것과 같이, 서비스로의 경제적 전환이 이루어짐으로써 디지털 정보 사회로 발전되는 것이다.

미래학자 다니엘 벨 Daniel Bell(1973)은 통신 *telecommunication*을 기초로 한 새로운 경제 사회를 전망했다. 정보나 지식이 경제의 핵심이 되며 사람들이 일하는 직장과 직무의 성격에 엄청난 변화를 가져올 것으로 예측하였다. 이러한 혁명의 중추적 역할은 정보 기술의 핵심이라 할 수 있는 컴퓨터와 통신 기술이 담당하고 있다.

정보화 사회의 중요한 특징으로는 정보 기술 *information technology*을 들 수 있다. 사무실과 공정의 자동화는 사무직과 생산직의 노동 시간을 단축시킨다. 로봇의 출현은 생산직 근로자의 수를 감소시키고 실제로 많은 노동력을 대체하고 있다.

6. 변하지 않는 것들

I. 불변의 본질적인 것

인간·사회·문화는 물론 변화해간다. 그러나 마구 변해가는 것이 아니다. 더구나 변화 속에서도 우리는 어떤 인간의 본연이라고 부를 수 있는 것을 엿볼 수 있다. 즉 인간인 이상 또는 사회를 이루는 이상, 비교적 또는 절대적으로 '변하지 않는' 요인 · 조건들을 찾을 수 있다.

예컨대 인간의 기본적인 생리적 욕구와 소속감, 자아 실현 등 기본적인 심리적 욕구는 인간이 호모 사피엔스로 출발한 이래 거의 불변일 것이다. 또한 사회라는 인간 집단에는 반드시 어떤 모양의 조직이 있고, 통치가 있으며, 그들의 삶엔 반드시 어떤 규율과 가치와 예술이 있다는 것 자체는 불변일 것이다.

따라서 어떤 변화와 그것에 대한 대응이 이런 '본질적인 것' 마저 심하게 파손한다면, 그 사회는 어떤 차질과 반발, 반동이 생기게 마련이다.

II. 변화의 한계

전자 상거래의 발달로 백화점에 가지 않아도 '편하게' 집에 앉아서 원하는 물건을 주문할 수 있게 될 것이다. 그러나 인간은 그런 편이만 찾는 존재가 아니라 가끔은 시장이나 백화점에 가서 인간적인 '정감'의 뒤섞임을 원하는 존재다. 그래서 와자지껄한 시장과 북적대는 할인 매장은 없어지지 않고 존재할 것이다. 또 CAI(Computer Aided Instruction), 즉 컴퓨터 보조 학습 시스템의 발달로 학생들이 교사 없이 컴퓨터에 의해서 공부할 수 있는 길이 열릴 것이다. 그러나 교육의 어디엔가는 교사와 학생 사이의 인간적 정감의 교차가 필요한 부분이 있다면, 현재의 학교 시스템은 존속할 것이다.

무엇들이 이런 인간 본연의 모습을 구성하느냐는 따로 고려되어야 할 문제다. 이것이 '사람은 먹어야 산다'는 것처럼 자명하지 않은 경우도 많다. 따라서 깊고 체계적인 통찰과 연구가 필요하다. 그러나 인간은 생리적 · 사회적 · 지적 욕구의 존재이며, 따라서 그들이 이루는 문화 · 정치 · 경제 · 학문 · 예술 · 교육에는 이런 변하지 않는 부분들이 있을 것이다.

참고 문헌

스튜어트 브랜드, 김창현 · 전범수 옮김, 『미디어 랩』, 한울아카데미, 1996.

이광형, 『멀티미디어에서 사이버 스페이스까지』, 솔출판사, 1995.

─────, 『포철 같은 컴퓨터 회사를 가진다면』, 솔출판사, 1995.

잭라일, 더글러스 매클로드, 강남준 · 강대영 옮김, 『커뮤니케이션 혁명과
    뉴 미디어』, 한나래, 1996.

최정호 외, 『정보화 사회와 우리』, 소화출판사, 1996.

제2부

정보 기술과 삶의 변화

디지털 정보 시대와 인간

윤완철

1. 디지털과 정보화

인간의 역사에 있어서 우리가 사는 이 20세기만한 격변의 시대가 달리 또 있을 것인가? 지난 인류 역사에 이보다 빠른 변화의 한 세기가 없었던 것은 물론이고 앞으로도 아마 다시 경험하기 쉽지 않을 것이다. 물론 변화의 크기를 양으로만 잰다면 오는 세기들의 변화는 이 세기보다 더 클지 모른다. 21세기에 교통은 더 빨라질 것이고 지식은 더 늘어나게 될 것이다. 우주 개발이나 암의 극복 같은 획기적 사건이 일어나게 될지도 모른다. 그러나 우리가 태어난 20세기에서는 인류의 문명사를 전후로 가를 수 있는 한 획이 그어지는 사건이 일어났다. 그것은 매우 중요한 질적인 변화이며, 한동안 오는 세기들은 그 변화를 이어가고 확대해 가는 데 열중하게 될 것이다. 그리고 우리는 이제 그 사건이 일으키는 변화를 아주 조금 맛보기 시작했을 뿐이다. 그것은 바로 정보의 디지털화이다.

우리는 정보화 사회의 도래에 대해 많은 이야기를 들어왔다. 정보화 사회에서의 지식의 증가, 지식 효용의 증가, 종이 없는 사무실, 사무실 없는 기업, 멀티미디어의 보편화, 가상 현실의 등장, 통신의 발달로 인한 가상 공간의 형성 등은 정보화의 큰 물결을 이루는 흐름들로서 보통 사람들도 예견하거나 이미 체험하고 있기도 하다.

　그런데 일반 생활인으로서는 이러한 발전을 전기의 응용과 전자 기기의 발달, 그리고 결정적으로는 컴퓨터의 출현 등 기술적 발전에 기인한 것으로 치부하기 쉽다. 사람들은 아무래도 컴퓨터와 핸드폰 등 정보 통신 기기의 발전을 일상 중에 경험하는 것을 통해 변화를 인식하므로 하드웨어 중심의 문명 발전관을 가지는 경향이 생기는 것이다. 그러나 기실 이것은 역사의 맥락을 놓치는 것이다. 현재를 평가하고 미래를 예견하려면 우리는 눈에 보이는 현상들보다 그 뒤에 있는 무형의 변화의 의미를 음미해보아야 할 때가 있는데 정보화의 경우가 바로 그러한 것이다. 이런 근본적 변화에서 중요한 것은 하드웨어보다 오히려 소프트웨어이며, 가장 중요한 것은 지식웨어, 즉 이 모든 것 뒤에 있는 논리적 발전이다. 오늘의 정보화의 폭발적 혁명 뒤에 숨어 있는 무형의 논리적 변화가 바로 이 책의 주제인 디지털화이다.

　디지털이란 무엇인가? 우선 그것은 아날로그의 상대말이다. 가장 쉬운 예로서 시계를 들 수 있다. 전통적인 기계식의 아날로그 시계에서는 바늘이 꾸준히 움직여서 시간을 따라갔다. 이때에는 그 회전 속도가 잘 맞아야 했고 정밀한 기계적 조정을 필요로 했다. 디지털 시계는 문자판이 있는 시계이다. 그것은 1초 또는 1분이 될 때마다 갑자기 숫자를 바꾼다. 실제로 이런 시계는 결정에 의해 맥박수가 정해진 전자적인 진동의 횟수를 세어 몇만 번의 진동이 세어지면 1초가 지났다는 식으로 계산한다. 연속적인 움직임이 아닌 단속적인 움직임을 가지며, 기계적인 변화가 아니라 논리적인 계산 결과가 시간을 가리킨다는 데 그 디지털성이 있다. 이 '계산' 된다는 말은 의미심장한 말이다. 요즘은 속은 전자시계인데 겉모양만큼은 바늘이 움직이는 손목시계가 주종을 이룬다. 사람이 숫자보다는 바늘을 편리하게 생각하기 때문이다. 그래도 속으로 '계산' 을 하는 것은 마찬가지이다. 이것이 디지털 방식이다.

　컴퓨터는 기본적으로 디지털이다. 기존의 아날로그 전기 기계들이 전

50

기의 세기에 다른 부품의 움직임을 연동시키는 원리로 동작하는 것과 달리, 컴퓨터는 전기의 세기로부터 일단 0과 1을 구별해놓고 그 합성으로 기호를 만든다(숫자도 기호이다). 전기의 세기 자체는 이제 아무런 의미를 갖지 않으며, 나머지 모든 일은 0과 1로 합성된 기호의 계산으로 이루어진다. CD도 디지털이다. 이에 반해 오디오 테이프나 옛 레코드판은 아날로그이다. 즉 음량의 세기를 자기의 세기나 물리적 진동의 세기로 표현하였다. 그런데 CD는 음량의 세기를 숫자로 바꾸어서 원판에 차례대로 그 숫자를 기입해놓은 것이다. 그러므로 논리적인 '계산'이 가능해서 일부 데이터에 손상이 있어도 앞뒤를 맞춰보아 적당히 메우어 넘어갈 수 있다. 레코드판과 달리 표면에 홈집이 웬만큼 나도 음질에 지장이 없는 것이 그런 이유이다. 종이에 인쇄한 그림들은 아날로그이지만, 컴퓨터 그래픽은 디지털이다. 화면을 미세한 점으로 나누고 각각의 점에 숫자로 표시된 색깔을 대응시킨 것이다. 이것 역시 계산이 가능한 까닭에 여러 가지 특수 효과를 논리적으로 구성하여 첨가할 수 있다.

요컨대 디지털은 딱 부러지는 기호로 표기되며 논리적 계산이 가능하다는 특성이 있다. 정보를 디지털로 표현한다는 것은 정보의 자유로운 논리적 활용과 가공이 가능하다는 것이 된다. 그리고 정보의 표현이 전기나 기계의 물질적 특성에 의존하지 않고 순수한 정보의 원형을 유지한다는 의미가 있다. 이것이 디지털 이전의 정보와 디지털 이후의 정보가 근본적으로 다른 점이다. 그리고 인류가 사용하는 정보가 이 논리적 차이를 넘어선 것이 오늘 우리가 보는 폭발적인 정보 혁명의 기술적 바탕인 것이다.

디지털 정보에는 위의 특성에서 파생되는 몇 가지 중요한 장점이 있다. 첫째로 정보의 저장이 쉽다는 것이다. 특히 정보 처리 중간 과정물이 저장되는 것으로부터 상당한 유익을 얻을 수 있다. 일례로 기존의 출판 과정을 보면 원고지에 내용을 쓰고 활자를 골라 조판하고 교정한 후 잉크를 묻혀 인쇄한다. 시작과 끝이 분명하고 되돌릴 수가 없다. 컴퓨터로 입력하여 인쇄를 하는 전자 조판의 경우, 일단 내용이 입력되면 반복해서 교정할 수 있다. 한번 인쇄를 한 후 필요하면 언제든지 저장된 파일로부터 다시 인쇄할 수 있다. 기호의 저장은 물질의 저장보다 부담이 없고 경제적일 뿐 아니라 질의 저하의 문제가 없다. 그림이라 하여도 기호로 저장되어 있으므로 오래되어도 화질의 저하 없이 원래와 똑같은 출력이 가능하다. 여러 가지 압축 기술이 발달하여 더욱 쉽게 대량의 정보를 저장하게 되고 필요한 정보 전송량도 줄여 동영상의 실시간 처리까지 가능하게 되었다.

이와 관련된 두번째의 장점은 입력과 저장, 출력이 사이클을 이룬다는 것이다. 인쇄된 글과 그림은 스캐너로 다시 입력하여 문자 인식 등을 통해 원래의 정보로 회복될 수 있다. 또 아예 최초 입력이나 최종 출력 과정을 사이클 밖으로 밀어내고 순수한 전자적 상태에서 대부분의 업무 사이클을 구성하도록 할 수 있다. 즉 종이나 테이프가 배제된 업무가 가능한 것이다. 물론 여기에는 고성능 모니터나 디지털 카메라, 스캐너 등 여러 종류의 주변 기기의 기여가 주효하겠으나 이러한 기기가 논리적으로 가능하게 된 것 자체도 정보가 디지털화된 덕택이다. 이런 가능성이 경영 정보나 각종 관리 시스템, 교육이나 상거래 등에 가져오는 변화는 그 크기와 깊이에서 엄청난 것이다. 현재는 겨우 변화의 시초일 뿐이라고 할 수 있다.

세번째 장점은 여러 유형의 정보가 하나의 통일된 형식, 즉 기호로 표현된다는 것이다. 이것이 오늘날 멀티미디어의 가능성을 연 열쇠이다. 사실 전기를 이용한 시청각 정보의 전자화는 이미 수십 년 전부터 있어 왔다. 전화도 있었고 라디오나 TV도 있었다. 그러나 이들은 논리적 수준에서 통합되지 못하였다. 각 기계들에서 아날로그로 표현된 각 형태의 정보는 서로 논리적 관련 없이 각각의 물리적 형태로만 존재할 수 있을 뿐이었다. 이제 디지털을 통해 이 정보들이 통합되면서 생기는 일은 무엇일까? 그것은 마치 시각 정보와 청각 정보가 인간의 뇌에서 함께 처리되어 인간에게 통일된 세상으로 제시되듯이, 전자적으로 표현된 모든 유형의 정보가 논리적으로 연결되어 인간에게 통합된 환경을 제공하게 된다는 사실이다. 바로 이것이 멀티미디어와 가상 현실 기술의 궁극적 목표가 될 것이다.

다시 처음으로 돌아가서 디지털 정보의 논리적 처리 가능성이 가져온 보다 직접적 결과에 대해서 고찰할 필요가 있겠다. 논리적으로 표현되는 디지털 정보에서는 상상할 수 있는 논리적 처리, 정보의 가공, 검색, 추출, 융합이 모두 가능하다. 이것이 이미 인쇄술의 발달, 타이프라이터나 복사기의 등장 등으로 확대되어왔던 정보화의 추세에 결정적인 도약의 계기를 주었다. 자동적인 논리적 처리가 가능하다는 것은 보유 지식의 효용을 높이면서 동시에 효과적인 정보 보유량을 전에 비할 수 없이 증가시켰다. 전에는 인간의 정보 처리 능력의 한계 때문에 정보를 다량으로 모은다고 해서 꼭 효용이 증가하는 것이 아니었던 것이다. 이제 컴퓨터가 빠른 속도로 데이터를 처리할 수 있는 상황이 되자, 기업이나 기관마다 정보를 산더미같이 쌓아놓게 되었고 생산 과정과 서비스 산업도 모두 정보력에 생산성을 걸게 되었다. 때문에 경영 정보 시스템, 의사 결정 지원 시스템, 그리고 지식 경영 등의 새로운 정보 관리 패러다임이 계속하여 등장하고 있으며, 아예 산업의 역사 자체도 그 지식적 성격에 따라 산업 혁명—생산성 혁명—경영 혁명으로 발전하고 있다고 보기도 한다. 또한 정보 처리 과정에 대한 연구가 인간 지능에 대한 연구와 상승 작용을 일으키면서 인공 지능, 인지과학 *Cognitive science*, 인간-컴퓨터 상호 작용 HCI(Human-Computer Interaction), 인간-기계 시스템 *Human-machine system* 등의 소프트한 연구 분야를 부상시켜 인류의 미래를 열어가는 중심적인 학문 분야들로 만들어가고 있다.

이상 간략하나마 고찰한 바에서 확실해진 것은 오늘의 정보화를 가능하게 한 기술적인 기반으로 컴퓨터나 복사기 등 하드웨어의 발명보다는 인간의 자유로운 논리 능력 구사의 장을 열어놓은 디지털 정보의 등장을 꼽아야 한다는 것이다. 정보화의 물결은 어떤 관점에서 보자면 이미 구텐베르크 이후 수백 년을 눈덩이처럼 굴러온 것이다. 그러나 지금 우리가 정보 혁명이라고 하는 것은 바로 정보의 디지털화로 가능하게 된 급격한 정보 효용의 증가와 양상의 변화인 디지털 혁명인 것이다. 따라서 이하에서 우리가 정보 혁명이라는 현상을 말할 때에는 곧 이 디지털적 정보 처리에 의한 상황의 급격한 변화를 뜻하기로 한다.

2. 디지털 기술과 삶의 변화

한때 정보화 사회가 온다는 말이 요란하더니 이제는 더 이상 그렇게 예언자처럼 목소리를 높이는 사람이 없다. 어느새 정보화 사회는 누구나 알 수 있도록 여기 와 있는 것이다. 직장에서의 일감은 모두 컴퓨터 안에 들어가버리고 집집마다 개인용 컴퓨터가 있으며 작업장에는 로봇이 있고 가전 제품은 모두 마이크로프로세서 칩을 내장하고 있다. 금융은 전자화되고 있으며 기업의 문서는 전자 우편으로 이동하고 새로운 시장은 인터넷 안에서 생성되고 있다. 미사일과 방위 시스템들은 정보 전자전의 도구로서 재편성되었다.

이 모든 변화가 대체 언제 일어났는가? 1980년대초에 필자는 회사의 중앙 컴퓨터에서 가장 가까운 전산실에서 근무하는 프로그래머였다. 당시로서는 가히 정보화의 첨병이라고도 할 만했는데, 그래도 컴퓨터는 자못 경외의 대상이었다. 프로그램을 종이에 작성하여 타자수에게 맡겨 천공 카드를 작성하고, 이를 오퍼레이터에게 넘긴 후 유리창 너머로 그 작업 결과가 찍힌 종이 두루마리가 언제 나올 것인가 서성거리며 기다리던 것을 기억한다. 그러다가 전산실에서 처음 터미널을 사용하기 시작하면서 컴퓨터와 직접 대화하는 것 같은 근접감에 고무되어 더욱 일에 몰입했던 것도 기억한다. 이어 개인이 컴퓨터를 가질 수도 있다는 놀라운 역사를 목격하게 되었고, 불과 몇 년 후에는 상상외로 바로 내가 그 주인공이 되었다. 그로부터 다시 10여 년, 지금 컴퓨터는 나의 노트이며 펜이고 기억의 일부인 동시에 실험 도구이고 매일 계속되는 작업의 도구이다. 컴퓨터가 발명된 것은 2차 대전 직후이고 기업에서 널리 사용된 지도 30년 가까이 되고 있지만 보통 사람의 삶을 온통 바꾸어놓은 것은 불과 이 20년 이내의 일이다. 그 중에서도 최근 10년은 그 이전과 비교할 수 없는 격변의 시기였으며 다시 그 중에서 마지막 5년은 인터넷 등으로 인해 많은 사람의 삶의 구조가 바뀐 대변혁기였다. 인류 역사 수천 년 동안 그토록 짧은 세월이 이렇게 세상을 바꾼 적이 또 있었겠는가? 확실히 우리는 정보 혁명기에 살고 있으며 다음 5년을 감히 예측하기 두려운 시점에 살고 있다.

정보화 사회는 눈에 보이는 컴퓨터의 수로 표상될 수 없다. 이런 이미지는 피상적인 것에 불과하다. 정보화란 훨씬 더 깊고 넓은 사회적 의미를 갖고 있는 것이다. 우선 조금만 사회적인 고찰을 해보아도 사람들의 직업이 바뀌고 있음을 감지할 수 있다. 70년대초만 해도 우리나라 절반 이상의 인구가 농업에 종사하였으나 지금은 불과 10% 내외에 불과하게 되었다. 우리나라의 경우 공업화와 정보화가 바로 잇달아 일어나고 있어서 구별하기 다소 곤란한 점이 있으나, 어쨌든 근년으로 올수록 공업 인구보다는 서비스업 인구가 폭증한 것은 누구나 감지하는 사실이다. 그런데 미국의 저작가 네스빗은 그의 저서 *Megatrends*에서 20세기 후반의 산업 구조에 대해 흔히 통용되는 이론인, 1차 산업인 농어업과 광업, 또는 2차 산업인 제조업으로부터 3차 산업인 상업과 서비스업으로 산업의 중심이 옮겨간다는 가설을 반박하고 있다. 그가 제시하는 통계에 의하면 사실상 팽창하고 있는 산업 분야는 서비스업 전체가 아니라 그 일부로 포함시켜 생각하고 있던 정보 산업이라는 것이다.

우리 주변에서도 서비스업의 내용을 살펴보면 우리나라의 특징적 산업(?)인 음식료업을 제외하고는 정보 관련 업종이 대부분을 차지한다는 것을 알 수 있다. 언론 · 출판 · 변호사 · 법무사 · 회계사 · 부동산 소개업 · 증권업 · 광고업 등은 전형적으로 지식 또는 정보의 저장과 유통을 주임무로 하는 것이고, 일반 회사의 사무 직종이 하는 일도 예외 없이 사내 정보의 생성, 가공과 의사 결정으로서 정보를 다루는 것을 업무로 삼고 있다. 회사의 부서 조직도 알고 보면 거개가 다루는 정보의 종류와 흐름에 따라 구분되어 있는 것이다.

그러면 생산 현장은 어떠한가? 화학 공장이나 제철 공장 노동자 중 대부분과 대규모 제조 공장에서 근무하는 사람 중 다수도 더 이상 손과 발로 노동하지 않는다. 그들은 제어실에서 공장의 상태를 컴퓨터 모니터로 점검하며 그렇게 입력된 정보를 머릿속으로 처리하여 판단과 결정을 내리는 감독자 역할을 한다. 작업복은 입었을지언정 육체 노동자는 절대 아니다.

프로 복서 한 사람, 유명 가수 한 사람에게도 여러 명씩 정보를 입수하고 처리하는 조력자들이 딸려 있다. 선진국의 경우 80년대에 이미 정보 관련 업종에 종사하는 사람이 전체 근로자의 80%가 넘어섰다 한다. 필자가 종사하는 교수직조차 이제 교육이라기보다는 지식의 유통업으로 취급되는 낌새가 있는데 그것이 근거 없는 불안감만은 아닐 것이다.

개인 업무보다 산업의 종류로 보았을 때, 우선 정보를 최종 산물로 하는 산업으로서 신문 · 방송 · 출판 · 통신 · 우편 · 전화 · 연극 · 영화 · 문화 서비스 · 도서관 등이 있고, 주요 중간 서비스가 정보로 이루어진 것들로서 학교, 연구 기관, 행정 관계 업종, 고문, 브로커, 정보 서비스, R & D 회사 등을 들 수 있다. 여기에 TV · 라디오 · 컴퓨터 · 통신 기기 · 종이 등 정보 기기와 정보 매체의 생산업을 추가할 수 있다. 그러나 개인적인 업무의 내용으로는 여타 산업의 종사자들도 정보 처리를 주무로 삼고 직장 생활을 하고 있는 것이다.

위와 같은 사람들의 직업 분포로 바로 체감할 수 있다시피 우리 세대의 산업 구조의 주된 변천 방향은 정보화이다. 산업 혁명 이후 가장 중

대한, 아니 아마도 그를 능가하는 혁명적 사회 변화는 바로 우리가 오늘 목격하는 바 정보화 혁명이라는 데에 인식이 일치하고 있다. 인류 역사는 농업 사회에서 공업 사회로, 다시 정보 사회로 이행되고 있다는 것이다. 이는 경제 활동의 중심이 재화의 생산과 유통에서 정보·지식의 생산과 유통으로 이동함을 뜻한다. 이러한 통찰은 비단 경제 부문의 산업 구조뿐 아니라 이 시대의 사회상 전반의 방향에 관한 단서를 제공한다.

보다 최근에 컴퓨터 통신망은 의사 소통과 상호 교류의 방식마저 바꾸고 있다. 사회의 구조와 사회의 구성 방식이 달라지고 있고, 금융·생산·경제·정치·교육·예술 등이 모두 근본적 변화를 겪고 있다. 문화도 바뀌고 있다. 일하는 방식, 살아가는 방식, 노는 방식이 총체적으로 변화를 겪고 있다. 통신은 정작 그 수단인 컴퓨터보다도 더 중요한 구조적 변화를 야기하고 있는 것으로 보인다. 그 설명은 컴퓨터가 증기 기관의 발명과 같다면 통신망은 철도의 부설과 같다는 비유로 할 수 있다. 기술적 근원은 전자에 있지만, 인류 사회를 직접적으로 변혁한 것은 후자인 철도 부설이었듯이 통신망의 발달은 가까운 장래에 우리가 알고 있는 사회를 거의 속속들이 변화시키고 말 것이라 보아도 틀림없다.

직장에서는 EDI(Electronic Data Interchange)가 보편화되고 있다. 모든 서류의 전달이 컴퓨터 통신망으로 되어 바로 컴퓨터 내에 저장되는 것이다. 관련 부서끼리 전자적으로 서류를 주고받으니, 직원들끼리는 이름은 알아도 얼굴도 성격도 모르는 사이들이 된다. 디지털 통신은 신용카드를 일상 생활화하여, 인류의 가장 진한 애증이 서려온 화폐까지 축출하고 있다. 20세기말 세계는 막 전자 상거래 EC(Electronic Commerce)의 보편화의 문턱을 넘고 있다. 예를 들어 세계에서 가장 큰 책방은 이제 인터넷 안에 존재한다. 은행도 백화점도 곧 뒤를 따를 것이다. 웬만한 품목의 거래는 더 이상 사람들이 다리품을 팔아 정보를 입수하고 거래를 결정하는 옛 방식에서 벗어나게 될 것이다. 많은 직업들이 집에서 일하는 재택 근무를 기본 형식으로 하여 효율에서의 이득을 보게 될 것이며, 많은 교육 기회가 불특정 다수를 위해 통신상에서 제공될 것이다. 학생들은 방정식이나 미적분을 잘 공부할 수 있는 사이트는 어디이며 역사 공부는 어디가 낫더라고 서로 이야기할 것이다. 학회도 통신을 기반으로 조직되어 지구상에 흩어져 있는 동료 학자들이 인터넷상에서 늘 모여앉아 의견을 주고받는 상황이 될 것이다. 원래 정보와 의견의 교류가 기반인 언론이나 정치 분야의 변화는 더 말할 것도 없다.

내일 우리들에게 실현될 일상을 상상해보자. 재택 근무, 홈쇼핑, 원격 강의, 화상 진료, 주문형 TV 프로그램, 통신망 회의 들이 일상화될 것은 꿈이 아니다. 그리고 아무것도 다시 과거로는 돌아가지 않을 것이다. 유목에서 농경 사회로의 전환도 산업 혁명으로 인한 근대 사회의 도래도, 우리가 지금 겪고 있고 남은 일생에 겪을 새로운 변화에 비하면 사소해 보일지 모른다. 통신의 대중화는 정보 혁명 또는 디지털 혁명으로 불리는 하나의 거대한 변혁을 바야흐로 본 궤도에 진입시키고 있는 것이다.

3. 디지털 문명의 행로

사람들은 세상이 끊임없이 이런저런 모양으로 편리해지고 있다고 서로 이야기한다. 그리고 그 각각의 변화에 앞서거니뒤서거니 적응해간다. 그런데 한동안 지난 후 되돌아보면 그 결과는 단순히 편리한 것들의 산만한 집합이 아니라 일정한 방향성을 가진 총체적 사회 양상의 변화이다. 지금 정보화의 진행이 바로 그러한 변화에 해당한다. 다방면의 변화가 동일한 원인에 의해 일관된 방향으로 일어나고 있다는 것에서 정보화의 도도한 내면적 흐름을 감지할 수 있다. 그것이 오늘 문명의 방향이다.

컴퓨터의 발명이나 정보의 디지털화는 분명히 큰 사건이다. 그러나 그것들은 어디까지나 도구이며 동기와 목적이 아니다. 비근한 비유를 들어보자. 인류는 아주 오래 전부터 꽤 큰 배를 만들고 결코 간단치 않은 항해술을 축적하였다. 그러나 배가 있고 항해술이 가능하다고 하여 그저 모험 삼아 신대륙 발견에 나서지는 않았다. 무역 수요의 증가와 이슬람에 의한 동방 무역로의 차단이 유럽인들로 하여금 모험의 길을 나설 동기를 준 것이다. 사회 전체를 움직일 동기가 있어야 배가 뜨게 되고, 아무리 맹목적인 바다 사나이도 배가 떠야 항해에 목숨을 걸 수 있게 된다. 15세기 유럽의 영웅적인 뱃사람들도 '바다로 가자' 한 것이 아니라 '인도로 가자'고 했던 것이다.

그와 같이 기술은 삶의 필요에 의해 출현하고 발전하는 것이며, 그렇게 출현한 기술이 제공하는 새로운 가능성은 다시 새 유형의 삶을 형성하는 것이다. 기술적 환경의 미래는 기술 자체에 의해 독립적으로 결정되는 것도 아니고 삶과 유리되어 그 자체로 의미를 갖는 것도 아니다. 비록 디지털과 컴퓨터에 의해 정보화가 급진전하고 있지만 그 항해 방향은 기술 개발의 방향이 아니라 그것을 요구하는 인류 문명의 방향에 관련되어 있으며, 정보화 혁명은 우연히 촉발된 것이 아니라 인간이 불러온 것이라고 해야 한다. 따라서 정보화의 흐름의 본질이 무엇인가 하는 질문은 인류의 역사적 동인으로 대답되어야 할 문제이다. 동시에 이 동인이야말로 우리 앞에 있는 미래가 무엇인지를 가늠하기 위한 단서로서, 당면한 현실적 질문이며 사치한 철학적 취미쯤으로 삼아 생각할 문제가 아닌 것이다. 아래에서 우리는 먼저 정보화를 가져온 사회적 배경을 살펴보고, 이어 그 뒤에 숨겨진 역사의 추진력이라 할 수 있는 동인들을 짚어보고자 한다.

I. 정보화의 사회적 배경

정보화로 총칭되는 변화의 배경으로서 첫째는 지식의 효용과 요구량이 증가했다는 사회적 변화를 들 수 있다. 기업의 활동 범위가 세계로 넓어진 만큼, 필요한 정보의 범위와 양은 엄청나게 증가했다. 기술이 발전하면서 과학 지식의 실제적 효용은 높아지고, 과학의 발전에 따라 기술의 내용도 복잡해졌다. 기술 정보와 기술 지식의 축적과 사용을 어떻게 제대로 하느냐 하는 것이 기업의 경쟁력을 좌우하게 되었다. 피터 드러커는 '자본주의 이후의 사회'에서 우리는 이제 탈자본주의 사회로 진입하고 있다고 하며 그 이유를 지식이 곧 자원과 동의어가 되었다는 데에서 찾고 있다. 그리고 경영자의 정의를 지식의 적용과 그 성과에 책임을 지는 자로 내려야 한다면서, 이제 산업은 산업 혁명과 생산성 혁명의 시대를 지나 경영 혁명의 시대로 접어들고 있다고 진단한다. 그 핵심이 정보임은 물론이다.

사회 부문에서도 사회 조직과 산업 구조가 복잡해지면서 규칙도 많아지고 정보의 양과 효용도 증가했다. 필요한 지식의 양이 많고 지식의 효용이 커진 만큼 이제 우리는 학교에서 더 오래 머물러야 사회에 나올 수 있다. 주위에는 학교만 25년 동안 다닌 사람이 흔하다. 그래도 그렇게 오랫동안 학교에서 지식을 배우고 합리적 의사 결정 능력을 기르는 것이 상당한 보답을 가져다준다. 지식이 있는 곳으로 권력의 이동이 일어나고 있다. 이것이 정보화의 수요-공급적 측면에서의 배경 원인을 형성한다.

둘째는 기계적 자동화에 의해 인간이 물리적 일에서 해방되었다는 것을 중요한 사회적 배경으로 들 수 있다. 인간의 역할은 문제 해결자 또는 의사 결정자이며 주된 업무는 정보의 처리이다. 제철 공장에 출근하는 사람 중 '철강 노동자' 답게 우람한 근육을 자랑하는 이는 이제 찾기 어렵다. 그들 대부분은 공장이나 제어실에서 기계를 지켜보는 일로 하루를 보낸다. 그것도 대부분은 기계 자체에서 아예 멀리 떨어져 모니터에 나타나는 플랜트의 여러 정보를 보면서 상황을 판단하고 할 일을 생각해내며 조심스레 이를 수행하는 식의 근무를 한다. 이들은 더 이상 육체 노동을 하고 있지 않은 것이다.

기계가 인간의 일을 빼앗으면 인간들은 실업자가 될 것이라고 생각되던 시대도 있었다. 그러나 실제의 상황 전개는 달랐다. 기계가 자동으로 일을 하면 인간은 기계를 제어하는 정보 처리자가 되고 그러면 다시 기계는 인간이 관리할 수 있을 만큼 늘어나는 일이 반복되었다. 결국 대부분의 인간이 육체 노동에서 정신 노동으로 전환된 상태가 되었고 일인당 생산하는 재화와 소비하는 에너지는 전에 꿈도 꾸지 못할 만큼 증가되었다. 이것이 정보화의 주체로서의 인간에게 일어난 변화이다.

셋째 배경으로는 물론 기술적 발전, 특히 컴퓨터의 발명과 정보의 디지털화를 들지 않을 수 없다. 그런데 앞에 잠시 언급했듯이 이러한 도구의 발명이 정보화 사회를 가져왔다는 인식은 피상적이 될 위험이 있다. 오히려 컴퓨터나 정보의 디지털화는 지식의 중요성과 정보 처리의 필요성이 증가한 때문에 필연적으로 등장하였다고 보는 것이 온당할 것이다. 정보화의 한 상징적 시점으로서 미국에서 사무직 근로자가 육체 근로자를 수적으로 능가하기 시작한 것은 1956년경으로 되어 있다. 이때에는 아직 컴퓨터가 기업에서 보편화되지 않았으며 일반인은 컴퓨터 구경을 거의 못 하던 시절이었다. 컴퓨터 사용 이전에 이미 사회적 정보화는 일어나고 있었던 것이다. 그러므로 시대에 따라 정보의 유용성이 증대했기 때문에 유능한 과학자들이 기를 쓰고 계산기를 발명하고 정보 처리 기술을 발전시켜왔다는 것이 오히려 옳을지 모른다. 그러나 일단 컴퓨터가 발명되자 불에 기름을 부은 듯이 정보화가 급진전된 것은 사실이다. 따라서 컴퓨터와 디지털의 등장은 정보화의 수단적·도구적 기반이라 할 것이다.

요약하자면 우리는 정보화의 기반이 된 사회적 배경으로서 지식의 효용과 요구량이 증가했다는 사회적 변화와 기계적 자동화에 의해 인간이 물리적 일에서 해방된 것, 그리고 정보 기술 발전의 세 가지를 살펴보았다. 그런데 이 셋은 우연히 동시대에 일어난 별도의 현상이 아니라 서로 상승 작용을 일으키고 있는 현상적 요소들이라 보는 편이 옳을 것이다. 이러한 사회적 현상들이 이 시대에 우연히 집합하는 것은 아니다. 위에 거론한 눈에 보이는 사회 현상을 필연적으로 이끌어내고 있는 더 내재적이고 장기적인 흐름이 있음을 보아야 한다. 그래서 아래에서는 인류의 기술 문명사를 이끌고 있는 보다 심층적 동인을 살펴보기로 한다.

II. 정보화 사회의 동인

우리는 위에서 세 가지 측면에서 정보화 사회의 혁명적인 도래를 가능하게 한 사회적 배경 원인을 살펴보았다. 그러나 정보화 사회를 오게 한 것은 운명이 아니라 결국 인간 자신이다. 위에 거론한 원인적 요소들은 이러한 인간의 노력의 과정에서 이정표를 이룬 획기적 성과와 진보에 불과한 것이다. 사람들은 어떠한 동인을 가지고서 이러한 변화를 추구해왔는가? 바로 그것이 또한 우리를 미래로 이끌어갈 것이다.

여기서 우리는 두 가지 서로 다른 줄기의 동인을 살펴보지 않을 수 없다. 하나는 순수한 열정으로 보다 나은 사회로의 진보를 추구하는 것이다. 다른 하나는 보다 현실적인 경제적 동인이다. 전자가 긴 시간 동안 꾸준히 사람들을 공통의 원대한 이상에 봉사시켜 오늘의 정보화 사회로 도달케 했다면, 후자는 각 개인이 매시간 목전의 이익을 좇는 행동들이 역사의 전개를 따라 부지불식간 큰 흐름을 이루어 정보화 사회로 진입하게 했다고 대비하여 말할 수 있다.

1) 유토피아

사람들은 늘 이상향을 꿈꾸어왔다. 그리스에서는 황금의 시대라는 말로 고대 중국에서는 성인의 시대라는 말로 그 꿈을 질박했던 상고 시대에 투영시켜 이야기하기도 했다. 그러나 한편으로는 그 꿈을 과거가 아닌 미래에 투사하여 인류의 비전으로 제시하기도 했다. 대표적인 것이 플라톤의 『국가』일 것이며 보다 가까이는 토마스 모어 경의 『유토피아』가 유명하다. 공산주의의 경우와 같이 미래에의 희망적 비전이 곧 거대한 사회적 이데올로기가 되어 역사의 굴곡으로 결과되기도 하며, 보다

작은 규모로는 사이비 종교 집단들이 그러한 이상향의 비전을 중심으로 사람들의 마음을 묶어 개인의 인생들이 희생되기도 한다. 어떠한 시대를 우리가 진보의 시대라고 할 때 이는 모종의 이상향을 전제하고 그리로 향해 나아가는 성과를 일컬어 이야기하는 것이다. 인류는 희망적인 시기에는 희망 때문에, 절망적인 시기에는 또 절망 때문에 이상향을 향해 진보하고자 한다.

이상향의 사회적인 속성을 다룬 토마스 모어의 『유토피아』와 달리 프란시스 베이컨의 『새 아틀란티스』는 인간의 계몽된 지성에 의해 형성되는 이상향을 그리고 있다. 베이컨은 근대 과학의 초기를 대표하는 과학 철학자였을 뿐 아니라 미래에 대한 전망에서 예언자적 존재로 부각된다. 베이컨의 시대에도 이미 예민한 사람들은 자신의 일생을 통해 무언가 깊고 큰 변화가 세상에 일어나고 있다는 것을 감지할 수 있었다. 이러한 변화를 감지하면 사람들은 희망의 눈을 가지고 다가오는 역사의 지평을 바라보게 된다. 당시 과학의 사제이며 예언자 격이었던 베이컨은 인류의 역사를 저해하는 가장 큰 장애물은 바로 사람들이 무언가를 불가능하다고 속단해버리는 데 있다고 믿었다. 그리하여 그는 『새 아틀란티스』에서 그곳 장로의 입을 빌려 다음과 같이 갈파한다: "우리 체제의 목적은 세상의 원인들에 대한 지식을 얻고, 사물들의 비밀한 움직임을 발견하며, 인간의 제국을 확장하여 모든 것을 가능하게 하는 데 있다." 이것으로 우리는 베이컨의 이상향의 모습을 짐작할 수 있다. 그리고 그것은 계몽주의의 시대를 거쳐 바로 이 시대 우리에게로 직접적으로 유전되어 내려오는 하나의 범세계적 이데올로기로서 존재한다.

미래의 희망을 어딘가에 거는 것, 그리고 만인이 함께 그 비전을 공유하는 것, 그것은 역사의 무서운 추진력이 된다. 요약하면 20세기 후반에서 기술의 발전에 대한 낙관적 희망은 다분히 이데올로기화되어 있으며, 그것은 오늘날의 정보화를 가져온 동인일 뿐 아니라 앞으로도 기술 발전을 수단으로 미래의 우리 사회 모습을 형성하여 나가게 될 방향성이라 할 수 있다.

2) 번영 이데올로기와 경제적 동인

비록 정보 기술의 발전이 인류의 복지 미래를 약속하는 것이라고 만인이 믿는다고 하여도, 그에 대한 적절한 현실적 보상과 강화가 없다면 이러한 열광적 정보화 열기는 지속될 수 없을 것이다. 그러므로 정보화 혁명의 배후에는 인간들의 공통된 이상향적 희망 외에 다른 현실적 동인이 존재해야 한다. 우리는 현재의 구체적인 기술 발전 노력들이 경주되는 메커니즘을 물음으로써 그 해답을 어렵지 않게 찾아낼 수 있다.

오늘날 가장 열성 있는 첨단 연구 개발의 후원자들은 누구인가? 기업들이다. 말할 필요도 없이 그것은 내일의 이윤을 가져다주기 때문이다. 아니, 그것보다는 내일의 기업 생명을 부지하게 해준다고 하는 것이 옳을 것이다. 오늘의 기술 개발이 없이는 내일의 경쟁력이 없고, 경쟁력이 없는 기업은 아무리 몸집이 커도 틀림없이 머지않아 사라지게 된다. 그러면 국가 연구소들에 정부는 왜 국민의 세금을 쏟아붓는가? 연구원들에게 직장을 만들어주기 위해서나 연구를 통하여 이상향을 실현시키기 위해서라고 생각하는 사람은 전혀 없다. 그것 역시 국가 차원의 경쟁력을 확보하기 위해서이다. 정보 통신의 인프라의 예를 들어보자. 기업은 정보 통신력의 제고로 인한 경쟁력 확보를 사활의 관건으로 인식하고 있다. 한편 국가도 자기 몫의 일로서 정보 고속도로 구축에 투자하지 않을 수 없는 것이다. 오늘날 기술 개발의 방향과 추진력은 거의 전적으로 경제적 동인에서 나오고 있다. 현대의 모든 국가의 국시는 번영이며, 이는 거의 경제적 번영을 의미한다 해도 좋을 것이다.

결국 이렇듯 폭발적인 변화의 에너지원은 과학 자체도 아니고 국가 정책도 아니고 개인적 흥미도 아니다. 바로 번영의 가치관과 경제적 동인, 그리고 경쟁의 원리이다. 개인도 살아남으려면 이러한 사회의 동인에 적응하고 뛰어들어야 한다. 이런 것이 사회와 문화에 미치는 영향 따위를 주제로 삼아 사치하고 느긋한 논란을 벌일 겨를이 우리네 정부 고위직들과 경제인들에게 있을 것 같지는 않다.

이러한 경제적 동인, 또는 더 깊은 배후에 깔려 있는 번영의 이데올로기가 과연 기술 발전의 보다 인간적 동인인 이상향의 추구와 과연 조화를 이룰 수 있을 것인가? 기술 발전의 속도와 방향에 의존하고 있는 오늘의 급격한 정보화 혁명이 과연 우리를 어떠한 미래로 데려갈 것인가? 이 문제에서 우리는 낙관론자가 될 수도 있고 비관론자가 될 수도 있다. 그리고 그 차이의 폭은 인류 역사상 어느 때보다도 크다. 미래에 대한 전망이 어떠하든 현재 우리에게는 인간이 기술을 어떻게 발전시켜나가야 하는가 하는 문제와 새로운 기술이 어떻게 우리 인간의 삶과 사회를 변천시켜나가게 할 것인가 하는 반대 방향의 두 가지 문제가 주어져 있다. 위와 같은 동인의 존재를 음미해볼 때 한 가지 확실한 것은 이 두 문제 중 어느 하나에 대해서도 우리가 책임을 회피하거나 무기력하게 대응해서는 안 될 것이라는 것이다. 그러므로 우리는 이제 정보화 시대가 우리에게 주는 긍정적인 약속과 부정적인 위협을 고찰해보자.

4. 약속과 위협

정보화의 세계, 디지털의 세상은 우리에게 어떠한 삶을 가져다줄 것인가? 우리는 보다 행복할 것인가, 아니면 이전 역사에서 지혜를 빌려올 길조차 없는 새로운 곤란에 봉착할 것인가?

I. 장밋빛 미래

우리는 베이컨의 『새 아틀란티스』에 담겨진, 기술과 과학의 발전에 의해 펼쳐질 수 있는 이상의 세계를 잠깐 이야기하였다. 그 이상의 뒤에 있는 믿음은 이런 것이다. 인간의 지식의 증가는 궁극적으로 인간에게 더 나은 삶을 가져다줄 것이다. 베이컨의 유명한 말대로 '아는 것이 힘'이기 때문이다. 이러한 맥락에서 우리는 2, 30년 후의 우리 사회를 거의 낙원에 가까운 것으로 상상할 수도 있다. 실제로 지난 100년 간 쏟아졌던 많은 과학공상소설과 영화에 등장하는 미래 사회는 그런 환상적인 경우가 압도적으로 많다.

서구에 비해 우리나라는 기술 문명에 대한 낙관적 전망을 별 비판 없이 전폭적으로 수용하는 편이다. 정부는 1993년 대전에서 대규모의 엑스포를 개최했고 아직도 그때의 시설들을 기반으로 엑스포 과학 공원이 운영되고 있다. 그런데 그 공원의 이름은 어느새 영문으로 '엑스피아'로 바뀌었으며, 전시관의 명칭도 자연과 생명관은 바이오토피아, 전기 에너지관은 에너토피아, 그리고 어느 기업관은 테크노피아 등 '피아' 합성 이름들이 열거되어 있다. 우리는 그외에도 컴퓨토피아, 커뮤니카토피아라는 합성어를 광고 등에서 늘 접한다. 유토피아는 앞서 이야기했듯 인류의 모든 진보적 노력에 있어 북극성과 같이 방향을 주며 빛나는 이상이었다. 그러나 과학 기술의 발전이 확실히 이러한 유토피아로 통하는 길이라는 낙관은 그렇게 안전하고 보장된 것이 아니다.

이러한 낙관적 미래상을 이야기하자면, 요컨대 우리는 아테네의 전설적 황금 시대의 부유한 시민과 같은 삶을 누릴 것이다. 그렇다고 누구도 노예가 될 필요는 없다. 우리들의 집은 자동 기계와 전자 기기, 그리고 로봇 등으로 장치될 것이다. 환경은 한때 악화되었지만 그것은 미숙한 산업 방식 때문이며 곧 극복될 것이다. 새로운 첨단 생산 방법들은 무공해이고 환경 친화적인 방법으로 충분한 물품을 인류에 제공할 것이다. 비록 인류는 번성하는 만큼 지구는 고갈되어가겠지만 기술은 이 문제에도 다시 구원의 손을 뻗어 우리에게 우주의 식민지를 선사할 것이다. 에너지는 무한에 가까운 핵융합 에너지로 대체될 것이다. 정치는 통신을 통한 직접민주주의 형태를 취할 것이고, 지식은 도처에 넘쳐 학교의 고된 수업을 옛일로 만들 것이다. 그러면 인간은 무엇을 할 것인가? 에덴

동산의 아담처럼 전원을 거닐거나, 진리를 찾아 연구 생활을 하거나, 즐거움을 좇아 오락실이나 바에서 살거나, 평화롭게 오래 사는 것이 정 시시하면 스타트랙 함대원이 되어 모험을 찾아나서면 된다. 이것이 극단적 낙관론자들의 미래 기술 문명이다.

분명히 이러한 낙관적 전망의 일부는 사실로 나타날 것이다. 특히 눈에 보이는 발전에 있어서는 그러하다. 그러나 눈에 보이지 않는 것, 즉 눈에 보이는 기술이 봉사해야 할 더 큰 목적인 인간의 행복과 진정한 진보가 이루어지기 위해서는 어쩌면 오늘 우리가 가진 것보다 훨씬 더 성숙한 인간의 지혜가 필요할 듯하다. '왜 만들어야 하는가'를 잊고 '만들 수 있는 것은 만든다'는 식의 경제 지향 일변도로 눈 없이 움직이는 아메바적 문명 발전이라면 아래에 소개하는 비관론들에 더 현실성이 있는 지도 모른다.

II. 1984년

이와는 대조되는 음울한 분위기의 전망이 조지 오웰의 『1984년』에 제시되어 있다. 『1984년』은 확실히 디스토피아 *Dystopia*, 즉 반유토피아의 상황을 그리고 있다. 사람들은 미디어를 통해 인간의 자유를 세밀한 부분까지 억압하는 정부의 완벽한 제어하에 살아가야 한다. 낮이나 밤이나 미디어를 통한 정부의 선전에 세뇌당하고, 그들의 생각까지 정부에 감시당하며 살아간다. 자기 나름대로의 삶을 살아보려는 일탈은 허용되지 않는다. 이미 1984년은 지나갔다. 우리는 얼마나 이 음울한 예언에 근접해 있는가? 아니면 공산주의 붕괴와 함께 그러한 위험에서 벗어났는가?

1948년에 이 책을 쓴 오웰은 공산주의만을 겨냥하여 쓴 것은 아니다. 우리는 오히려 더 이전에 출현한 나치즘에 대해서도 이러한 질문을 던질 수 있다. 만일 라디오와 활동 사진이 없었다면 아무리 히틀러의 재능으로서도 철학의 전통을 자랑하는 한 민족을 그렇게 외곬의 열광으로 몰아갈 수 있었겠는가? 『1984년』은 바로 그렇게 정보 기술의 발달이 개인의 정신적 자유를 침해할 수 있는 가능성에 대한 경고이다. 이미 나치즘에 의해 단초가 보여졌고, 당시의 소비에트 연방에 의해 문제가 제시되고 있었으며, 미래의 어떠한 사회에서도 현실화될 수 있는 문제에 대한 경고인 것이다. 이 침해는 특정인의 음모에 의해서가 아니라 사회 역학적인 일련의 과정을 거쳐서 자연스럽게 권력의 형태로 출현할 수 있다. 냉철히 생각해보자. TV 광고는 그들이 말하는 대로 우리에게 정보를 주려고 노력하는가, 아니면 우리를 세뇌시키고 조종하려 노력하는가? 정보 기술의 발달은 분명히 인간에게 막강한 힘을 주었으며, 따라서 당연히 우리는 누가 왜 어떻게 이 힘을 사용하는가에 대한 경각심을 높여야 한다.

정보화 사회에서의 이러한 권력 집중과 개인에 대한 침해는 비관론자들의 주된 테마가 되어왔다. 그러나 정보 기술의 발달은 오히려 행정과 산업 등의 분야에서 사회의 권력을 분산시키는 효과가 있다는 관점도 가능하다. 이러한 이론에 의하면 정보가 어디에나 자유로이 흐를 경우 사람들은 자연스러운 경쟁 상황에 놓이게 되고 정부의 정책 대신에 시장의 원리가 모든 것을 지배하게 된다. 자유는 꽃피고 오웰이 걱정했던 생각의 통제나 정치적 조작, 폭력과 전쟁 등의 가능성은 대폭 제거된다고 낙관할 수 있다는 것이다. 독자는 어떤 결과를 예상하는가?

III. 엔트로피

다른 우려로서는 정보 기술 등을 통해 인간이 자신의 능력을 극대화하고 있는 것이 자칫 자신이 서 있는 땅 밑을 파서 파멸을 자초하는 것이 될 수 있다는 주장을 들 수 있다. 제레미 리프킨 등이 제기하는 엔트로피 문제가 그 대표적인 것이다. 열역학 제2법칙에 의하면 어떤 경우에도 엔트로피, 즉 무질서도는 시간이 감에 따라 항상 증가하도록 되어 있다. 뜨거운 쇠는 식게 마련인데 이는 열이 한편으로 모여 있던 정돈되고 유용한 상황의 소멸을 뜻한다. 물론 전체적으로 에너지는 보존되지만 더 이상 사용 가능한 형태로 존재하지는 않는다. 우리는 철광석에서 쇠를 뽑아내어 도구를 만들 수 있다. 도구는 닳게 마련이고 분해되고 땅에 버려진 쇠는 다시 채굴될 수 없는 형태가 된다.

그러면 철을 추출해내거나 도구를 만드는 과정은 질서가 증가하고 엔트로피가 감소하는 것이 아닌가? 그러나 이때에도 전체적으로 보면 그 유용성의 증가보다 더 큰 에너지의 사용이 반드시 요구된다. 미국 농부의 경우 270칼로리짜리 옥수수 깡통 하나의 생산에 2,790칼로리에 해당하는 연료와 농약, 비료를 소비해야 한다. 즉 소비된 유용성의 10분의 1은 식량이 되고 10분의 9는 허비되어 엔트로피를 증가시킨다. 즉 전체 지구의 유용성을 떨어뜨린다. 우리가 경제 활동을 통해 재화의 가치를 증대시킨다는 것이 우주적으로 보면 엔트로피를 증가시키고 자원을 낭비하고 있다.

엔트로피 문제가 제기되고 있는 큰 이유는 인간이 더욱 발달된 기술을 사용할수록 일의 효율이 높아지는데, 바로 이러한 효율이라는 것이 한 사람당 엔트로피 증가의 속도를 높이는 것이라는 사실에 있다. 일례로 재래식 농부 한 사람은 1칼로리의 노동력을 가지고 겨우 10칼로리의 식량을 생산한다. 미국의 농부는 1칼로리의 노동으로 무려 6,000칼로리의 식량을 생산해낸다. 이 말을 엔트로피의 법칙에 의해 보면 이 미국 농부는 아프리카의 농부보다 훨씬 빨리 지구를 고갈시키는 덕분에 더 잘살고 있다는 것이 된다. 그런 관점에서 보면 결국 기술 문명이란 더욱 빠른 속도로 지구를 파먹고 삶의 터전을 결딴내는 방법에 불과하다. 정보화도 예외일 수 없다.

한편 어떤 사람들은 정보 기술이 보다 발전되면 우리는 생산의 에너지 측면에서의 효율도 높일 수 있을 것이며 엔트로피 증가율도 줄이게 될 것이라고 믿고 있지만, 그것이 문제 해결에 충분할지는 불분명하다. 근거 없는 희망보다는 책임 있는 대응이 중요하다. 우선 우리는 정보화의 시대에 있어서 기술 발전을 추구하되 양보다 질을 추구하는 쪽으로 방향을 잡아야 한다는 것을 생각할 수 있다. 많이 소유하기보다는 많이 누려야 하며, 부유하게 살기보다는 행복하게 살아야 하며, 편안하고 편리하기보다는 즐거워야 한다는 가치관을 보편화시켜야 한다. 네스빗이 이야기한 하이터치라든가 최근 연구가 되고 있는 감성 공학 등의 의미도 그런 데 있지 않나 생각한다.

IV. 노동의 종말

기술의 유토피아주의자들은 그들의 공상소설과 영화에서 종종 미래의 사람들을 모든 노동으로부터 해방시켜버린다. 거기서는 거대한 기계들이 아주 조용히 매우 신비로운 방법으로 물건을 만들고 일들을 해낸다. 그러나 역설적이게도 현실에서는 이런 공상이 기술 발전에 대한 가장 큰 두려움과 직결되어 있다. 실업의 두려움이 그것이다. 미국에서는 1950년대와 60년대에 걸쳐서 자동화로 인한 노동 수요의 축소와 대량 실업에 대한 우려가 팽배하였다. 그러나 사람들은 단순 노동의 직업을 스틸 칼라, 즉 로봇과 기계들에 양도하는 대신 감독자와 의사 결정자 또는 계획자로서의 새로운 직업을 얻게 되어 실업을 면할 수 있었다.

그러나 여기에는 명백한 한계가 있다. 자동화가 진행되는 상태에서 사람들이 잃어버린 노동직만큼의 감독직을 얻는다는 것은 필연적으로 생산 시설의 확대를 의미한다. 한 사람에 의한 생산량도 늘겠지만 생산 품목도 증가할 수 있다. 어쨌든 수요측에서 보면 한 사람에 의한 재화와 에너지의 소비는 증가해야만 한다. 5, 60년대에 미국과 유럽에서 일어난 생산 자동화에 의한 실업 우려는 이러한 경제적 성장이라는 마술에 의해 큰 문제 없이 지나갔다. 경제학자들은 성장이라는 축복이 있는 한 (그들 중 많은 사람에게 있어 인류의 진보는 성장과 동의어였다) 공산주의에서 이야기하는 자본과 노동 사이의 긴장은 심각한 것이 될 수 없다고 득의양양하기도 했다.

그러나 이런 성장이 언제 어디서나 가능한 것은 아니다. 고도 성장이 한 나라가 아니라 전세계에 걸쳐 일어난다면 지구는 당장 환경 문제와 더불어 에너지 문제, 자원 고갈, 그리고 궁극적으로는 위에 거론한 엔트로피 문제를 겪어야 한다. 이제 세월이 흘러 세기말이 되었고 우리는 가설들보다는 통계에 주의를 기울일 수가 있게 되었다. 1981년에서 1991년 사이에 미국의 제조 부문에서는 180만 개의 일자리가 사라졌다. 우리 세대는 카터 대통령 시대에 시작된 미국 내 실업 사태를 지금도 기억한다. 그때 주요한 원인으로는 우리나라를 포함한 외국의 값싼 노동력과 그에 의한 미국 기업의 국제 경쟁력 상실이 지적되었다. 그런데 이제 전문가들은 새로운 평가를 내리고 있다. 이것이야말로 5, 60년대에 우려했던 기계에 의한 노동력의 대체 효과, 바로 그것이었다는 것이다. 예를 들어 자동차 산업에서 미국은 일본에 밀려 지리멸렬의 위기를 겪어야 했다. 그리고 결국 일본을 따라 로봇으로 자동차 공장을 채우기 시작했다. 필자의 친척인 한 교포도 이때 제너럴모터스의 공장에서 고용 정지를 당하는 것을 지켜본 적이 있다. 그러면 미국 자동차 노동자의 실업은 일본 사람들 때문인가, 아니면 생산 자동화 때문인가? 생산 자동화는 높은 효율을 추구할 수밖에 없는 시장 경제와 당시의 자동화 기술의 발전을 배경으로 한 불가피한 선택이었다. 일본이 아니었어도 미국의 어느 회사인가가 먼저 자동화를 확대했을 것이고 나머지도 뒤를 따르지 않을 수 없어 마찬가지로 실업은 일어났을 것이다. 결국 성장이라는 마약이 약화되었을 때, 잠복하고 지연되어 있던 이 자동화에 의한 실업 문제가 현실화되었던 것이다.

정보화는 자동화 문제를 완화할 것인가? 미국 내 제조업의 경우 컴퓨터에 의한 자동화 증진 등에 힘입어 1979년부터 1992년까지 35%의 생산성 증가를 이룬 반면 노동력은 15% 감축되었다. 그만큼 숫자의 기계 감독자 자리가 생길 것이라는 것은 어림도 없는 희망에 불과하다. 오직 성장, 즉 미국 경제의 확장만이 도움이 될 것이다. 그리고 지금 그것이 지식 산업 부문에서 일어나고 있는 것으로 보이는데 이런 것은 임시적이며 특수한 상황에 속하는 것이라 보아야 한다.

그러면 정보화 사회니까 육체 근로자가 줄어든 만큼 사무직의 숫자가 늘어났을 것이라고 낙관할 수 있을까? 컴퓨터는 이제 육체 노동뿐 아니라 정신 노동을 대체하기 시작했다. 1984년부터 10년 간 미국에서는 300만 개의 사무직 일자리가 사라졌다. 사무직의 많은 일들도 일정한 규칙과 지식에 의하여 반복적으로 하는 일이어서 컴퓨터로 대체될 수 있었기 때문이다. 특히 지금 대대적으로 진행되고 있는 리엔지니어링에 의해서 미국의 금융업에서만 앞으로 7년 간 30% 이상의 인원이 감축될 것이란 전망이 앤더슨 컨설팅에 의해 제시되고 있다. 대규모의 인력 절약을 할 수 있는 리엔지니어링도 정보 기술의 발전으로 가능하게 된 부분이 많음은 말할 필요도 없다. 그러므로 정직하게 말한다면 정보화는 사람들의 일의 성격을 바꾸는 데 그치는 것이 아니다. 분명히 일을 없애고 있다고 해야 옳을 것이다. 기계적 자동화가 스틸 칼라 노동력을 도입하였다면 정보화는 실리콘 칼라, 즉 반도체로 이루어진 노동력을 현장에 들여오고 있는 것이다.

육체 노동에서 밀려나고 단순한 정신 노동도 빼앗긴다면 사람들은 무엇을 해야 하는가? 모두가 창의력으로 살고 벤처로 성공할 수 있다고 믿는 사람은 없을 것이다. 진정한 일에서 밀려난 사람들이 새로운 경제적 기회를 창출하려고 노력할수록 경제의 구조는 거품에 싸이고 건전성을 잃게 될 수 있다. 지나친 것은 모자람만 못하다고 했다. 우리는 자동화와 정보화는 할수록 좋고 효율은 높을수록 좋다고 믿고 있는데, 이제는 오히려 지나침에 대하여 생각해볼 때가 된 것은 아닐까? 그러나 의심이 들어도 어쩔 수 없다. 경제는 이미 글로벌 경쟁 시대로 돌입했다. 서서 생각할 시간은 없다. 남이 내 기회를 빼앗기 전에 성장과 효율의 게임에 몰두하지 않으면 생존도 없다. 우리는 달리는 호랑이 등에 올라탄 것인지도 모른다.

V. 모랄리티 갭

한편 아놀드 토인비는 '모랄리티 갭 *Morality Gap*'이라는 용어로 기술 문명의 문제를 제기한다. 인간은 확실히 전에 없던 힘을 가지게 되었다. 그러나 그 힘에 걸맞는 지혜와 윤리는 갖지 못했다는 것이다. 이것이 모랄리티 갭이다. 토인비에 의하면 이 갭을 메우기 위하여 인간은 앞으로 더 많이 철학과 신학 등을 탐구하지 않으면 안 된다고 한다. 성숙하지 못한 인류에게 주어진 기술 문명이라는 막강한 힘은 자신을 파멸시키거나 불행하게 할 흉기가 될 수 있다는 것이다. 이러한 맥락에서 많은 영화나 소설이 통제 기능을 잃어버린 탓에 발발하는 핵전쟁의 위험을 소재로 하고 있다. 과연 우리는 자신이 통제할 수 있는 정도의 힘만 소유하는 데 만족할 수 있을 것인가, 아니면 어리석은 자기 확신에 차서 또 다른 판도라의 상자를 열게 될 것인가?

VI. 계획은 가능한가

현재로서는 우리가 낙관이나 비관 중 하나의 태도를 확신 있게 취할 방법도 이유도 없어 보인다. 단지 그러한 양편의 논리와 가능성을 미리 염두에 두고 이 혁명의 진전을 지켜보는 것이 도움이 될 뿐이다. 앨빈 토플러와 같은 대표적 미래학자조차도 첫번째 베스트 셀러였던 『미래 충격』에서는 지나친 속도의 변화와 그에 대한 사람들의 적응 곤란에 대해 우려했다가, 후속작인 『제3의 물결』에서는 시각을 돌려 대폭 낙관적인 입장을 취하였다. 여기서 토플러는 임박한 정보화 사회를 맞아 인류가 자신의 미래에 대해 적절한 계획을 세워야 한다는 점을 강조하고 있다. 너무 늦기 전에 계획을 세우라는 것이다. 기상 예측으로부터 가족계획에 이르기까지 발달한 현대적 기술은 이러한 계획의 수립과 실행을 도와줄 것이라고도 지적했다. 미래학은 사회와 기술의 발전, 인간적 가치들, 사회의 추세 등을 종합하여 인류의 미래를 계획하려 한다. 그러나 낙관적이든 비관적이든 이러한 미래학적 시도는 한 가지 전제를 가지고 있다. '우리는 스스로 우리의 미래를 계획할 능력이 있다' 는 것인데 이 전제는 결코 쉬운 전제가 아니다.

5. 인간관 · 세계관과 문화의 변화

I. 컴퓨터와 심리학과 인간관

　정보 기술의 편만함은 우리들의 사회 생활뿐 아니라 세계관과 가치관에도 지대한 영향을 미칠 수 있다. 이것은 자기 자신에 대한 인식에 영향을 주며 장기적으로 문화와 규범을 변천시키는 원인이 된다. 특히 컴퓨터와 정보 처리 능력으로 대표되는 기계의 인간화는 마치 거울과 같은 현상을 일으켜 반대로 인간관의 기계화를 불러오는 경향이 있기에 더욱 심각한 문제가 된다.

　컴퓨터 관련 기술의 발달과 심리학의 발전은 밀접한 관계로 연결되어 있다. 원래 과학의 일부로서의 심리학은 19세기말 독일에서 시작되었다. 초기의 심리학은 피실험자 스스로가 자신의 마음속에서 일어나는 경험을 보고하도록 하였는데 이것은 얼마 못 가 방법론적 한계에 부딪혔다. 인간이 자기 내면의 과정을 포착하고 그것을 객관적으로 기술하는 것이 거의 불가능했던 것이다. 그 결과 분명해진 객관성의 상실은 실증주의로 대표되는 당시의 과학 정신에 의해 철저히 비판되기에 이른다.

　이에 1910년 왓슨과 스키너 등 후세 '행동주의자' 로 명명되는 젊고 공격적인 미국의 심리학자들은 객관적으로 관찰할 수 있는 것, 즉 행동의 관찰만이 과학적 심리학의 방법적 기초라고 선언하고 행동주의 심리학이라는 새로운 패러다임을 출발시켰다. 우리는 인간이 어떠한 조건에서는 어떠한 행동 특성을 보인다는 것 이상을 말할 수 없다는 것이다.

내면적으로 어떠한 과정을 거쳤을 것이라든가 하는 추측은 정확할 수도 없고 과학적일 수도 없는 것으로 간주되었다. 이러한 관점은 바른 과학을 세우려는 열정으로 확산되어 순식간에 행동주의 심리학은 미국과 유럽을 지배하게 되었고 이후 40년 가까이 인간은 내부가 무시된 블랙 박스로 취급되었다.

그러다가 1948년 마침내 극적인 반전이 이루어졌다. 이해 9월 캘리포니아 공과대학에서는 '인간 행동의 뇌 내 메커니즘'이라는 제목을 가진 학회가 개최되었다. 존 폰 노이만 등 저명한 학자들이 참석한 가운데 심리학자 칼 래쉴리 등은 사람이 마음속에 계획을 구성하고 그에 의해 움직이고 있음이 확실하다는 여러 가지 예를 들었다. 이런 당연한 지적은 그러나 행동주의 심리학에 통렬한 치명타를 가하는 것이었다. 이제 안 보이는 인간의 내면에 대해 무언가 연구해야 된다는 것이 명백해진 것이다. 이것이 새로운 인지심리학의 시작이었으며, 행동주의 심리학은 그 득세만큼이나 빨리 이 새로운 패러다임 앞에 몰락하였다. 이후 오늘에 이르기까지 인간의 기억 작용, 지각 작용, 의사 결정, 문제 해결 등의 과정이 체계적으로 연구되어왔고 빠른 속도로 밝혀지고 있다.

그런데 40년에 걸친 행동주의 심리학의 독단을 뒤엎을 수 있었던 것이 왜 하필 1948년이었던가? 물론 이유가 있다. 1946년 최초의 컴퓨터인 ENIAC이 제작되었다. 곧 이어 존 폰 노이만은 소프트웨어의 개념을 창시하였다. 소프트웨어는 무형이고 눈에 보이지 않으나 컴퓨터의 행동을 확실히 제어하는 실재이다. 이에 심리학자들이 어떠한 충격과 영감을 받았을까는 곰곰이 생각해볼 것도 없다. 이후 인지심리학의 주된 테마는 '인간 정보 처리' 과정이었는데 전혀 놀라운 일이 아니다.

이제 인지심리학이 인간의 마음속에 있는 정보 처리의 과정을 밝혀내기 시작하자 컴퓨터 과학 쪽에서도 새로운 사건이 촉발되었다. 인공 지능의 출현이 그것이다. 1956년 미국 뉴햄프셔 주의 다트머스 대학에 모인 존 매카시, 마빈 민스키, 허버트 사이먼 등 십여 명의 소장 학자들은 컴퓨터가 인간의 지능적 행동과 유사한 일을 수행할 수 있게 하는 연구를 하나의 학문 분야로 출범시키고 인공 지능이라 명명하였다.

심리학과 컴퓨터 과학이 왜 이렇게 자극을 주고받았는가는 자명하다. 컴퓨터는 가장 많이 인간을 닮은 존재이기 때문이다. 인간이 생각하는 과정은 인공 지능의 참고 자료나 목표가 되고, 인공 지능의 모형은 인간에 대한 연구에 강력한 검증 도구가 되는 것이다. 그래서 다트머스 모임 불과 몇 주 후, MIT에 모인 일단의 학자들은 인간의 인지적 기능과 컴퓨터의 기능을 연결하여 연구할 필요가 있다는 인식을 같이하였다. 이것으로 '인지과학'이 탄생하게 되었다. 여기서 인지란 인간의 인지와 기계에 의한 인지를 총칭하는 뜻에서 쓰인 단어이다.

이야기가 다소 길어졌으나 이는 정보화 사회에서 인간이 다루어지는 방식에 대해 통찰을 주는 역사적 맥락이기 때문에 매우 중요하다. 행동주의 심리학은 인간을 환경과 자극에 대해 반응하는 결정론적 존재로 보았다. 이러한 인간의 행동은 적절한 조건을 제공함으로써 조종될 수 있다는 것이다. 행동주의 심리학이 썰물진 후에도 이러한 인간관은 사회과학과 일반적 인간관에 잘 지워지지 않는 흔적을 남겼다. 우리는 여기서 다시 조지 오웰의『1984년』을 회상하게 된다. 사람들은 감시되고 세뇌되며 조종된다. 헉슬리의『멋진 신세계』에서는 심지어 사람들의 행복의 느낌까지 프로그램되고 있다. 실제로 행동주의 심리학의 대표적 거장인 스키너는 서구 사회를 구하기 위한 가장 좋은 방법은 인간이 어떻게 행동해야 하는가를 잘 결정하여 인간에 대한 '행동공학적' 제어와 프로그래밍을 통해 그렇게 되도록 조건화하는 것이라고 하였다. 정보화 사회의 환경과 디지털 기술들은 인간에 대한 행동주의적인 조작에 언제든지 사용될 수 있다. 오늘날 이미 정보 기술을 이용한 인간에 대한 조작은 학교와 기업, 병원과 매스 미디어의 도구통에 포함되어 있다. 이런 것이 자기에게 별영향이 없을 것이라고 자신한다면 한번 광고 회사에 다니는 친구에게 광고 문구의 효과를 물어보는 것도 좋은 배움의 기회가 될 것이다.

한편 인지심리학적인 인간관은 인간을 정보 처리의 기관으로 이해한다. 우리 행동의 의미는 해체되고 시스템 안의 부품처럼 기능만이 정의되어 그 성능과 정확도가 측정된다. 그리고 필요하다면 기계에 의한 정보 처리로 대체하는 것이 시도된다. 앞서 이야기했듯이 정보의 디지털화는 기계에 의한 정보의 논리적 처리를 가능하게 한다. 그것은 인간에 대한 모형으로 인식되며 한걸음 나아가서 인간은 곧 논리적 정보 처리기관으로 인식된다. 이와 같이 인간과 컴퓨터가 구별되지 않기 시작하면 이는 우리의 자신관과 인간관을 비인격화시키는 경향을 갖게 된다. 실제로 미국의 한 연구에서는 컴퓨터를 쓰는 청소년들이 자신의 행동과 생각을 컴퓨터의 그것에 투영하여 생각하는 것이 관찰되었다. 자신을 객체화하여 바라보다 보면 자기 정체성을 잃고 인간 경험의 진지성을 외면하게도 된다. 이것이 정말 인지심리학이 주장하는 인간관인가? 인지심리학은 인간의 정보 처리 측면을 선택적으로 다루는 것이지, 인간이 정보 처리 기계에 '불과하다'고 시사하려는 것이 아니다. 따라서 이러한 비인격적 인간관을 과학적이라고 생각하는 것은 오해에 불과하다.

어쨌든 현대의 대규모 시스템은 기본적으로 인간-기계 시스템이며 인지적 시스템이다. 그것은 인지심리학적 인간, 즉 정보 처리자를 염두에 두고 설계되며, 따라서 인간은 그 시스템 내에서 스스로를 그렇게 규정하고 그렇게 일한다. 그리고 자신과 다른 동료 인간들을 단지 그러한 기능적 존재로 여기게 되어갈지 모른다. 어떠한 내용이든 인간에 대하여 '~에 불과하다'고 여기는 사람은 한 인간으로서의 자기 정체성에 문제를 안고 있다고 해야 할 것이다. 정보화 시대에 우리에게 가장 심각한 문제의 하나는 인간관과 자기 정체성에 대한 위험에 방치되어 있는 것이다.

II. 이웃과 사회와 문화

중고생 자녀에게 컴퓨터를 사준 부모들이 가장 고민하게 되는 문제가 있다. 아이가 통신에 빠지는 것 같다는 것이다. 자녀가 통신을 하기 시작하면 거실과의 사이에 방문은 굳게 닫히고 바깥을 향하여 창문은 활짝 열리는 형국이 된다. 그는 얼굴 모르는 사람들에 합류하여 부모의 품을 떠나게 되는 것이다. 사고 방식과 가치관, 행동 규범에 있어 부모와 가족은 빠르게 상대적 존재로 전락한다. 가상 공간의 시대에 가족은 더 이상 문화 공동체가 못 될지 모른다. 지역 사회의 동화적 기능도 힘을 잃게 될 것이다. 그렇다고 통신망에서 생성되는 사회가 문화 공동체 역할을 할 수 있는가? 그렇지도 않다. 가상 공간 속의 인간은 전인격이 아니고 그러한 만남에서는 삶이 공유되지 않기 때문이다. 우리는 정보화 사회에서 이웃을 잃어가게 될지 모른다.

이미 많은 사람들은 회사에서 정보화의 여파로 동료들을 잃었다. 못 만나는 먼 곳 친구와의 전자 우편은 반가운 것이지만 근처 어딘가에 있을 동료와 전자 우편으로 공동 작업하는 것은 메마른 일이다. 재택 근무는 참으로 무미건조하고 심심한 일이다. 우리는 이웃이 필요한 것이다.

대신 사람들은 미디어 안에서 새로운 이웃을 얻었다. 좋은 점은 그 이웃이 전국민의 이웃이기도 하다는 것이다. 우리는 몇백 킬로 떨어진 도시로 여행을 가서도 그곳 사람들과 은주나 대발이의 결혼에 대해 이야기꽃을 피울 수 있다. 물론 은주도 대발이도 TV 드라마의 극중 인물이다. 전국민이 대발이네 집을 가운데 두고 빙 둘러선 집에 살고 있는 것 같은 그림이다. 그런데 문제는 이들이 실제로 존재하지 않는다는 사실이다. 그들을 통해 얻는 간접 경험은 우리나라 사람들의 가장 공통적 경험이 되면서도 허구적 경험에 불과하다. 그래도 바쁜 오늘의 우리에게 그만큼 가슴에 와 닿는 다른 인생도 없다. 우리는 진짜 이웃들의 인생에 대해서는 전편까지의 줄거리조차 알지 못하기 때문이다.

이런 현상은 매스 미디어의 역할에 큰 문제점을 시사한다. 대부분의 국민은 미국에 살아본 적이 없고 그들의 미국 경험은 할리우드를 통한 것이다. 할리우드의 시각을 통해서 본 미국은 실제의 미국이 아니다. 그러나 미국인이 아닌 우리는 할리우드의 특수성을 걸러내며 볼 문화적 필터를 갖고 있지 못하다. 그래서 우리는 미국 사람들보다 오히려 더 할리우드에 무차별하게 영향을 받고 영화의 주인공들의 행동에 빠르게 동화되어간다. 허구의 이웃들이지만 그 영향력만큼은 사실의 이웃들보다 더 사실적인 것이다.

정보화 시대에 이 문제는 새로운 단면을 가진다. 즉 이러한 정보적 경험이 그나마 개인화되는 추세에 있다는 것이다. TV는 곧 주문형 프로그램에 대화형 TV로 변천해갈 것이다. 우리가 이미 비디오를 골라서 빌려 보듯 모든 사람이 늘 자기가 보고 싶은 것을 골라서 볼 때, 그러한 경험에서는 더 이상 규범적 동질성이 강화되기를 기대할 수 없다. 문화 형성이 안 되는 것이다. 그런데 그러한 프로그램들에 시간을 빼앗기고 거의 모든 경험을 거기 의존할 때, 우리는 사회적으로 문화 해체 현상에 직면하게 된다. 인터넷 안에도 너무나 다양한 문화가 있어서 매우 일탈적 유형의 사람들도 동료를 찾아 사회를 이룬다. 가상 공간과 가상 사회로부터 우리의 실제 공동체와 사회를 어떻게 지켜나갈 것인지가 문제로 떠오르고 있는 것이다.

III. 실리콘 이웃과의 동거

디지털 사회에서의 한 가지 특징적 현상은 인간이 Humanoids(인간 비슷한 것)들과 동거하기 시작했다는 것이다. 비단 공상과학영화에 나오는 것같이 인간과 구별 안 되는 로봇이나 똑똑한 R2D2형의 주체성을 갖춘 로봇은 아니지만, 우리는 이미 일상 생활에서 많은 시간을 기계들과 '대화'하며 보내고 있다. 컴퓨터 작업을 하는 사람은 더 말할 것도 없고, 하다 못해 TV나 VTR을 조작하려 해도 일련의 대화 형식을 따르게 되어 있는 것이다. 예약 녹화 버튼을 누르면 VTR은 연도를 나타내는 두 개의 숫자 부분을 깜빡거리며 입력을 채근한다. 인간은 거기에 반응해야 한다. 연도를 입력하면 VTR은 이번엔 몇 월인가를 '물어' 온다. 그 다음엔 일자를, 그리고는 시간을 묻는데, 모든 입력이 완료되었을 때 자동으로 원래의 상태로 돌아가주면 고맙지만, VTR에 따라서는 그래도 뭔가 미진하다는 듯, 또는 이 대화를 당신이 끝내라는 듯 미적거리는 데 이때 다음 '할말'을 기억하지 못하는 사용자는 당황하게 마련이다.

다시 한번 환기하자면 이러한 대화 현상도 디지털의 특질이다. 아날로그 상태에서는 인간이 기계에 대해 하는 조작이 기계의 행동과 유사한 형태인 경우가 많다. 설사 버튼 조작을 하더라도 인간이 기계의 일부분을 작동시킨다는 상상이 가능한 범위 내의 것들이었다. 디지털에서는 위의 VTR의 예와 같이 기계가 대화를 주도하기 일쑤이고, 인간의 입력을 기계가 받아들이고 스스로 소화하여 무언가를 하는데 인간은 옆에서 지켜보는 입장이 되어버린다. 기계는 자연스런 인간의 연장이 아니라 이제 인간의 상대방이 되어 있는 것이다. 그 이유는 한마디로 기계가 독자적으로 생각하는 상태로 인간에게 비쳐지기──사실이든 아니든──때문이다.

이 대화 방식이 별생각 없는 제작자의 기술적 결정에 의해 이루어질지 모르지만 그 결과에 있어서는 매우 사회적인 문제가 된다. 더 포괄적으로 말하자면 인간과 기계의 상호 작용의 방식이 디지털 시대에 있어 인간의 지위와 삶의 형식을 좌우하는 주요한 문제가 되는 것이다. 인간이 기계에 종속되거나 기계의 틈바구니에 끼여 삶을 영위하느냐, 또는 기계의 주인이 되어 자신의 삶을 풍부하게 하며 사느냐 하는 것이 여기서 결정된다. 잘 먹고 잘살게 해줄 테니 일생 모든 사람에게 반말만 듣고 살라고 하면 그것이 작은 문제이겠는가? 컴퓨터나 논리 회로가 내장되어 있는 지능형 기기들과 대화하며 일상 생활과 직장 생활을 해야 하는 것이 디지털 시대의 피할 수 없는 문화 현상이라면, 이러한 상호 작용의 문제는 보다 전문적으로, 또 문화적으로 다루어져야 할 필요가 있다. 이것이 최근에 활발히 연구되고 있는 인간-컴퓨터 인터페이스, 그리고 감성공학 등의 필요성과 그 철학적 방향을 시사한다.

우선 가전 제품이나 소프트웨어 등 일상 생활의 도구에 있어서도 기계의 지능을 뽐내기보다는 인간의 만족감을 추구해야 한다는 인식이 필요하다. 실제 있었던 어느 TV 광고처럼 최신 카메라를 화면 중앙에 비추어주며 차디찬 목소리로 '인간인가 카메라인가?' 해서는 섬뜩한 이질감만 주게 된다. 우리가 원하는 것은 또 하나의 지능이 아니라 나 자신의 지능의 연장인 것이다. 유대감을 가질 수 있고 자신의 연장으로 느낄 수 있는, 인간 중심적인 가전 제품과 통신 기기, 그리고 소프트웨어가 환영받게 될 것이다.

그러나 거대 시스템과 업무 조직 등에서는 문제가 전혀 다르고 낙관을 불허한다. 시스템의 구매자와 사용자가 다르기 때문이다. 기계와 컴퓨터는 여기서 인간과 함께 일하는 업무 조직의 일부로 투입되며 거기서 인간이 누릴 상대적 역할과 지위는 산업의 경영자들이나 거대 시설의 제작자들이 결정하게 된다. 발전소나 화학 공장의 제어실을 상상해 보자. 자동화가 되면서 인간은 육체적 작업으로부터 생각하는 인간의 위치로 이전되었다. 그런데 정보화가 되면서 많은 운전 행위와 중대한 결정도 컴퓨터가 수행하게 되었다. 인간은 시도 때도 없이 실수를 저지르는 불안정한 부품으로 낙인찍히고 점차 작업으로부터 소외되고 있다. 만일 인간 스스로 그저 기계의 보조자로서 중요한 순간에 시중을 들어주거나 교정해주고 나머지는 지켜보는 입장이 되었다고 생각한다면 인간의 창조적 본능과 자기 실현의 보람을 일터에서 찾을 수 없게 된다. 따라서 최근에는 '기계와 더불어 일하는 인간'이 아니라 '기계를 통하여 일하는' 인간이 되도록 해야 한다는 시스템 공학자들의 자각도 눈에 보이고 있다. 어쨌든 기계와 인간의 상대적 지위—역할 문제는 우리 인류의 문화적 미래에 가장 큰 변수로 남게 될 전망이다.

6. 보이지 않는 가치를 찾아서

여기까지 우리는 정보화의 현상과 동인·전망, 그리고 외부적 문제와 내면적 문제를 차례로 다루어왔다. 우리는 흔히 디지털 기술로 인해 인간의 능력이 확장되고 부가 증진되는 오늘의 상황을 의심 없는 진보의 시대로 생각한다. 분명 여기에 진보의 기회는 주어져 있다고 할 수 있지만 진정한 진보는 우리의 인간적 선택과 무관할 수 없다.

흔히 인간이 정보화의 한 현상으로 단조로운 육체 노동을 떠나 정보 처리적인 일을 맡게 된 것을 들어 진보라고 생각한다. 보다 인간적인 일을 하게 된 것이며 삶을 기계적인 일에 낭비하지 않게 된 것이라고 긍정하는데 과연 이것이 노동의 질을 높이고 삶의 질을 높이는가?

역설적이게도 사람이 단순 육체 노동을 하는 동안에는 오히려 인생에 대해 생각하고 가족에 대해 생각할 시간이 있었다. 손으로 장작을 패는 동안 머리로는 다른 무엇이든 할 여유가 있었다. 그런데 글을 쓰거나 프로그램을 짜거나 자동화 공장을 감시하면서 동시에 철학적 사유를 하고 가족에 대해 생각할 수 있는가? 머리를 쓰는 것을 업으로 삼아 하게 되면서 우리는 정말 머리를 써야 할, 보다 인간적인 일들을 할 여유를 빼앗기게 되었다. 육체 노동으로부터의 해방이 곧 인간적인 것은 아니며 진보의 동의어라고 할 수는 없다.

또 정보화의 시대는 인간의 능력이 증진되고 더 많은 부를 누릴 수 있는 시대인 것이 사실이다. 디지털적 도구를 사용하여 시스템 차원에서 극도의 효율이 실현되고, 생산성이 높으니 적은 시간으로 더 많은 부가 창출된다. 이것은 번영이라는 이데올로기적 가치에 부합하고 경제라는 우리의 소망을 충족한다. 어차피 이것을 위해 기업은 활동하고 개인은 수고하며 국가는 투자하는 것이 아닌가? 그러니 정보화가 가져다주는 생산성과 부는 아주 실질적 진보임에 틀림없다고 생각된다. 그러나 다시 한번, 과연 그러한가?

우리는 앞에서 정보화의 약속과 위협을 살펴보면서 생산성이 조건 없는 축복이 아니고 우리가 반드시 다루어내야만 하는 어두운 면을 가지고 있음을 확인하였다. 정보화가 진행되고 생산성이 증가될 때 경제적 이득과 함께 실업의 문제와 엔트로피의 문제가 제기된다. 내가 다니는 회사의 생산성이 높아진 결과 더 이상 내가 그 회사에 필요치 않다고 선고받는다면 그래도 그것을 진보로 여길 수 있는가? 또는 나는 두 배로 잘살게 되었는데 그것이 내 아들이나 손자의 몫의 엔트로피를 미리 가불하여 살아버리는 것이라는 점을 알게 된다면 그것을 축복으로 여길 수 있는가? 또 경제는 그 자체가 목적이 아니며 행복을 위한 보편적 도구이기 때문에 중요한 것인데, 우리가 높아진 생산성을 우리 인생의 여유로 돌리지 못하고 더 많은 일을 하는 데 투입해야 한다는 조건을 제시받는다면 그것을 과연 부의 증진으로 볼 수 있는가? 수단에서의 진보가 목적을 잠식해서는 더 이상 진보가 아니다.

한편 정보화를 통해 우리는 일상 생활에서도 더 많은 편리와 즐거움을 얻을 수 있다. 이것은 진보인가? 아마 다른 어느 것보다 더 확신 있게 그렇다고 (특히 행복을 삶의 지상적 가치로 보았을 때) 긍정할 수도 있을 것 같다. 그러나 편리와 즐거움이 우리의 삶의 의미를 오히려 감소시킬 수도 있음을 우리는 이미 살펴보았다. 예를 들어 모두들 저녁에는 가상 공간의 경험과 대화형 TV에 시간을 쏟고 낮에는 그에 필요한 돈을 벌려고 일해야 한다면 이웃은 상실되고 문화는 해체되며 삶의 내용은 실종될 것이다. 그래도 자기 나름대로는 재미있게 살 수 있을지는 모르지만, 마치 이성 교제의 즐거움을 계속 갖기 위하여 아무와도 결혼하지 않는 처녀와도 같다. 오늘의 재미와 편리에 팔려 인생의 중요한 것을 잃고 있으면서도 무엇을 잃고 있는지 알지 못하는 처지가 되는 것이다.

사실 어떠한 즐거움이 인간에게 진정한 행복을 구성하는가 하는 문제는 철학의 역사를 두고 논란이 지속되었던 문제이다. 그러나 한 가지 확실한 것은 감각적이고 순간적인 즐거움을 곧 행복이라고 명명할 수는 없다는 것이다. 마취제는 치료약일 수 없고 마약은 보약일 수 없다. 또한 우리를 행복하게 하리라는 잠재적 수단(즉, 돈이나 권력, 성적 쾌락 등)의 확보가 곧 행복일 수는 더욱 없는 것이다. 디지털 사회에서 우리는 빠른 것은 좋은 것이며 작고 간편하고 기능적이고 강한 것들은 곧 진보라고 믿을 수 있다. 하지만 이러한 맹목적 추구는 우리를 진정한 행복에서 멀리 떨어지게 할 수 있다.

결론적으로 정보화 사회는 곧 낙원이라는 보장이 없고 디지털 기술은 곧 축복이라는 약속도 없다. 그래서 우리는 인간이 기술을 어떻게 발전시켜나가야 하는가 하는 문제와 새로운 기술이 어떻게 우리 인간의 삶과 사회를 변천시켜나가게 할 것인가 하는 두 가지 방향의 문제를 풀어야 한다. 요컨대 사회적으로는 책임 있는 기술의 개발과 현명한 기술의 사용이 이루어지도록 해야 하며, 개인적으로는 삶의 목표와 가치를 자율적으로 정의하고 자신의 삶을 의식적으로 설계해야 한다는 것이다. 미래 지향적이고 기술 지향적인 것이면 으레 좋은 것으로 알고 앞다투어 공적거리로 삼으려고 경쟁하는 공무원들이나, 새로운 것을 부단히 좇아 목적 없는 과정에 자신의 시간과 정열을 바쳐 종속되어버리는 개인이나 다 문제가 있는 것이다. 어쨌든 정보화나 디지털 기술을 우리의 우상으로 만들어버리는 것은 조심할 일이다. 보이는 정보화의 물결에 휩쓸려 보이지 않는 삶의 본질이 침수되도록 해서는 안 될 것이다.

그렇다고 미래학자들이 이야기하는 대로 우리가 미래를 선택하고 계획하는 것이 해답인지에 대해서 확신을 갖기도 어렵다. 만일 인류가 자신의 미래에 대한 계획 능력과 실천 능력이 있다면 좋겠지만, 그렇지 못하다면 노도 키도 없이 항해 계획만 세우는 셈인 까닭이다. 역사나 문화의 변천은 위로부터의 계획에 따르기보다는 흔히 개별적 움직임들이 아래로부터 위로 종합되어 새로운 의미를 가지게 되는 방식으로 전진한다. 인류가 과연 민주적으로 일치하여 미래를 계획할 수 있으며, 또 그

대로 실천할 능력이 있는지에 대해서는 의심을 거둘 수 없다.

그런 맥락에서 한 가지 긴요하고도 실제적으로 생각되는 것은 가치관의 확립과 강화가 시급히 또 광범위하게 이루어져야 하리라는 것이다. 한 사람의 권력자의 손에 들려 있는 항해 계획보다 더 믿음직스럽고 중요한 것은 대중 공통의 방향 감각과 가치관인 것이다. 이 장에서의 긴 논의의 종합으로서 우리는 인간 중심의 사회가 유지되어야 하며 그 인간적 가치들이 온존되어야 함을 확인했다고 믿는다. 이를 요약하면 '아름다운 인간의 사회'라 할 수 있을 것이다. 우리는 이 책의 각 장에서 정보화 사회의 각 기술과 단면을 살펴보겠지만, 그 각 부분에서도 독자들은 이 '아름다운 인간의 사회'라는 방향 기준을 명시적으로 반복 적용하며 내용을 음미해볼 필요가 있을 것으로 생각한다.

참고 문헌

니콜라스 네그로폰테, 백욱인 옮김, 『디지털이다』, 박영률출판사, 1995.
아놀드 토인비(1971), 홍사중 옮김, 『대화』, 1971.
앨빈 토플러(1970), 이규행 옮김, 『미래 쇼크』, 청목서적, 1988.
───(1980), 장문평 옮김, 『제3의 물결』, 한국경제신문사, 1988.
제레미 리프킨(1994), 이영호 옮김, 『노동의 종말』, 민음사, 1996.
───, 김명자 · 김건 옮김, 『엔트로피』, 동아출판사, 1992.
피터 드러커(1992), 이재규 옮김, 『자본주의 이후의 사회』, 한국경제신문사, 1993.

Emerson, A. and Forbes, C., *The Invasion of the Computer Culture*, IVP, 1989.
Gardner, H., *The Mind's New Science*, Basic Books, Inc., 1985.

Lyon, D., *Future Society*, Lion Publishing, 1984.

Lyon, D., *The Silicon Society*, Lion Publishing, 1986.

McCorduck, P., *Machines Who Think*, Freeman, 1979.

Naisbitt, J., *Megatrends*, Warner Books, 1982.

디지털 도서관에서 지식에 이르는 길

최기선

1. 서론

현재의 정보 검색의 문제는 정보가 없다는 것에 있지 않고, 정보가 너무 많고 다양하다는 데에 있다. 이를 흔히 '정보 과중'의 문제라고 한다. 디지털 도서관에서의 정보 검색이란 협의의 의미로는 이미 있는 도서관의 전산화를 말한다. 그러나, 광의의 디지털 도서관이란 크게는 이세상의 모든 정보를 하나의 도서관과 같은 모양으로 그 정보를 찾기 쉽도록 체계화하고 분류화하는 개념이다. 여기에서 정보 과중의 의미는, 예를 들어 인터넷과 WWW(World-Wide Web: 하이퍼텍스트를 이용하여 인터넷상에 구축된 전세계 규모의 정보 시스템)를 통한 정보의 '창작'과 '전달'이 과중하다는 뜻이다. 정보 검색은 이와 같은 다양한 창작품을 원활하게 끊임없이 전달하고자 하는 것이다. 그러면 이러한 디지털 도서관(협의든 광의든)의 정보 검색이 해결하여야 할 것은 무엇인가? 이는 바로 정보 사용자의 다양성과 정보 형태의 다양성이다. 인터넷 탐색 엔진을 쓰는 사람들이 초등학교 학생에서 교수와 외환 딜러 같은 전문가까지 다양하며 모든 사용자들이 탐색된 결과의 평가를 위하여 쓰이는 정보 검색의 전문 용어인 재현율이나 정확률과 같은 말에 친숙하다. 또, 데이터 베이스의 형식과 구조가 다양하며, 정보 미디어가 다양하고 여러 종류이다. 텍스트, 오디오, 비디오와 같은 미디어가 여러 가지이고 그 미디어를 담는 그릇 또한 각양각색이며 나아가서 정보를 기술하는 언어도 다양하다. 다국어 정보 콘텐츠가 매일 등장하는 WWW에 쏟아지고 있다. 그러나, 우리의 언어 생활은 한국어나 기껏해야 영어에 국한된다. 모든 정보가 좀더 한국어로 되어 있으면 좀더 효율적이고 효과적일 것이다.

이러한 정보 사용자의 다양성, 정보 형태의 다양성 — 데이터 베이스의 구조적 다양성, 미디어의 다양성, 다국어화 정보—을 효율적으로 해결하기 위해서 '정보 상호 운용성'이 필요하다. 상호 운용성 *interoperability*이란 서로 맞지 않는 다양한 형식을 맞출 수 있도록 하기 위한 것이다. 과연 그러한 모든 다양성을 하나의 디지털 도서관의 정보 검색 시스템이 다룰 수 있을 것인가? 정보 검색 엔진은 디지털 도서관의 이러한 다양성을 위하여 정보 상호 운용성을 이루기 위한 문제를 풀어야 한다.

정보 상호 운용성 문제란 '구조적 상호 운용성' '미디어 상호 운용성' '다국어 상호 운용성'을 일컫는다(Chen, 1998). 즉 데이터 베이스 시스템의 물리적인 차이로 구조가 다르다고 하여 구조적 상호 운용성이라 한 것이며, 미디어 상호 운용성이란 미디어의 형태가 다양하다는 것이다. 언어에 대한 다국어 상호 운용성이란 같은 정보와 지식을 다른 언어로 표현하였기 때문에 발생하는 다양성을 사용자가 쉬운 언어로 표현하여야 한다는 것을 의미한다.

이에 대해서 미국 디지털 도서관 이니시어티브의 흐름과 배경을 통하여 소개하고, 정보 아키텍처 패러다임에 대하여 소개하고자 한다. 그 다음에는 디지털 도서관의 정보 검색을 위한 방법론에 대하여 논한다.

2. 미국 디지털 도서관 정책 동향

1995년 5월에 열린 '정보 인프라 기술 및 응용' 작업반 워크숍 보고서(http://Walrus.Stanford.EDU/diglib/pub/reports/iita-dlw/main.html)에 의하면 분산된 정보 저장소의 전체적 네트는 모두 탐색 가능한 형태로 손에 들어와야 한다는 것과 그 안의 모든 객체가 다양한 색인으로 되어 있더라도 탐색이 되어야 한다는 견해를 공통적으로 담고 있다(Schatz, 1996). 그리고 여기에 관하여 다음과 같은 연구 항목을 제시하였다. 디지털 도서관 정보 검색을 위한 단기 과제로서, 다양한 정보 저장소에 걸쳐 '탐색의 투명성'을 보장하는 기술 개발과 다양한 프로토콜과 포맷을 다루는 '구조적 상호 운용성 접속'을 위한 기술 개발을 들고 있다(Paepcke, 1996). 또 중장기 과제로서, 콘텐츠와 의미 다양성에 대한 투명성을 보장하는 기술 개발, 즉 정보군의 색인된 객체와 사용자가 탐구하고자 하는 개념간의 정합을 위한 정보 검색 기술을 개발하여야 한다는 데에 공통적 일치를 보았다(Schatz, 1997).

이와 같은 디지털 도서관 정보 검색에 대한 장단기 과제는 '심층 의미 상호 운용성 *deep semantic interoperabilty*' '디지털 도서관으로의 대도전 *Grand Challenge of Digital Libraries*'이라는 어휘로 표현되고 있으며 궁극적으로, 정보 검색의 사용자에게 모든 다양성에 대하여 일관성과 조리 있는 논리성을 보장하는 접근력을 갖도록 한다는 것이다. 이러한 능력을 위하여, 지속적으로 변하는 정보 디지털 객체와 서비스의 유사성 판단, 분산 이기종 저장소의 통합적 관리, 다양한 사이트에 대한 탐색 소프트웨어의 중재·연계 등이 필요하다고 하였다. 이에 대하여 위의 보고서는 다음과 같이 언급하였다.

다양한 기종, 다양한 분산 저장소의 물리적 특수성을 보정하는 소프트웨어의 연계·중재를 통하여 디지털 객체와 디지털 서비스로 일컬어지는 디지털 목표물의 유사성을 판단하여 접근하기 위한 일관적이고 조리성 있는 접근 능력을 사용자가 보유하도록 하기 위한 기술을 심층 의미 상호 운용성이라고 한다.

이에 필요한 기술로서 다음과 같은 것이 거론되었다: 검색과 프로토콜, 메타데이터, 객체(텍스트, 멀티미디어)에서 메타데이터의 획득 혹은 계산, 이종 저장소의 연합 혹은 통합, 정보 군집화와 자동 계층 조직화, 자동 평점 및 자동 등급화 알고리즘, 정보의 질과 장르 및 기타 성질의 평가 알고리즘 등이다.

이러한 의미 상호 운용성은 이미 NSF/DARPA/NASA가 지원하는 대규모 디지털 도서관 이니시어티브(DLI) 과제에서 연구된 바가 있다. 즉 '정보를 지식으로 어떻게 환원할 것인가'에 대하여 인공 지능, 통계, 패턴 인식 기술에 의한 '규모화 인공 지능 *scalable artificial intelligence*' 기술을 개발한 바 있다. 예를 들면, 개념 공간과 분류 지도(일리노이 대학 과제)(Schatz & Mischo, 1996), 텍스트와 단어 뜻에 대한 비애매성화(버클리 대학 과제)(Wilensky, 1996), 음성 인식(CMU 과제)(Wactlar, 1996), 이미지 분할과 이미지 군집화(UCSB 대학 과제)(Manjunath, 1996) 등이 이와 같은 '의미 상호 운용성'을 다루기 위한 것이다.

이제 1999년도부터 시작될 차기 디지털 도서관 이니시어티브(DLI-2)에서는 다섯 가지 정보 검색에 대한 상호 운용성 분야가 다음과 같이 제시되고 있다(http://www.si.umich.edu/SantaFe/): 1) 시스템 *system*, 2) 구조 *syntactic/structural*, 3) 언어 *linguistic*, 4) 시간 *temporal*, 5) 의미 *semantic*. 이와 더불어 지식망 이니시어티브(http://www.scd.ucar.edu/info/KDI/)에서 개최한 '분산 이기종 지식망 워크숍'(1997)에서는 위와 같은 다섯 가지 상호 운용성과 같은 맥락의 연구 항목을 제시하고 있다. 즉 '규모화 기술'로서 '의미 대역폭' '지식 대역폭'이라는 용어를 쓰기 시작하였다. 흔히 물리적 네트워크에서 거론된 대역폭이라는 용어로 대표되는 '연결성'이 단순한 통신의 연결이 아니고 지식과 정보의 연결성으로 확장되어야 한다는 것을 의미한다. 한마디로, 지식 통합(다양한 소스, 다양한 도메인이나, 다양한 공간과 시간으로부터 오는 지식)에 의한 연결성을 강조하고 있다. 언제, 어디서나 대량의 정보가 연결되는 시대에 있어서, 그러한 연결성에 더하여야 할 것이 바로 다음이다: 1) 다양한 분야, 다양한 언어, 다양한 문화간의 유용한 통신; 2) 다양한 소스, 다양한 도메인, 다양한 비텍스트 미디어로부터 지식의 적절한 처리와 통합; 3) 다양한 거리, 다양한 시간대에서 공동 작업을 위한 팀, 조직, 커뮤니티를 위한 효과적 활동과 배치; 4) 연결성에 대한 새로운 윤리적 · 법적 · 사회적 의미에 대한 이해 등이다.

지식망의 근간으로서 디지털 도서관의 정보 검색은 이러한 의미 대역폭, 지식 대역폭, 활동성 대역폭, 문화 대역폭을 늘려주기 위한 기반이라 할 수 있다.

3. 디지털 도서관 정보 검색의 의미적 항목

디지털 도서관의 의미적 이슈에는 다음의 내용들이 있다: 1) 객체 인식과 분할 및 색인: 자동 색인, 명사구 추출과 같은 자연 언어 처리, 중심어 혹은 중심구 자동 추출, 무늬나 색채 및 모양 기반의 이미지 식별 색인 기술, 또 오디오/비디오에서 나오는 음성 인식, 말 인식, 장면 분할 기술 등 오디오와 비디오 스트림에서 의미 기술자 식별 등이다. 2) 의미 분석: 텍스트와 멀티미디어 객체에 대한 의미 분석을 하기 위한 것이다. 이를 위하여 다양한 기술이 동원된다. 다양하고 급변하는 멀티미디어 정보의 다량성을 처리 · 분석 · 요약하기 위한 대체 기술을 개발한다. 3) 지식 표현: 의미 분석 결과로서 다양한 지식 표현을 어떻게 가능하게 할 것인가? 의미 네트나 결정 규칙, 혹은 술어 논리 등의 이용. 더 나아가서 인간이 창조한 지식 구조(예: 온톨러지, 주제 헤딩, 시소러스)와 의미 분석 결과를 통합하는 기술과 대규모 지식 구조의 탐색에 필요한 활성화 전개 기반 추론법 등의 실제적 적용 기술이 필요하다. 4) 정보 가시화: 웹에 의하여 사용자들이 정보에 대한 직접 묘사, 직접 조작을 기대하게 되었고, 이를 위하여 대규모 정보군의 동적 디스플레이 기술이 개발되어야 한다.

4. 디지털 도서관 정보 검색 패러다임: 정보 아키텍처

위와 같은 의미적 디지털 도서관 정보 검색 상호 운용성을 위하여 정보 아키텍처를 소개하고자 한다. 정보 아키텍처란 정보의 생성과 변환, 그리고 사용까지의 계층과 계층간 변환에 대한 것이다. 정보 아키텍처는 사실, 데이터, 정보, 이해, 지식, 의사 결정의 계층과 계층 상호간의 변환 과정으로 정의된다. 따라서 당연히 데이터 베이스와 지식 베이스의 중간에, 정보 베이스가 필요하다는 결론이 나온다.

'정보 아키텍처'는 '데이터' '정보' '지식' 간의 계층 구조와 변환에 관한 모델이며 데이터 · 정보 · 지식의 생성과 사용에 관한 패러다임을 지향한다. 정보 아키텍처의 모델을 데이터 · 정보 · 지식의 세 계층에서 확장한 '확장 정보 아키텍처'는 '사실' '데이터' '정보' '이해' '지식' '의사 결정'이라는 6개의 계층과 계층간의 변환으로 구성된다. 정보 아키텍처는 대표적인 형태로서, '데이터 베이스' '정보 베이스' '지식 베이스'로 실현된다. '데이터 베이스'는 텍스트 · 이미지 · 소리 등의 멀티미디어적 요소로 표현된다. 워드 프로세서로 만들어진 텍스트도 데이터의 실현이다. '정보 베이스'는 각 정보 개체간의 관계에 관한 구조로 표현된다. 예를 들면, 하이퍼텍스트나 하이퍼미디어와 같은 구조도 정보 베이스의 일종이다. '지식 베이스'는 지식의 구조와 추론 구조를 위한 것이다. 사전이나 시소러스가 지식 베이스의 현실적인 한 예이고 상식 베이스 혹은 전문적 지식 베이스와 같은 예가 있다.

정보 아키텍처의 실현은 곧 데이터 · 정보 · 지식을 어떻게 얻을 수 있는가에 대한 해답을 준다. 모아진 데이터 · 정보 · 지식은 다양한 미디어로 표현되며, 다량화할 것이다. 시간적 · 공간적으로 생산과 동시에 공급하여야 할 것도 있고, 축적되어야 할 것도 있으며 이러한 유통의 수단으로서의 '뉴 미디어'와 '유통'의 방법론을 논할 것이다. 이는 곧 '디지털 도서관'에서 거론되는 전반적인 문제가 된다.

I. 정보와 미디어

정보는 데이터를 가공하여 생성된다. 그 정보는 여러 전달 방법으로 사용자에게 이해되어 지식화하며, 최종 사용자의 의사 결정에 이용된다. 이 항에서는 정보의 생성 · 가공 · 축적 · 전달 · 이용의 과정에서, 축적과 전달의 수단으로서의 뉴 미디어의 역할과 여러 정보의 관련성에 대해 논하기로 한다. 생성된 정보를 정보 베이스라 하고, 유통되는 패키지화된 정보를 정보웨어라고 한다면, 정보 베이스, 정보웨어는 분배 시간성, 가공 정도, 지식 환원성에 따라 그 유용성이 결정된다. 그 이유는 정보란 의사 결정을 위한 것이며, 정보—지식—의사 결정이라는 이용의 과정이 있기 때문이다. 이 정보웨어의 활용을 위해, 시공성, 지식 환원성, 개인화의 3요소가 고려되어야 한다.

1) 미디어의 정의

미디어는 정보를 담는 그릇이다. 그릇에 담겨 있는 것이 요리 재료일 수도 있고, 완성된 요리이기도 한 것과 마찬가지로, 그릇인 미디어에 담겨 있는 정보도 가공되어야 할 정보 재료일 수도 있고, 완전히 가공된 정보일 수도 있다.

그릇은 그 그릇에 담겨져 있는 것을 보관하고 전달하기 위해 존재한다. 사람들은 그릇에 담아 냉장고에 보관도 하고, 그릇에 담아 맛있는 음식을 이웃에 전달하여 나누기도 한다. 또, 인스턴트 라면은 일회용 그릇에 담아 판매하기도 한다. 마찬가지로 정보의 그릇인 미디어는 정보의 축적과 전달을 위한 도구이다.

그러면, 어떠한 정보를 담을 수 있고, 그 그릇의 용량은 얼마나 되는가? 정보의 종류는 글과 그림 그리고 소리이다. 지금까지의 미디어는 글·그림·소리를 담기 위해 다른 도구, 다른 그릇을 사용하여왔다. 요즈음 들어, 새로운 미디어들과 그릇에 담기 위한 새로운 방법들이 등장하여, 글·그림·소리를 함께 담을 수 있는 미디어가 등장하였다. 이러한 미디어를 뉴 미디어라고 한다. 뉴 미디어란 새로운 미디어란 뜻인데 언제나 시대가 지나면 발달된 다른 미디어가 등장하게 마련이므로, 항상 새로운 다른 미디어를 지칭할지도 모른다. 그러나, 정보의 종류에 따라, 다른 미디어를 사용한 예전과는 달리, 뉴 미디어는 한 가지의 미디어로 모든 종류의 정보를 담게 된다. 뉴 미디어를 글·그림·소리를 다 함께 담을 수 있는 새로운 정보의 그릇으로 정의한다면, 그 기능에 따라 새로운 정보 축적과 새로운 정보 전달의 도구로서 이해할 수 있다.

역사적 흐름 속에서 용량과 전달 수단에 따라 미디어는 다음과 같은 세 가지를 생각할 수 있다. 개인적 정보 축적형 '퍼스널 미디어,' 동아리 정보 저장·전달형 '미니컴 미디어,' 대량 정보 전달형 '매스컴 미디어'로 대분류되는데 지금까지의 미디어는 상호 소통적이지 못했다. TV나 라디오는 매스컴 미디어로서 시청자인 사용자는 정보의 선택 여지가 없다. 사용자는 주파수를 고르는 역할만을 하고 정보 전달의 시간 선택권도 일방적이다. 한편, 개인용 퍼스널 미디어는 개인의 노트, 개인용 카세트 테이프·책·레코드 등으로 그 용량도 매우 제한되어 있고, 정보 전달도 매우 느리다. 한 예로 책은 대개 일 년 전의 저자의 생각을 일 년 후에 전달하는 정도이다.

2) 미디어의 속성

미디어는 정보의 그릇이다. 기록하여 전달하고자 하는 정보를 쉽고 간편하게, 모든 가능한 정보를 그대로, 혹은 정돈하여, 더 나아가서는 가공하여 선택할 수 있게 한다. 미디어는 종이와 같아 문방구 중에서 공책과 같은 것이라고 할 수 있다. 연필·펜·자와 같은 문방구는 이러한 미디어로서의 종이를 이용하기 위한 수단이다. 여기서, 미디어로서의 종이뿐만 아니라, 그 미디어를 잘 이용하기 위한 도구도 문방구로서 다른 중요한 요소라는 것을 알 수 있다. 미디어라는 용어를 써서, 문방구를 구분한다면, 종이는 미디어이고, 펜이나 자와 같은 도구는 저작 도구라고 할 수 있다. 저작 도구란 인간의 창조 행위의 결과인 정보의 표현 형태인 글이나 그림을 저작하기 위한 도구라는 뜻이다. 이 개념을 채용하면, 소리를 위한 미디어는 카세트 테이프이며, 그 저작 도구는 녹음기이다.

미디어는 정보의 그릇이고, 그 목적은 정보 축적과 전달 수단이라고 하였다. 그런데 지금까지의 미디어는 정보 축적의 수단으로서는 어느 정도 만족할 수도 있지만, 정보 전달 수단으로서는 매우 빈약했다. 왜냐하면, 대량의 정보를 책으로 인쇄한다면, 수십 권의 책이 될 것이며, 그 중에서 필요한 정보를 찾기 위해서는 많은 시간이 소요되기 때문이다. 그리고, 글과 그림, 소리를 한 개의 미디어로 통합하여 사용하기란 불가능한 상태였다.

뉴 미디어는 전자화된 문방구이며, 전자화된 책을 위한 미디어이다. 전자화된 문방구가 전자노트, 전자펜으로 이루어질 것은 당연하며 전자노트 복사기로 대량 생산하여 전자책을 만든다. 정보 축적의 수단으로서의 뉴 미디어는 대용량의 하드디스크나 광디스크인 CD-ROM 등을 이용한다. 정보 전달 수단으로서는 위와 같은 미디어뿐만 아니라, 통신망이라는 새로운 미디어를 이용한다. 따라서, 축적한 다음 전달하기 위한 시간 차이도 대폭 줄었고, 그 용량도 매우 클 뿐만 아니라, 필요한 정보를 컴퓨터로 매우 쉽게 찾을 수 있다.

II. 뉴 미디어의 정의

1) 뉴 미디어와 사용자의 크기

뉴 미디어는 정보 전달로서의 크기로 본다면, 대개 10 내지 10만 명 정도의 사람이 공유할 수 있는 크기와 성질의 정보를 미디어에 담은 것을 뜻한다. 좀더 자세히 살펴보면, 정보 공유의 크기에 따라, 퍼스널 영역(1~10), 미니컴 영역(10~10만: 뉴 미디어), 매스컴 영역(10만 이상)이라고 구분한다.

2) 뉴 미디어와 정보의 분배 시간성

정보가 발생하고, 분배되는 시간적 차이는 통신망을 이용할 경우, 24시간 이내에 가능하며 이는 정보의 유통 과정과 결부된다. 디스켓이나 CD-ROM과 같은 대용량 미디어에 담은 정보는 정보의 생산에서 분배에까지 걸리는 시간이 통신망보다는 매우 느리나, 책이나 잡지로 분배되는 속도보다는 빠르고 대용량이다. 그리고, 디스켓이나 CD-ROM과 같은 뉴 미디어에 담은 내용에 대한 교정이나 첨가를 통신망에 의하여 전달할 경우, 분배하는 데 시간을 절약할 수 있다.

3) 뉴 미디어의 응용

통신 수단으로서 ISDN(종합 디지털 통신 서비스망: Integrated Services Digital Network)이나 VAN(부가가치 통신망: Value Added Network)에 의한 서비스도 바로 뉴 미디어의 하나다. 이 통신망을 좀더 예로 들어보면, 전문 분야에 대한 유선 방송도 있고, 비디오텍스를 거리에 배열하여 열차 시간, 극장 프로그램, 관광 안내 등을 할 수도 있다. 집에서는 통신망에 의하여 홈쇼핑을 즐기고 회사에서는 각 지역에 흩어진 직원이 원격지 공동 작업으로 다른 지역에서도 공동 업무를 수행한다. 이외에도 전자 사서함, 다기능 단말기, 예를 들어, 전화기와 팩스, 상대방의 모습을 볼 수 있는 다기능 전화기와 같은 상품이 대두된다. 이것을 좀더 확장하면, 자동차 안에서 컴퓨터로 업무를 볼 수도 있고 거리 지도를 보는 등의 응용을 생각할 수 있다. 화면 미디어로서 HDTV(고품위 텔레비전: High-Definition Television)는 뉴 미디어의 꽃을 활짝 피게 할 것이다. 모든 분야에서 눈으로 보아야 할 업무의 다른 면을 보일 것이다. 즉 정보의 연결 구조인 하이퍼미디어의 가속화, 회의, 광고, 영화 제작, 의학 기계, 교육에 영향을 미친다.

5. 미디어와 정보, 디지털 도서관

I. 미디어와 정보, 정보웨어의 관련성

미디어는 그릇이다. 정보는 그릇에 담기 위한, 요리하지 않은 야채와 고기이다. 맛있게 요리하려면 알맞은 요리 기구, 요리책이 기본적으로 필요하고, 손맛 좋은 주방장이 필요하다. 즉 요리 도구와 부엌 구조는 정보를 가공하기 위한 가공 도구 및 가공 환경이다. 요리책과 주방장 같은 정보 가공 방법과 숙련된 전문가의 지식을 지식 베이스라고 한다. 다시 말하면, 지식 베이스란 정보를 가공하기 위한 요리책과 주방장의 요리에 대한 지식을 모아놓은 도서관과 같은 것을 의미한다. 지식 베이스에서 베이스란 지식 데이터 베이스의 약어이고 데이터 베이스란 데이터를 모아둔 곳이라는 뜻이다.

정보를 모아둔 것을 정보 베이스라고 하며, 정보를 가공하기 위한 지식을 모은 것을 지식 베이스라고 한다. 정보를 가공하여 패키지화한 것을 '정보웨어'라고 하자. 정보웨어란 하드웨어나 소프트웨어와 구분하기 위한 것으로 하드웨어가 기계, 소프트웨어가 그 기계를 움직이기 위한 프로그램이라 한다면, 정보웨어는 그 기계와는 관계없이, 사람을 위해서 컴퓨터를 이용하여 모아둔 것이다.

II. 정보와 미디어

'로제타의 돌'은 정보를 담은 미디어로서 역사상 최초의 것이라 할 수 있다. 그것은 '돌'이라는 미디어의 제한 속에 '글자'라는 정보 기술 방법으로 정보를 기록한 것이다. 그 후, '파피루스'라는 보다 기술하기 편한 미디어를 쓰게 되어, 종이라는 미디어의 발달의 역사가 시작되고 쓰는 수단인 펜 혹은 붓의 발달 역사도 같이 시작된다.

그런데 2천 년 이상 계속되어온 종이 미디어의 역사에 혁명을 일으킨 것이 컴퓨터와 관련된 미디어이다. 테이프, 카세트, 디스켓 등의 흐름이 개인화된 미디어로서의 속성을 지닌 CD-ROM(Compact Disc Read-Only Memory)과 같은 대용량 미디어와 대용량의 공유 정보를 시공을 초월하여 개인화할 수 있는 통신망에 의한 미디어 같은 뉴 미디어의 결실을 보게 되었다.

정보를 먹으려는 손님은 정보의 맛을 위하여, 정보의 영양가를 고려하여, 정보를 파는 식당의 청결함을 보고 정보를 담은 그릇의 아기자기함에 이끌려 그 식당에 들어간다. 여기서, 우리는 정보 검색의 결과로서의 가치 기준을 본다. 정보의 맛은 정보의 유용성을 뜻하며, 정보의 영양가에는 정보의 질과 신속성, 그리고 정보의 지식으로서의 환원성, 정보 가공 정도가 포함된다. 정보를 파는 식당의 청결함이란 디지털 도서관의 신뢰도와 정보 판매의 원활성에 비유될 수 있다. 정보를 담은 그릇에는 정보의 접근 방법과 사용자 환경으로서 정보를 어느 정도 쉽게 사람이 선택할 수 있는가의 문제가 해당된다.

미디어와 디지털 도서관과는 떨어질 수 없는 관계에 있다. 아무리 정보가 개발되어도 그 정보를 적절히 담을 수 있는 그릇으로서의 미디어가 없으면, 축적할 수도 없고 전달할 수도 없기 때문이다.

같은 재료로 요리를 만들더라도 요리법에 따라, 시기에 따라, 크게는 계절에 따라, 작게는 끼니의 시간에 따라, 또는 사람에 따라, 같은 사람이라도 그 사람의 식욕에 따라 다른 맛을 낸다. 디지털 도서관은 정보라는 재료로 요리를 만드는 곳이며, 시기 적절성과 장소, 정보의 지식 환원성, 개인적 취향 존중과 같은 요소가 고려되어야 한다. 따라서, 디지털 도서관은 시공성(時空性), 정보의 지식 환원성, 개인화와 같은 3요소를 기본으로 하는데 이 각각의 요소에 대하여, 디지털 도서관과 미디어 간의 관계를 생각해보자.

III. 디지털 도서관과 미디어

1) 디지털 도서관 정보의 3요소

첫째, 정보 산업의 시공성은 원하는 시간에 원하는 장소에서 필요한 정보를 갖고자 하는 것으로 정보의 유통 과정에 대한 해답을 준다. 유통은 정보의 그릇인 미디어를 통하여 이루어진다. 유통하고자 하는 정보의 성질은 시공성에 따라 다음의 두 가지로 구분되는데 첫째, 실시간 *real-time*적 정보이다. 신문 보도와 같은 정보는 정보 색인과 같은 기본적 가공 과정을 거쳐, 정보 생산과 같은 시간대에 유통되어야 한다. 따라서, 뉴 미디어로서의 통신 시설을 이용한다. 둘째, 축적된 대량의 정보가 있다. 정보의 축적 과정을 거쳐, 가공된 정보를 유통하는 것인데 이에는 그 성질에 따라 실시간적 정보의 축적된 대량의 정보 유통과 가공된 정보의 유통으로 나뉜다. 이때 미디어로서 통신과 CD-ROM 등을 이용한다.

둘째, 정보의 지식 환원성으로 정보는 사람이 받아들여, 사람이 필요한 지식으로 만드는 과정이 요구된다. 이러한 과정을 미리 도와주는 공정, 즉 정보 가공으로서 정보 색인, 요약과 같은 수동적 방법과 아울러 학습과 같은 능동적 방법이 또한 필요하다

정보의 상품화로서의 가치는 개인이 필요한 정보를 쉽게 얻는 데 있

다. 여기서 정보는 공유된 곳인 정보 베이스에서 개인화라는 과정을 거쳐 개인이 필요한 만큼만을 가공하여 선택할 수 있다. 개인이 필요한 정보를 미리 디지털 도서관의 공정에 등록함으로써, 필요한 정보만을 얻을 수 있도록 한다는 것이다. 예를 들어 신문이나 잡지, 책과 같은 전통적 미디어는 생산해낸 정보를 미리 개인의 취향을 분석하거나 정보의 장르에 따라 생산하여, 각 개인이 필요한 것을 구입하는 방식이다. 정보의 개인화에 의한 판매는 한걸음 더 나아가 생산 단계에 개인적 정보를 입력해서 개인적 취향 정보에 맞추어 개인화된 정보를 생산하는 것이다.

쉬운 예로, 정보 검색으로서 필요한 정보를 얻기 위하여 사용자는 몇 개의 대표적 단어를 입력해서, 그 단어와 같거나 유사한 단어를 포함하고 있는 정보를 얻도록 한다. 이때 그 대표적 단어를 기억시켜놓을 경우, 정보 베이스에 관련 정보가 입력되면 그 사용자 개인에게 자동적으로 개인화된 정보를 서비스할 수 있다.

2) 뉴 미디어와 디지털 도서관

뉴 미디어는 컴퓨터, 통신, CD-ROM과 같은 미디어를 의미하며 소위, AV 시스템이라고 일컫는 Audio-Video 시스템의 통합과 같은 맥락을 이룬다. 컴퓨터와 통신에 의한 정보의 개인화, 통신에 의한 정보의 실시간적 공급, 정보의 가공과 대량의 정보를 지식화하기 쉬운 형태로 환원하여 CD-ROM과 같은 대량 정보 미디어를 통한 유통이 정보 산업과 뉴 미디어의 밀접한 관련성을 말해준다. 따라서, 뉴 미디어는 정보 산업의 시공성, 정보의 지식 환원성, 개인화의 삼차원적 요소에 적절한 해답을 주는 것이다.

6. 디지털 도서관의 공정

디지털 도서관은 도서 출판업 또는 식품 회사와 같은데 이와 같은 비유로 다음의 공정을 생각할 수 있다.

첫째, 정보 재료의 생산과 채굴이다. 도서 출판업은 책을 쓸 저자를 찾는 작업부터 시작하고 이것은 정보 생산자를 찾는 과정과 같다.

둘째, 정보 축적, 그 다음에는 책을 쓰는 과정, 혹은 만들어진 책 혹은 정보 축적의 공정이 있다. 정보 축적의 결과는 일반 독자가 사용할 수도 있고, 정보 생산자인 특수 독자가 정보의 재생산을 위해서 사용할 수도 있다.

셋째, 정보 가공, 정보의 축적은 가공의 공정을 거칠 수도 있고, 거치지 않을 수도 있다. 정보의 3요소인 시공성, 지식 환원성, 개인화에 따라, 그 가공의 정도가 다르지만 적어도 필수적 공정으로서, 정보 베이스화와 정보 색인 공정이 있다.

먼저, 정보 베이스화로서 정보의 성격에 따라 축적 방법을 달리한다. 기존의 데이터 베이스와는 달리 비정형적인 데이터가 바로 정보이므로, 상호 관련성이 강조가 되어 이와 같은 구조를 반영하여야 한다.

그리고 정보 색인이란 축적된 정보 베이스를 나중에 필요할 때 쉽게 찾아 쓰기 위한 것이다. 쉽게 찾기 위해서는 정보의 색인을 만들어두는 수밖에 없다. 그러나 맹목적인 색인은 나중에 오히려 혼란을 가중시킨다. 결국 수많은 양의 정보를 이용한다는 것은 축적된 정보를 분류하고, 사용자의 성향에 맞는 색인을 자동 생성해야 한다는 점이다. 따라서 색인은 한 단위의 정보를 대표하여 나타내는 표현력과 여러 단위의 정보를 서로 식별하게 하는 식별력의 두 가지 성능을 갖도록 설계되어야 한다. 색인 전문가가 많이 양성된다 하더라도 생산되는 정보의 양은 엄청나고, 정보산업의 제일의 요소인 시간성을 만족시키기는 매우 어려우므로 정보의 자동 색인은 필수불가결한 공정이다.

넷째, 정보 검색으로, 정보 검색 공정은 이미 축적된 정보 베이스를 찾아보는 과정이다. 정보 검색기의 공정은 위의 정보 생산, 채굴, 가공이라는 공정과는 다른 성질을 갖는데 정보 축적의 한 공정이라는 측면과 정보 서비스라는 다른 차원의 도구로서의 측면이 있다. 정보 축적의 한 공정으로서의 정보 검색은 정보 색인과 밀접한 관련성을 갖는다. 즉 사용자가 정보 검색의 결과로 찾아진 ─ 혹은, 검색된 ─ 정보에 대한 만족도에 따라, 정보의 분류나 색인을 자동 수정하기 위한 정보 축적의 유지 보수 공정의 하나로서의 역할이다. 반면, 정보 서비스로서의 정보 검색은 다음에서 따로 살펴본다.

다섯째, 정보 서비스로, 정보 서비스란 사용자 인터페이스의 문제라고도 말할 수 있다. 사용자의 생각을 어떻게 받아들여 필요한 정보를 사용자가 원하는 방법으로 어떻게 제공할 것인가를 의미한다.

여섯째, 정보 유통으로, 생산된 정보를 사고 파는 유통에 대한 문제인데 여기에는 두 가지 측면이 있다. 유통 패키지화와 유통 경로이다.

일곱째, 상품으로서의 관리인데 상품은 생산도 중요하지만, 홍보, 포장, 사용자 기호, 애프터서비스 등의 생산 외적인 문제가 있다. 홍보는 사용자가 생산된 정보의 필요성을 느끼도록 선전하는 일이다. 포장은 판매 전략의 일환으로 일반 상품과는 달리 눈에 보이는 포장도 있고, 눈에 보이지 않는 포장도 있다. 전자는 일반 상품과도 같이 정보를 CD-ROM과 같은 개인화가 가능한 뉴 미디어에 담아 판매할 경우의 눈에 보이는 포장이고, 눈에 보이지 않는 포장은 다른 정보 상품과의 인접 사용이 가능한 경우 등의 사용 유인 효과이다. 이 경우는 통신과 같은 뉴 미디어에 의해 정보 서비스가 이루어질 때 가능하다.

여덟째, 정보의 재생산과 지식 베이스로, 정보의 재생산을 위해서는 정보 가공의 결과를 정보 축적할 뿐만 아니라, 정보를 지식 베이스화하여 더 나은 정보의 재생산에 이용해야 한다. 그 지식 베이스화는 정보 축적이 우선 전제되어야 하고, 많은 인력과 시간을 필요로 하며 전자 사전, 시소러스, 전문 용어 사전 등이 대표적이다.

7. 디지털 도서관의 정보 유통

I. 디지털 도서관 고객 그리고 정보의 질과 양

정보는 재료이다. 정보를 날것으로 먹고자 하는 사람도 있고, 여러 각도로 가공하여 식성에 맞게 먹고자 하는 사람도 있다. 어린이에게는 잘게 썰어 먹여야 하고, 식욕이 왕성한 청년에게는 듬직하고 다양하게 접시에 놓아둔다. 그런가 하면, 너무 체하지 않게 안배하여 그릇에 담기도 한다. 하루에 소화할 수 있는 음식의 양과 칼로리를 잘 맞추어야 하는 영양학적 문제도 있다. 필요 이상의 너무 많은 음식을 먹으면 비만증의 원인이 되는 것이다.

마찬가지로, 정보 가공의 정도와 사용자의 수준에 따른 정보 가공 혹은 정보 서비스의 측면을 생각해볼 수 있다. 정보 서비스는 접근 방법, 사용자 환경에 관계되며, 사용자 환경은 단순 접근과 교육 환경으로 나누어서 생각할 수 있다.

II. 유통 과정

인스턴트 식품이 아무리 몸에 좋지 않다 하더라도 운반이 편리하고, 조리가 간편하며, 시간적 · 공간적으로 편리하다. 또, 물은 가장 기본적이고 필수불가결한 것이기에 그 공급이 계속되도록 조치한다. 따라서 정보도 종류에 따라 차등화하여 물과 같이 사람의 생활에 필수불가결한 것은 싼 가격으로 장소에 관계없이 유통되도록 하여야 한다.

1) 정보 패키지 단위 형태

정보 패키지의 단위를 일반 상품과 같이 크게 '인스턴트형'과 '레스토랑형'으로 나눌 수 있다. 인스턴트형이란 최소한의 양을 최소한의 그릇에 담아, 장소에 관계없이 이용할 수 있게 한 형태로 마치 슈퍼마켓에서 간편하게 구입할 수 있는 상품과 같다. 레스토랑형이란, 인스턴트화, 또는 개인화가 불가능한 정보는 특별히 그 정보가 있는 장소에 가서 접근할 수밖에 없는 경우를 비유한 것이다. 예를 들어, 미술품 감상이나, 오케스트라의 실제 연주를 듣고자 하는 것이 이 부류에 속한다.

2) 정보 유통의 형태

정보 패키지를 어떻게 유통하고 배분할 것인가의 문제는 크게 '중앙 배분형' '직배달형' '슈퍼마켓형'으로 나뉜다. 첫째, 중앙 배분이란 가정에서 수돗물을 쓰는 것과 같다. 즉 계량기 설치에 의하여 원하는 만큼 그 정보의 배분을 자동화한다. 따라서 통신에 의한 정보 유통이 이에 속하고 사용한 만큼의 정보에 대한 요금을 수도 요금 내듯이 납부한다. 둘째는 직배달로서 정기 구독과 같은 이치이다. 정보의 개인화, 혹은 그룹화에 의하여 생산된 정보를 정기 구독하는 형태이다. 정기 구독의 시간성은 종래의 미디어 유통과 같이 한 달의 간격일 수도 있고, 하루, 혹은 시간대별로도 가능하다. 이의 유통은 시간성에 따라, 통신 혹은 CD-ROM, 디스켓 등의 미디어를 이용한다. 마지막으로, 슈퍼마켓형이란 카세트나 책과 같이 시장 분석을 통하여 정보를 미디어에 담아 판매하는 형태이다. 개인은 취향에 따라, 필요한 정보를 사고 팔 수 있으며 CD-ROM, 디스켓 등의 모든 가능한 미디어가 이용될 수 있다.

3) 목적 이외의 목적: 즐김과 액세서리

음식에는 배불러도 먹기를 즐기기 위하여 먹을 수 있는 것이 있고, 같은 양이라도 달팽이 요리를 먹으려는 액세서리적 목적을 가진 것도 있다. 정보에도 실생활에 필요한 정보 외에, 취미·흥미를 위한 정보가 한 장르를 이룬다.

8. 21세기 지식 사회에서 디지털 도서관의 여러 문제

미디어 자체의 발달, 미디어를 다루는 기술과 도구의 발달이 꽃을 피울 것이다. 물론, 더 중요한 것은 정보 그 자체의 개발이고 그것과 아울러, 표준화는 빼놓을 수 없는 사항이다. 미디어 자체는 물론, 미디어 취급 기술과 도구를 표준에 맞게 만들어야 개발된 정보를 재사용하고 공유할 수 있기 때문이다. 정보 개발은 사람의 창조와 관련된 문제이므로, 다른 하드웨어나 소프트웨어보다 개발 비용이 더 많이 든다. 따라서, 개발된 정보의 재사용과 공유가 중요하다. 이에 관련된 표준화로는 FIPA(Foundation for Intelligent and Physical Agent, http://www.fipa.org) 와 W3C(World Wide Web Consortium, http://w3c.org) 등을 주시할 필요가 있다.

대단위 정보의 개발과 축적은 개인과 집단의 일로 나뉜다. 미디어와 미디어 개발 도구의 개인화가 진행됨에 따라, 개인의 정보가 자연스럽게 정보 베이스로 유입되고 분배되는데 물론, 이때의 개인적 정보의 지적 소유권과 이에 대한 보상이 자동적으로 정확하게 되어야 할 것이다.

하드웨어는 일 년에 배 이상의 발달을 보이고 프로세서의 속도와 가격은 반비례로 발전한다. 즉 속도는 빨라지고 가격은 낮아지는 현상을 보인다. 용량의 측면에서, 현재 개인의 미디어의 용량이 CD-ROM의 용량을 기준으로 볼 때, 600메가바이트이지만, 21세기에 가서는 10배의 용량인 6기가바이트의 용량으로 발달할 것이다. 600메가바이트라는 용량은 3억 글자를 축적할 수 있는 많은 양이므로 정보의 양에 관계없이, 위에서 언급한 디지털 도서관의 시공성과 개인화는 촉진될 수 있다. 그러나 지식 환원성은 앞으로 깊이 연구되어야 할 사항이다.

정보는 글과 그림 그리고 소리로 이루어지는데 이 세 가지 요소를 한 개의 미디어로 표현하는 방법이 필요하다. 이와 관련한 표준화로 MPEG(Moving Pictures Expert Group, http://drogo.cselt.stet.it/mpeg/)를 들 수 있겠으나 우선 글이 중심적 정보의 원천이므로 글에 대한 취급이 디지털 도서관에서는 개발되어야 할 사항이다.

앞으로의 정보의 집대성에 필요한 정보 도구 개발이 계속 이어질 것인데, 이에 대표적인 것으로는 언어와 정보 처리(예를 들어, 워드 프로세서, 기계 번역, 텍스트 내용 해석기), 사용자 인터페이스, 통신망, 음성 인식 및 생성, 패턴 인식, 대량 정보 저장기 등이 있다. 이 기술적 효과가 디지털 도서관으로 곧바로 이어진다.

9. 정보웨어와 디지털 도서관

정보에는 정형과 비정형의 두 가지 형태가 있다. 정형 정보는 모든 문서의 겉장과 같은 것으로 겉장에는 문서의 저자 · 날짜 · 배포처 · 제목 등의 정형화된 사항을 기록한다. 반면, 비정형 정보는 이외의 자유 형식에 의한 정보의 기술이다. 정형 정보와 비정형 정보의 연결을 위한 도구 개발이 선행되어야 정보 개발과 축적이 용이하다. 이미 기록, 보존된 문서뿐만 아니라, 앞으로의 문서 기록은 서로 연관성이 있도록 축적되어야 한다. 문서는 그 하나의 표준화로 의미가 있는 것이 아니라, 여러 관련 있는 문서간의 관계가 기록되어야 하는 것이다. 예를 들어, 문서 기록 번호가 이와 비슷한 역할을 하나, 그것을 바탕으로 정보를 찾기란 매우 어려운 것이 사실이다. 문서간의 연관성을 직접 · 간접적으로 밝힐 수 있는 도구가 있어야 한다.

정보 혹은 박물관의 모든 문서 · 그림 · 음성 데이터는 모두 컴퓨터로 축적하여 정리할 필요가 있다. 정리라는 것은 어느 형식에 맞게 하는 것이고 그러면서 나중에 찾기 쉽도록 저장, 축적되어야 한다. 정보는 기본적으로 글이다. 이러한 글에서 정형 정보와 비정형 정보의 추출과 축적, 그리고 검색에 이르는 보편적 정보 개발뿐만 아니라, 차원 높은 정보 가공을 하기 위해서는 관련 지식 베이스가 필요하다. 지식 베이스에는 사전과 전문 분야의 백과사전적 지식이 요구되고 사전은 다시, 일반 용어 사전과 전문 용어 사전으로 나뉜다. 사전은 용어의 설명, 컴퓨터 처리를 위한 항목뿐만 아니라, 단어의 계층적 속성을 가진 시소러스의 개발이 시급하다.

시소러스와 사전은 시공성을 갖는다. 예를 들면, 현대 용어 사전이라는 말에서 볼 수 있듯이, 용어는 5년이 지나면 반 이상이 낡은 말이 되고, 현재의 상황으로는 매년 새로운 용어가 생겨나므로 이러한 사업은 지속적인 연구 개발이 필요하게 된다.

따라서, 다음과 같은 디지털 도서관 만들기 공정을 생각할 수 있는데 이 공정에 동원되는 것은 정보 개발, 정보 축적(뉴 미디어로서의 축적, 정보의 구조 변경 축적), 정보 검색, 정보 서비스, 정보 가공(지식화, 교육 프로그램화, 미디어간 변환: 텍스트—그림—음성, 텍스트 구조화, 언어간 번역), 기본 데이터 베이스, 정보 소프트웨어(정보 개발 도구, 정보 축적 도구, 정보 검색 도구, 자동 색인, 정보 검색, 정보 시각화) 등이다.

디지털 도서관의 교육 산업화, 정보 가공의 미디어간 변환, 즉 텍스트—그림—음성 간의 변환이나 텍스트끼리의 구조화, 혹은 텍스트 자체의 다른 언어로의 번역은 정보의 부가가치를 높이고, 새로운 수요를 창출하는 부분이다. 이러한 디지털 도서관은 국가 주도형으로 국가의 이익을 위하여 우선적으로 시행할 필요가 있다. 국가의 문화 정보의 집대성으로 인한 정신적 · 기술적 성과를 민간 기업에 이전할 수도 있고 더 나아가서는 국가적 자긍심을 갖게 하는 본보기도 될 것인데 그 크기는 도저히 민간 기업이 꿈꿀 수 없을 것이다.

디지털 도서관은 원래 분산되어 있는 것이지만 정보와 지식은 정리되어 다양한 형태로 분배가 가능하며, 통신에 의한 분배 혹은 CD-ROM과 같은 전자책으로서의 개인적 판매도 가능하다. 이는 전국 네트워크를 통한 동시 활용이 가능하므로, 국민 지적 수준의 향상이라는 정보화 사회 구현에 절실한 목표이다. 따라서 국가 주도형이어야 할 필요가 여기에 있는 것이다. 또 위에서 언급한 정보의 시공성, 지식 환원성, 개인화를 최대한 누릴 수 있게 된다. 따라서 디지털 도서관 사업은 실수요자인 출판계, 컴퓨터업계를 비롯한 산업체와 정보 제공자로서의 인문계와 정보 공정 개발자로서의 컴퓨터 및 전자공학 분야의 학계의 참여, 그리고, 관련 연구소들의 협동과 국가 주도형 지원이 요망된다.

기존의 출판된 책은 복제본에 대한 지적 소유권의 제한이 뒤따른다. 전자책도 마찬가지 유형이지만 지적 소유권 보호에 대한 이중적 측면을 가진다. 즉 순기능으로서는 통신에 의한, 혹은 CD-ROM과 같은 가격 대비 복사 비용이 높을 경우 지적 소유권의 효율이 높아진다는 점이다. 더 나아가서는 통신에 의한 사용 영역과 사용수를 계산함으로써, 매우 정확한 지적 소유권에 대한 보상이 해결될 가능성도 있다. 반면, 대량 복사가 매우 쉬워진다는 점이다. 대량의 기억 소자를 갖출 수 있는 개인이나 단체는 인쇄된 책보다 더욱 쉽고 빠르게, 그리고 더욱 많은 양의 정보를 복제할 수 있는데 이에 대한 제도적·기술적 장치가 마련되어야 한다.

10. 결론

지금까지 디지털 도서관을 위한 상호 운용성에 대한 현재의 이슈를 살펴보았고, 정보 아키텍처 모델을 통하여, 데이터·정보·지식의 흐름을 파악해보았으며 정보 베이스 혹은 정보웨어의 실현 방법에 초점을 맞추었다.

특히, 정보 생산을 위한 언어 사전 지식, 백과사전적 지식, 더 나아가서 상식의 집대성은 앞으로의 디지털 도서관을 이끌어갈 요소이다. 이러한 정보의 개발과 정리는 단기간의 목표와 중장기 목표를 구분하여 지속되도록 하여야 한다.

문화는 국가적 자존심과도 같다. 문화의 정보 산업으로의 이관은 국민 교육, 상품으로서의 부가가치의 상승, 국가적 자긍심의 향상과 같은 성과를 동시에 거둔다. 여기서 디지털 도서관이 바로 그 핵에 위치하고 있음을 살펴보았다.

정보를 소유하고 사용할 수 있도록 디지털 도서관은 발달하고 있지만 더 나아가서는 정보를 사용할 줄 모르는 개인도 쓸 수 있도록 디지털 도서관의 정보 상품 판매 전략이 개발되어야 한다.

우리는 이제까지 손에 잡히지 않는 정보웨어라는 새로운 장르의 상품에 대하여 살펴보았다. 한민족은 정신과 문화가 발달된 민족으로 우리의 얼이 잘 나타날 수 있는 디지털 도서관 사업은 인공위성을 쏘아올리는 것보다 더 중요한 사업이다. 왜냐하면 그것은 문화와 정신 그 자체이기 때문이다.

참고 문헌

최기선, 「전자 사전 연구 개발과 정보 서비스로의 활용」, 『우리말 정보화 잔치 91 논문집』, 1991, pp. 317~26.

B. R. Schatz and Chen, H., "Building Large-Scale Digital Libraries," *IEEE Computer* 29(5), 1996, pp. 22~27.

Chen, H., "The Illinois Digital Library Initiative Project: Federating

Repositories and Semantic Research," *Proceedings of The First Asia Digital Library Workshop*, Hong Kong, 1988.

Han, Y. and Choi, Key-Sun, "Lexical Concept Acquisition From Collocation Map," *Proceedings of ACL-Lexical Acquisition Symposium*, Ohio, 1993.

H. D., T. Kanade, M. A. Smith and S. M. Stevens, "Intelligent Access to Digital Video: Informedia Project," *IEEE Computer* 29(5), 1996, pp. 46~53.

Manjunath, B. S. and W. Y. Ma, "Texture Features for Browsing and Retrieval of Image Data," *IEEE Transactions on Pattern Analysis and Machine Intelligence* 18(8), 1996, pp. 837~41.

Paepcke, A., S. B. Cousins, H. Garcia-Molino, S. W. Hasson, S. P. Ketcxhpel, M. Roscheisen, and T. Winograd, "Using distributed objects for digital library inter-operability," *IEEE Computer* 29(5), 1996, pp. 61~69.

Schatz, B. R., B. Mischo, T. Cole, J. Hardin, A. Bishop and H. Chen, "Federating Repositories of Scientific Literature," *IEEE Computer* 29(5), 1996, pp. 28~36.

Schatz, B. R., "Information Retrieval in Digital Libraries: Bring Search to the Net," *Science* 275, 1997, pp. 327~34.

Wilensky, R., "Toward Work-Centered Digital Information Services," *IEEE Computer* 29(5), 1996, pp. 37~45.

제3부

디지털 네트워크와 지구 시민사회

디지털 네트워크와 커뮤니케이션의 구조

시정곤

1. 인간과 사회와 정보

우리 인간은 수많은 집단과 조직에 속해 있으면서, 그 속에서 그물과 같이 수많은 연결망으로 서로 관계를 맺으면서 사회적 활동을 하고 있다. 이 말은 인간은 홀로 살아갈 수 없으며 공동체 속에서 타인과 함께 살아갈 수밖에 없는 존재라는 것이다. 그래서 인간을 '사회적 동물'이라고 하는 것이 아닐까. 우리가 느끼지는 못하지만 우리 주위에는 수많은 공동체, 또는 집단이나 조직이 존재한다. 가족이나 형제, 자매라는 아주 작은 규모의 공동체에서부터 우리가 사회라고 말하는 커다란 규모의 공동체에 이르기까지 공동체의 종류는 실로 다양하다. 동창 모임, PC 통신 동호회, 또는 직장의 동료들도 내가 속한 크고 작은 공동체들이다.

이러한 공동체의 구성원들은 서로 밀접한 관계를 맺으며 살아간다. 가족이라는 공동체에서는 부모님과 나, 형제들과 나의 관계가 형성되고, 학교에서는 선생님과 나, 친구들과 나의 관계가, 그리고 직장에서는 상사와 나, 그리고 동료들과 나라는 관계가 형성된다. 이것을 '인간의 사회적 관계'라고 부를 수도 있고, 간단히 '인간 관계'라고 부를 수도 있겠다. 중요한 것은 이러한 그물망과도 같이 촘촘한 사회적 관계를 통해 공동체가 형성되었고 그 속에서 인류 문명과 문화가 싹텄다는 점이다.

　이러한 공동체와 인간 관계 속에서 서로 주고받는 내용이 바로 '정보'이다. 우리가 오늘날 '정보의 홍수' 속에 살고 있다고 하는 말은, 우리가 많은 공동체 속에서 다양한 인간 관계를 형성하며, 그 관계를 통해 필요한 수많은 정보를 서로 교환하고 있다는 뜻일 것이다. 일상 생활 속에서 우리가 자신도 모르는 사이에 얼마나 많은 정보와 만나게 되는가를 상상해보라. 가족간의 대화에서 정보를 주고받고, 신문 · 라디오 · TV를 통해 필요한 정보를 얻으며, 출근 버스 안에서는 벽에 붙은 광고를 통해, 학교에서는 선생님으로부터 유익한 정보를 얻고 배우고, 또 직장에서는 서류나 전화 · 팩시밀리 · 전자 우편 · 인터넷 등을 통해 다양한 정보를 보내고 얻는다. 그리고 퇴근길에 동료들과 어울린 술자리에서 주고받는 것도 바로 '정보'가 아니고 무엇이랴.

　이러한 관점에서 보면 인류의 발전 과정 가운데 가장 핵심 요소는 바로 '공동체, 인간 관계, 그리고 정보'라고 할 수 있으며, 이 세 가지 기본 요소들의 결합체가 다름아닌 '커뮤니케이션'인 것이다. 그것은 사회 속에서 인간이 상호 정보를 주고받는 현상이 바로 커뮤니케이션이기 때문이다. 인류의 역사와 진화를 커뮤니케이션의 역사와 진화라고 말하는 이유도 바로 여기에 있다. 따라서 인간의 사회 생활에서 커뮤니케이션이 차지하는 중요성은 매우 크다고 할 수 있으며, 더욱이 21세기 정보화 시대를 눈앞에 둔 지금 그 의미를 진지하게 되새겨보는 작업은 매우 뜻 깊은 일일 것이다. 이러한 시점에서 이 글은 커뮤니케이션의 참된 의미와 역할을 살펴보고 21세기 디지털, 정보화 시대에 맞는 커뮤니케이션의 구조는 우리에게 어떠한 모습으로 다가오고 있으며, 우리는 어떠한 자세로 이를 받아들여야 하는가를 조망하고자 한다.

2. 커뮤니케이션이란?

커뮤니케이션 *communication*이란 말의 사전적 정의는 '전달·통신·연락' 등으로 되어 있는데, 이러한 단어로는 오늘날 커뮤니케이션이 갖는 다양한 의미를 모두 포괄하기는 어려울 듯하다. 그만큼 현대 사회에서 커뮤니케이션이 갖는 의미가 넓고 깊기 때문이다. 따라서 우리는 먼저 커뮤니케이션의 어원을 통해 이 말이 갖고 있는 진정한 의미가 무엇인지 살펴보기로 한다. 커뮤니케이션의 어원은 명확하지는 않지만, 라틴어 커먼 *common*과 그 동사형 코무니카레 *communicare*에서 그 어원을 찾을 수 있다. 코무니카레는 '공통적인 것을 만들다'라는 의미로, 그 명사형은 코무니스 *communis*인데 이때 '콤 *com*'은 영어의 'with'에 해당하며, '무니스 *munis*'는 '모이니스 *moinis*,' 즉 묶다 *bound*로 해석되기도 하고, '오이노스 *oinos*,' 즉 하나 *one*로 해석되기도 한다. 따라서 코무니스가 라틴어에서는 '다수에 동등하게 속하는'이란 뜻으로 정의될 수 있다. 즉 '무언가 하나 이상이 모인 데에 참여하거나 속해 있다'라는 의미이다.[1] 우리는 여기서 커뮤니케이션이라는 단어가 '혼자가 아닌 다수와 깊은 관계가 있다'는 사실을 알 수 있다. '둘 이상의 사람들이 연결되기 위한 무엇'이 커뮤니케이션의 라틴어 해석일 듯하다.

중세 시대에 이르러서는 이 '커먼'이라는 단어가 커뮤니케이트 *communicate*라는 동사와 거의 같은 뜻으로 사용되었다. 엘리자베스 1세 시대까지만 해도 'communicating with'라는 말 대신에 'commoning with'라는 말이 쓰였기 때문이다. 이 단어가 담고 있는 가장 핵심적인 말은 '나눈다'라는 것으로, '무언가 그 안에서 모든 사람들이 공동으로

---

1) 전기정·황현택, 『열린 시대 닫힌 커뮤니케이션』, 삼성경제연구소, 1997, p. 120.

나눌 수 있는 것'을 의미하였고, 가톨릭에서도 '종교상의 성찬을 서로 나눈다'는 의미로 사용되기도 했다.[2] 이러다가 시간이 흐르면서 커뮤니케이션은 점차 '참여·전달·교환' 등의 '연락하는 것'이라는 의미로 쓰이기 시작했다. 1684년까지만 해도 커뮤니케이션은 '사람들이 어떤 장소에 도달하기 위한 좁은 길이나 통행로'를 의미했다. 유명한 영국의 시민 전쟁 English Civil War (1642~1646/1648~1652) 당시에 '라인 오브 커뮤니케이션 *line of communication*'이라는 말이 등장하는데, 이것은 '성벽과 참호를 연결하는, 런던 주위에 있던 별 모양의 요새'를 뜻했다. 그리고 부대가 야전에서 작전을 수행할 경우 '라인 오브 커뮤니케이션'은 아군 부대를 연결하는 길이나 운하 또는 강 등을 나타내기도 하였다.[3]

이와 같이 커뮤니케이션은 손에 잡히거나 눈에 보이는 개체로 이해되기보다는 '무언가를 나누는 행위 또는 그 과정'을 의미하는 단어로 사용되었고, 이 의미는 시간이 흐르고 산업 혁명과 각종 통신 기술이 발달하면서 그 범위와 과정이 더욱 넓어져 사회 속에 다양하게 존재하는 관계의 개념으로 자리잡게 된 것이다. 즉 사람과 자연과의 관계, 사람과 사람과의 관계, 더구나 개인 사이뿐만 아니라 복수나 조직간에도 적용되는 '상호 관계'의 개념을 띠게 되었다. 따라서 커뮤니케이션은 이전에 비해 사회적으로 더욱 강한 영향력을 미치는 사회적 행위로 자리잡은 것이다.

II. 커뮤니케이션의 구성 요소

커뮤니케이션은 그 어원에서도 드러나듯이 적어도 두 진영 이상이 연관된 과정이다. 사람이든 동물이든간에 서로 주고받을 대상이 없이 혼

---

2) 뉴미디어연구회 편저, 『뉴 미디어 사회』, 통신정책연구소, 1986, p. 126.
3) 전기정·황현택, 『열린 시대 닫힌 커뮤니케이션』, 삼성경제연구소, 1997, pp. 121~22.

자만으로는 커뮤니케이션이 성립할 수 없다. 따라서 커뮤니케이션 과정은 아래 그림에서 보듯이[4] 무언가 의미를 전달하고자 하는 송신자의 행위, 송신자의 의미를 나타내는 신호들, 그 신호들을 전달해주는 매체나 채널, 그리고 매체나 채널을 통해 전달받는 신호들을 이해하는 수신자의 노력 등으로 이루어진 집합이라고 볼 수 있다. 다음에서 이들 커뮤니케이션의 구성 요소를 간략히 살펴보자.[5]

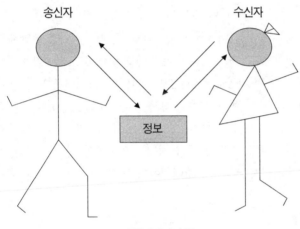

커뮤니케이션 구조

1) 송신자와 수신자

송신자는 정보를 전달하는 사람이고, 수신자는 그 정보를 받아들여 이해하는 사람을 말한다. 물론 송신자와 수신자가 꼭 사람일 필요는 없으며, 기계일 수도 있다. 그러나 기계에 의해 송신자와 수신자가 완전히 대체되기는 지금 당장은 어려운 일이다. 비록 그러한 커뮤니케이션이

4) 최창렬 · 심재기 · 성광수, 『국어 의미론』, 개문사, 1986, p. 124.
5) 전기정 · 황현택, 『열린 시대 닫힌 커뮤니케이션』, 삼성경제연구소, 1997, pp. 126~42.

가능하다고 하더라도 기계가 자발적으로 정보를 주고받을 수는 없는 일이며, 여전히 사람에 의존할 수밖에 없기 때문이다. 커뮤니케이션에서 인간이 중심을 차지하고 있는 이유도 바로 그 때문이다.

2) 정보

정보는 신호를 통해 송신자에서 수신자에게 전달되는 내용이다. 이때 전달되는 내용은 일반적으로 자료 *data* 라고 불리는 것과는 성질이 조금 다르다. 자료가 사람이나 대상 · 사건, 그리고 어떤 개념 등을 상징적으로 나타내는 수학적 기호들을 뜻한다면, 정보는 의미를 전달하기 위해 자료를 형식화하거나 변형화한 결과라고 말할 수 있다. 자료를 이해하기 쉽게 한번 더 가공한 것이 정보인 셈이다. 그러나 정보만 가지고 모든 것이 해결되는 것은 아니다. 정보 자체만으로는 송신자의 의도를 완전히 이해할 수 없기 때문이다. 수신자는 그 정보를 올바로 해석하기 위해 정보 이외에도 다양한 사회 · 문화 · 역사적인 지식과 의식, 그리고 여러 가지 사회적 요소들을 고려해야만 한다.

3) 신호

신호는 커뮤니케이션 과정에서 정보를 전달하기 위한 기본적인 단위이다. 다시 말해 신호는 물리적인 것으로 우리가 감지할 수 있는 것이며, 송신자와 수신자는 신호를 통해 의미를 전달한다. 신호의 종류로는 손짓 · 몸짓과 같은 단순한 것에서부터 아주 복잡한 디지털 신호에 이르기까지 아주 다양하지만 정보를 전달한다는 기본적인 원칙은 모두 같다.

4) 코드

코드는 상징이나 글자, 또는 커뮤니케이션에 사용되는 말들의 체계적인 질서라고 정의될 수 있다. 한국어 · 일본어 · 영어 등과 같은 언어 체계는 대표적인 코드의 예이다. 하나의 언어는 그 언어를 사용하는 사람들이 그 안에 수많은 단어를 조합해 자신의 생각과 의도를 표현할 수 있게 해준다. 각 단어들은 그 단어가 속해 있는 코드, 즉 그 언어 속에서만 의미를 갖게 된다. 예를 들어 '학교'라는 단어는 국어에서는 그 글자 하나하나와 단어가 의미를 갖게 되지만, 영어라는 코드 속에서 '학교'는 아무 의미가 없다. 이처럼 우리가 쓰는 언어는 쓰기 · 읽기 · 말하기 모두가 하나의 약속으로 그 말을 사용하고 학습하는 사회에서만 커뮤니케이션을 가능하게 해준다. 코드는 단지 일단의 신호들이 의미를 갖도록 체계화하는 것에 머무르지 않고, 인간 사회의 사회적인 관계나 행위에도 영향을 미친다. 이른바 관습이나 규칙도 우리의 커뮤니케이션에서 하나의 코드로 작용하게 되는 것이다. 따라서 우리가 속해 있는 이 사회는 코드화되어 *coded* 있다고 말할 수 있다. 코드에는 사회가 가지고 있는 가치를 비롯해 그 사회의 문화적 특성, 그 사회가 지향하고 나아가고자 하는 방향 등과 같이 매우 근본적인 모습이 반영되어 있기 때문이다.

5) 매체

매체는 정보가 채널을 통해 전달될 수 있도록 전환시켜주는 물리적 · 기술적 수단들을 의미한다. 이때 채널은 신호를 전달하는 물리적 수단이다. 여기서 매체와 채널을 혼동하기 쉬운데, TV를 예로 들어보자. 이때 스피커에서 나오는 소리는 커뮤니케이션의 채널이고, TV는 매체가 된다. 매체는 그 매체가 전달할 수 있는 코드의 범위나 전달될 수 있는 영역을 기준으로 3가지 범주로 나뉜다.

① 표현적인 매체 *the presentational media*
　—목소리 · 얼굴 · 표정 · 몸짓
　—자연 언어를 사용하는 것이 특징이다.
② 구상적인 매체 *the representational media*

—서적 · 그림 · 사진 · 편지 · 건축

—문화적 · 심미적 관습에 의해 창조해낸 것들로 표현적 매체를 저장할 수 있다.

—표현적 매체가 갖는 시간적 · 공간적 한계를 벗어날 수 있다.

③ 기계적 매체 *the mechanical media*

—전화 · 라디오 · TV · 컴퓨터 통신

—표현적 · 구상적 매체를 전달하는 전달 매개의 역할을 한다.

—앞의 두 매체에 비해 시간적 · 공간적 제약으로부터 훨씬 자유 롭지만, 기술적 환경의 제약(TV 화면의 크기, 전화선, 통신망 등) 이 있다.

6) 피드백

피드백은 전달된 메시지에 대해 수신자가 송신자에게 보내는 반응이다. 직접 대화에서는 피드백 가능성이 매우 높지만, 대중 매체에서는 일방적 커뮤니케이션이므로 피드백의 가능성이 낮다. 이 점에서 컴퓨터 통신은 매우 흥미로운 요소를 갖고 있다. 직접 대화와 간접 대화의 성질을 공유하고 있어, 피드백 가능성이 대중 매체보다는 상대적으로 높다.

III. 문화 공동체와 커뮤니케이션

커뮤니케이션에서 가장 중요한 요소는 인간이다. 정보 기술이 고도로 발달되어가지만, 그 기술 또한 인간을 위한 것이므로 커뮤니케이션은 여전히 인간 중심이며, 인간이 소속되어 문화를 창조해가는 공동체 사회야말로 커뮤니케이션의 핵심적인 요소인 것이다. 이것은 무엇보다도 기본적인 사회적 공감대가 커뮤니케이션에서는 매우 중요하다는 말이다. 예를 들어 두 사람이 손전등을 가지고 의사 소통을 한다고 가정하자. 손전등을 가지고 있는 사람은 전등을 한 번 반짝이거나 두 번 연속적으로 반짝이는 방식으로 신호를 보내기로 한다. 이 전등빛 신호에서는 경우의 수가 두 가지이므로 이분법적 단어를 대입시켜 의미를 부여할 수 있다. 예를 들어 한 번 반짝임은 '불'을, 두 번 반짝임은 '물'을 나타낼 수도 있고, '예'와 '아니오'로 대입할 수도 있다. 이때 중요한 것은 수신자가 불빛에 대입되어 있는 의미를 공유하고 있을 때에만 커뮤니케이션이 가능하다는 점이다.

개와 고양이의 이야기는 이러한 점에서 좋은 예가 된다. 개와 고양이는 서로 사이가 좋지 않다고 알려져 있는데, 그 이유를 살펴보면 재미있게도 의사 표시 방법이 서로 반대이기 때문이라고 한다. 즉 개의 경우, 주인을 보고 반갑다는 표시를 할 때 꼬리를 세워 흔들며, 두렵거나 무서움을 표시를 할 때는 꼬리를 내린다. 그러나 반대로 고양이의 경우는 반가움을 표시할 때 꼬리를 내리고, 적대감을 표시할 때 꼬리를 올린다고 한다. 결국 두 동물이 서로 어울릴 수 없는 이유는 서로가 갖고 있는 의사 소통의 기제들이 상반되기 때문이다. 인간으로 말하면 문화 공동체가 서로 다를 때, 커뮤니케이션의 관계가 성립될 수가 없다는 것이다.

따라서 커뮤니케이션에서 송신자의 정보를 수신자가 이해할 수 있는 능력은 매체의 기술 수준에 좌우되는 것이 아니라 송신자와 수신자가 공유하는 사회성에 의해 좌우된다. 철학자 퍼스C. S. Peirce는 이것을 '해석 경향interpretant'이라고 부르고 있다. 그는 커뮤니케이션의 의미 생산 과정에서 신호가 차지하는 중요성을 인식하면서, "누군가 무엇을 나타내기 위해 신호를 사용하게 되면 그 신호는 그 사용자에게 그 신호에 상응하거나 그 이상의 것을 만들게 한다"고 하였다. 그에 의하면 의미를 구성하는 데에는 신호sign, 대상object, 해석 경향 등의 3가지 요소가 필요하고, 이 요소들이 서로 관계를 맺으며 의미를 생산한다고 말한다.

신호에 의해 그 신호를 사용하는 사람의 마음에 떠오르는 어떤 생각을 그는 '해석 경향'이라고 했다. 예를 들어 '할머니'라는 단어를 생각해보자. '할머니'라는 단어를 접하게 되면 그 신호는 그 신호를 접하게

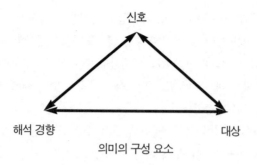

신호

해석 경향   대상

의미의 구성 요소

된 사람에게 어떤 대상을 지칭하게 된다. 그러나 정작 그 단어를 접한 사람은 할머니에 대한 나름대로의 경험이 있고, 그 특정한 경험이 할머니에 대한 나름대로의 해석 경향을 결정하는 요인이 된다.

3. 디지털 시대와 디지털 사회

I. 정보화 시대의 도래

인류의 역사를 여러 유형으로 나누어볼 수 있겠지만, 인간과 산업에서 가장 근본적이라 할 수 있는 노동 수단의 발달을 기준으로 한다면, 인류 역사는 크게 도구의 시대, 기계의 시대, 자동화 시대, 그리고 정보화 시대 등으로 나눌 수 있다.[6] 첫번째, 도구의 시대에는 사람들이 도끼·괭이·톱·손수레 등의 도구를 사용하였고, 도구를 움직이는 물리적 에너지를 공급하고, 도구의 활동 상황이나 일의 진도에 대한 관찰 정보를 피드백해서 도구를 조종하고 제어하는 것이 핵심적인 일이었다. 두번째, 기계의 시대는 산업 혁명에 의해 형성되었는데, 인간은 원동기·전동기·작업기를 결합한 다양한 기계를 쓰게 되었다. 이 시대의

---

6) 뉴미디어연구회 편저, 『뉴 미디어 사회』, 통신정책연구소, 1986, pp. 4~6.

가장 큰 특징은 인간이 물리적 에너지를 공급하는 일에서는 해방되었다는 것이다. 그러나 기계 자체를 조작하고 조종하는 기능은 여전히 인간의 몫이었다.

세번째, 자동화 시대를 들 수 있는데, 이는 새로운 산업 혁명 시대라고 할 만하다. 정보를 처리하고 전달하고 저장하는 기계 장치로 컴퓨터가 등장하였다. 인간은 이제 직접적으로 기계를 조작하는 단계, 즉 원동·전동·작업의 단계로부터 해방되었을 뿐 아니라, 기계의 조종과 관측·측정·기록 등의 여러 면으로부터도 해방되었다. 바로 오토메이션 시대가 도래한 것이다. 이러한 기술 혁명은 사회 생활의 여러 면에서 획기적인 변화를 발생시켰으므로, 과거의 산업 혁명에 이은 '제2차 산업 혁명' 또는 '신산업 혁명'이라는 용어로 불리기도 한다.

마지막으로 정보화 시대를 들 수 있다. 사람과 물건을 실어나르는 기차·기선·자동차·항공기 등과 같은 물질적 수송 시스템과는 달리 오늘날 정보를 운반하는 시스템이 등장하기 시작했는데, 이것이 바로 텔레커뮤니케이션이다. 텔레커뮤니케이션의 기술과 서비스에 현재 일어나고 있는 혁명은 인류의 마직막이자 최대의 혁명이라고도 한다. 따라서 그것은 '제3차 산업 혁명'이라 할 수 있는 대전환으로 탈공업화 사회를 새로 형성한다고 하는 다니엘 벨의 표현이 바로 그것이다. 이러한 새로운 텔레커뮤니케이션에 의해 형성되어가는 것이 정보화 사회이다.

II. 비트의 세계와 가상 현실

디지털 시대를 이해하는 지름길은 비트라는 개념을 이해하는 것이다. 예를 들어 아톰이 물질의 최소 단위라면, 비트는 정보의 최소 단위라고 할 만하다. 비트는 'binary digit'의 약자로, 엄밀하게 이야기 하면 2진수 가운데 한 자리를 말한다. 즉, 0 또는 1의 두 자리 단위로 모든 정보를 담아내는 것이 비트요, 디지털인 것이다. 그것은 색깔도, 무게도 없으며, 정보의 DNA를 구성하는 가장 작은 단위이라고 볼 수 있다. 그러나 일부에서는 비트의 세계가 실제 세계와 거리가 먼 인공 세계라고 이야기한다. 실제로 인간이 경험하는 세계는 디지털 공간이 아닌 아날로그의 공간이며, 우리 눈으로 볼 때 세계는 불연속적인 디지털보다는 연속적인 아날로그의 세계에 가깝다는 것이다. 아날로그의 세계에서는 갑자기 켜지거나 꺼지는 일, 검정에서 흰색으로 바뀌는 일, 단계적 변환 없이 어떤 한 상태에서 다른 상태로 급변하는 일은 있을 수 없기 때문이다. 그러나 마이크로의 단계로 다가서면 이러한 현상은 진리가 아닐 수도 있다. 전선을 흐르는 전자는 우리 눈으로 들어오는 광자의 차원에서는 사물이 불연속적으로 존재하며, 우리가 대개 연속적이라고 생각하는 수많은 사물은 사실 수많은 독립 구성 요소로 이루어진 것이기 때문이다.[7]

정보화 시대 이전까지 정보는 대개 아톰을 기본 단위로 하여 만들어졌다면, 디지털 시대인 지금은 모든 정보가 비트화되고 있다고 말할 수 있다. 예를 들어 과거 우리는 신문·잡지·책 등에서 유익한 정보를 얻고, 서류와 대차대조표를 통해 경제 활동을 하였었지만, 오늘날에는 많은 정보들이 비트화되어 컴퓨터를 통해 세계로 전달된다. 정보 고속도로는 무게 없는 비트를 빛의 속도로 세계에 전달하고 있는 것이다. 비트의 속성 가운데 가장 핵심적인 것은 손쉬운 혼합성으로 비트는 뒤섞여 함께 사용되거나 독립적으로 사용된다. 우리가 멀티미디어라 부르는 것은 다름아닌 오디오와 비디오를 포함한 데이터의 혼합으로, 매우 복잡해 보이지만 비트를 섞어놓은 것에 불과하다.[8] 따라서 미래의 디지털 세상에서는 제품이나 서비스를 어떻게 얼마나 디지털 형태로 바꿀 수 있느냐에 회사의 성패가 달려 있다고 해도 지나친 말이 아니다.

한편, 비트로 이루어진 디지털 시대는 가상 현실이란 새로운 개념을 낳았다. 시간과 공간을 초월한 새로운 세계를 만든 것이다. 가상 현실이

---

7) 니콜라스 네그로폰테, 백욱인 옮김, 『디지털이다』, 박영률출판사, 1996, pp. 13~16.
8) 앞의 책, p. 19.

라는 말은 어찌 보면 모순된 용어처럼 보이는데, '가상'과 '현실'이 서로 모순되어 결합할 수 없는 것처럼 생각되기 때문이다. 그러나 가상 현실은 가공의 것을 마치 현실적인 것처럼 만들 수 있으며, 현실보다 더 실감나는 것일 수도 있다. 가상 현실의 대표적인 예로 가장 오랫동안 각광을 받아온 것이 비행기 시뮬레이션이다. 이것은 실제 비행기를 타는 것보다 더 현실감을 준다. 비행기 조종사들은 시뮬레이션을 통해 실제 비행에서 배울 수 있는 것보다 훨씬 많은 것들을 배운다. 또한 자동차 학원에서도 가상 현실이 응용되고 있다. 미끄러운 길에서 어린아이가 차로 뛰어들어올 때 우리는 당황하여 어찌할 바를 모르지만, 가상 현실은 이러한 상황을 직접 체험하게 해준다. 영화 「쥬라기 공원」은 신화적인 가상 현실 체험을 만들었다. 미래에는 어린이는 물론 어른 세대도 이런 방식으로 오락을 즐기게 될 것이다. 실재가 아니라 상상의 세계를 컴퓨팅했기 때문에 크기나 장소에도 구애받을 필요가 없는 것이 가상 현실의 커다란 특징이다.[9]

4. 디지털 시대의 커뮤니케이션 구조

I. 디지털 문화와 커뮤니케이션의 변화

디지털을 중심으로 한 정보화 시스템은 우리가 예측하는 것 이상으로 크고 새로운 문제를 우리 사회에 제기할 것이고, 이로 인해 새로운 사회 구조나 인간 관계를 형성하는 계기가 될 것이다.[10] 컴퓨터는 사람보다도 더 짧은 시간 안에 다양한 업무를 수행할 수 있는 기계다. 컴퓨터의 등장으로 이러한 공간적 · 시간적 제약이 제기되고, 사람들 · 집단들 · 제도들, 그리고 정보들간의 새로운 관계가 형성되었다. 이러한 새로운 관

---

9) 앞의 책, pp. 110~11.
10) 뉴미디어연구회 편저, 『뉴 미디어 사회』, 통신정책연구소, 1986, pp. 143~45.

계는 새로운 방향으로 사회 제도를 이동하게 하는 힘을 가지고 있다.[11] 디지털 시대로 접어들면서 사회는 이미 여러 측면에서 변화를 거듭하고 있고, 앞으로는 우리가 상상할 수 없을 만큼 변하게 될 것이다.

그렇다면 컴퓨터 커뮤니케이션은 우리에게 어떤 변화를 가져다주는 것일까? 이에 대한 해답을 얻기 위해서는 우리와 가장 친숙한 커뮤니케이션의 수단인 전화와 컴퓨터를 비교해보는 것이 필요하다. 우리는 일곱 자리의 번호만 누르면 자신이 원하는 사람과 통화를 할 수 있으며, 추가로 몇 개의 번호를 누르기만 하면 세계 어느 곳에 있는 사람과도 이야기를 나눌 수 있다. 이렇게 서로 다른 장소에서 수천만, 수억의 사람들이 물리적으로 연결되어 있다는 사실은 정말 놀라운 일이다.

그러나 이런 대부분의 비가시적인 네트워크는 데이터 송·수신과 송신자로부터 지목된 수신자에게 데이터를 직접 전달하려는 조금 진보된 기술에 불과하다. 커뮤니케이션의 효율성 면에서 보면 전화는 그리 효과적이지는 않다. 예를 들면, 전화는 주로 일 대 일 커뮤니케이션을 위한 장치이며 많은 양의 정보를 전달할 때에도 비효율적인 매체이다. 컴퓨터를 이용하여 원격 교육을 하려는 시도는 있었지만 전화를 이용하려는 시도는 거의 없는 것도 그런 이유 때문일 것이다. 그리고 전화는 저장 능력도 없다. 물론 자동 응답기를 사용하지만 이것도 음성을 듣고 상호 교류하는 것이므로 다른 매체에 비해 저장 능력은 크게 떨어진다.[12]

이에 비해 컴퓨터 커뮤니케이션의 위력은 실로 대단하다. 컴퓨터는 화면에 텍스트가 뜰 때는 마치 종이 같고, 숫자가 나오면 슈퍼 계산기 같고, 이미지가 나오면 그림을 그리는 캔버스 같으며, 데이터 베이스가 작동될 때는 마치 서류 캐비닛과도 같다. 네트워크를 통해 정보를 놀라운 속도로 송·수신한다는 점에서는 컴퓨터와 전화가 공통점을 갖지만,

11) M. Ethan Katsh, 김유연 옮김, 『디지털 시대의 법제 이론』, 나남출판, 1997, pp. 53~54.
12) 앞의 책, pp. 62~68.

전화에 비해 컴퓨터는 여러 가지 장점을 갖는다. 첫째, 동시에 많은 사람들에게 메시지를 전달할 수 있다. 전화와는 달리 컴퓨터는 개인 또는 다수의 사람들과 커뮤니케이션을 하기 위해 상대가 한 사람이든 여러 사람이든간에 균등하게 메시지를 전달해준다. 전화에서 보여준 일 대 일 커뮤니케이션의 구조가 일 대 다, 또는 다 대 다 커뮤니케이션의 구조로 변했음을 의미한다.

둘째, 컴퓨터 커뮤니케이션으로 말미암아 사람들은 많은 정보량도 손쉽게 교환할 수 있다. 셋째, 컴퓨터는 엄청난 양의 정보를 저장할 수 있으며, 축적된 자료에서 필요한 정보를 아주 신속하게 찾을 수 있도록 해준다. 이것은 컴퓨터가 디지털화된 정보를 이용하기 때문이며, 이를 통해 이른바 데이터 베이스의 구축이 가능해졌기 때문이다. 뉴스 · 정보 · 오락 프로그램이나 도서관 · 박물관 같은 대중 커뮤니케이션 기관들은 사회 구성원들에게 주요 정보들을 제공해준다. 이러한 정보와 가치의 전달을 통해 사회 구성원들은 적절한 사회 활동을 하게 된다. 또한 자료의 전달과 저장 능력이 급격히 증대하면서 한 사회의 지식이 쉽게 다른 사회로, 더 나아가 다음 세대로까지 전달될 수도 있다.

넷째, 시간과 공간이 컴퓨터 커뮤니케이션에서는 장애물이 되지 못한다. 디지털 사회에서는 여러 장소에서 거주하거나 일할 수 있기 때문에 주소의 개념이 달라진다. 전자 우편 주소는 거리의 위치가 아닌 가상 주소이다. 얼굴과 얼굴을 맞대고 하는 이야기나 전화 대화는 동시적으로 실시간에 이루어지지만, 전자 우편은 비동시적이며 컴퓨터로 읽을 수 있기 때문에 폭발적 인기를 누리고 있다. 앞으로는 세계 모든 사람들이 전자 주소를 가질 것이고, 컴퓨터를 통해 정보를 어떻게 송 · 수신하는 지를 배울 것이며, 또한 컴퓨터를 기반으로 하는 통신 네트워크에 쉽게 접근하게 될 것이다. 이러한 변화의 흐름이 계속됨에 따라, 우리는 정보를 전자식으로 전달하기 위한 기발하고 강력한 모드를 새롭게 이해하게 될 뿐만 아니라 커뮤니케이션의 강력한 새 매체가 다른 많은 사회 제도와도 밀접하게 연관되어 있다는 점을 분명히 인식하게 될 것이다.[13] 또한, 사이버 스페이스를 통해 우리는 전자 형태의 정보를 획득하고 소유하며 상호 교류하기 위한 고도의 전자 수단을 얻게 된다. 이와 같은 새로운 전자식 상호 교류가 사람들과 정보간의 새로운 관계를 조성하며, 시 · 공간을 초월한 커뮤니케이션은 규격화된 일상 생활의 여러 기본적인 가정들을 변화시킨다.

Ⅱ. 디지털 네트워크와 커뮤니케이션의 위기

그러나 디지털 네트워크는 앞서 언급한 여러 긍정적인 면과 함께 많은 부정적인 측면도 가지고 있는데, 여기서는 몇 가지만 간략히 살펴보기로 한다.

1) 극단적 개인화

시간과 공간을 초월한 디지털 시대에는 모든 것이 주문에 의해 만들어지고 정보는 극단적으로 개인화된다. 전자 우편으로 의사 소통을 하고, 인터넷으로 정보를 얻으며, 가상 공간을 통해 자신이 하고 싶은 일을 할 수 있다. 타인과 직접 만날 기회는 갈수록 적어지는데 이러한 극단적인 개인화의 경향은 요즘 한창 유행하고 있는 이동 전화(휴대폰)에서도 잘 드러나고 있다.[14] 우리 한국은 1998년 6월말로 해서 이동 전화 가입자 수가 1천만 명을 넘어섰으며, 가입자 수 세계 5위, 보급률은 세계 9위의 이동 전화 선진국으로 올라섰다. 통신 수단의 발달이 얼마나 빠르고 우리 생활에 얼마나 많은 영향을 미치고 있는지를 몸소 느낄 수 있는 부분이다. 이동 전화가 이렇게 인기가 있는 데에는 몇 가지 이유가 있다. 첫째는 디지털 네트워크의 최대 장점인 시간과 장소의 장벽을 넘어 의사 소통을 가능케 한다는 점이고 둘째는 다른 통신 수단이 없는 곳

---

13) 앞의 책, p. 45.
14) 『한겨레 21』 223호, 1998.

에까지 소통 지역을 확장했다는 것이다. 이를테면 지난 수해 때 한 택시 운전사는 가로등에 매달린 채 휴대폰으로 119에 신고해 목숨을 건지기도 했다. 철저히 사생활을 보호받을 수 있다는 점도 세번째 장점으로 평가된다.

그러나 이러한 장점과 편리함 뒤에는 많은 문제점도 숨어 있다. 극단적인 개인화 경향이 이곳에서도 발견되는데 이 점에서 이동 전화는 소형 카세트인 '워크맨'에 비유되기도 한다. 원래 음악은 공연장이나 음악 카페에서 남들과 어울려 듣는 것이지, 나 혼자서만 듣는 것은 아니다. 그러나 워크맨의 등장으로 음악은 스피커가 아니라 이어폰을 통해 혼자만 들을 수 있게 되었고 워크맨의 등장은 개인화의 상징이 되었다. 이동 전화에서 자신이 원하지 않는 이들과의 의사 소통은 처음부터 배제된다. 원하는 사람들에게만 걸고 걸려오는 전화는 바로 '나'를 찾는 전화기 때문이다. 또 이동 전화는 가족이나 동료와 함께 쓰는 일반 전화나 수많은 사람들이 함께 쓰는 공중 전화와 달리 오직 '내 것'이므로 돌려 쓰는 일이 거의 없다. 이 점에서 이동 전화는 컴퓨터 통신과 유사하다. 개인 전자 주소(ID)와 비밀 번호로 상징되는 전자 우편은 말할 것도 없고, 컴퓨터 대화방에서 타인과의 대화도 철저히 개인적이며, 대화 채널을 타인과 공유하는 법도 없다.

이러한 통신 수단의 발달은 대면 접촉을 더 줄어들게 할 가능성이 많다. 워크맨, 이동 전화, 그리고 컴퓨터 통신이라는 사적 공간이 탄생함으로써 개인은 사적 공간에 더욱 몰두하기 쉽게 되었으며, 이에 따른 의사 소통의 단절은 앞으로의 세계에서 심각한 문제를 야기할 수 있을 것이다. 하나의 예로 디지털 시대가 요구하는 새로운 사고 방식에 의해 세대간의 커뮤니케이션이 파괴될 수도 있다. 기성 세대는 단선적이고 순서적인 사고 방식에 의거하여 사물을 파악하는 반면, 신세대들은 조합적이고 비순서적인 사고 방식에 의거하여 사물을 파악하는 데 익숙하다. 그래서 신세대는 기성 세대의 사고 방식에 대해 답답함을 느낄 뿐만 아니라 억압을 느끼기도 하는 반면에, 기성 세대는 자유분방한 신세대의 사고 방식을 정신분열적인 것으로 보기도 한다.[15]

2) 간접 커뮤니케이션의 위험성

디지털 시대의 우리는 비행기를 타고 날아가지 않아도 거실에 앉아 전자 창문을 통해 스위스의 알프스를 바라보며, 젖소의 목에서 울리는 방울 소리를 들을 수 있을 것이다. 기나긴 여정과 엄청난 비용을 들이지 않아도 우리가 원하는 곳에 가서 원하는 일을 할 수 있다는 사실은 너무나 매력적이다. 그러나 중요한 것은 이러한 가상 공간을 통한 세계나 우주의 정보 체험은 말하자면 '의사(擬似) 체험'의 일종에 불과한 것이지 '직접 체험'이 아니라는 점이다. 그것이 쇼핑이든 문화 센터 강좌든 대학의 수강이든 모두 몸소 느끼는 체험은 아니다. 그런 의미에서 어린이가 여기에 지나치게 의존하면 시청각 관념 우위의 사고 경향이 커질 가능성이 있고 성인도 의사 체험에 의해 실제 체험한 것 같은 착각이 형성될 수도 있다. 따라서 이것은 사회 구성원으로서 정상적인 사회 활동을 하는 데 부정적인 요소가 될 수 있다.

3) 경박한 커뮤니케이션

디지털 시대의 커뮤니케이션의 문제점으로 대화의 경박성과 무의미성을 지적하는 학자들도 있다. 정보통신부의 7월말 통계를 보면 이동 전화 통화의 63%가 이동중에 이뤄지고 있으며, 이동 전화 대화에서 가장 자주 쓰는 말이 "난데"와 "어디야?"라는 조사 결과가 나온 적도 있다.[16] 컴퓨터 통신에서도 언어 예절이 사라진 지는 이미 오래고, 심지어는 문법의 파괴에까지 이른 상태로 상대방을 보지 않고 하는 커뮤니케이션이 가져다주는 부작용 가운데 하나로 볼 수 있다. 요즘 젊은이들에

---

15) 진교훈, 「정보화 사회의 윤리 문제」, 『과학사상』, 1996년 가을(18호), 범양사, p. 100.
16) 『한겨레 21』 223호, 1998.

게서는 가족이나 친구들간의 정담도 찾아볼 수 없고, 찻집이나 술집에서의 세상살이에 대한 진지한 토론을 찾아보기도 힘들다. 어디에서나 그들에게서는 컴퓨터 통신의 채팅 수준의 대화만 들을 수 있을 뿐이다. 공통의 화제, 깊이 있는 대화가 사라지고 사소하고 의미 없는 농담만이 난무하고 있는 실정이다. 그리고 보다 근본적인 문제는 이러한 의미 없는 커뮤니케이션이 아름다운 우리의 삶까지도 황폐화시킨다는 데 있다.

III. 새로운 커뮤니케이션 공동체의 필요성

우리는 앞서 디지털 시대의 뉴 테크놀러지가 갖는 문제점들을 살펴보았다. 정보가 컴퓨터를 통해 전달됨으로써 새로운 형태의 사회가 등장하고, 육성 대화나 편지를 쓰지 않기 때문에 모든 커뮤니케이션은 더욱 간접화되고 있다. 예를 들어 말과 글간의 구별을 불투명하게 하는 전자 편지 및 기타 양식을 통해 '대화'가 진행된다. 정보가 많지 않았던 과거에는 가치관이나 신념이 지금보다는 상대적으로 견고해서, 과거의 사람들이 오늘날의 사람들보다 훨씬 일관되고도 소신 있는 행동을 하기 쉬웠다. 그러나 정보의 홍수 속에 살고 있는 현대인은 많은 변화에 노출되면서, 행동 속도는 느려지고 원칙에 의해 행동하기가 더 어려워졌다. 컴퓨터가 인간의 사고를 해방시켜주는 동시에 제약까지 한 것이다. 이처럼 다양한 방식으로 갖가지 형태를 모방해내는 전자 매체는 우리를 혼란시켜 방향 감각을 잃게 할 수도 있을 것이다.[17] 커뮤니케이션 과정이 집단 및 조직의 발생과 발전에 필수적일 뿐 아니라 그 조직과 집단에 속한 사람들의 행동 양식과 사고 방식에도 결정적인 영향을 주기 때문이다.

그러나 이것을 부정적으로만 볼 수는 없다. 우리는 기계가 갖고 있는 이중성을 긍정적으로 받아들여야 한다. 망치는 살인 도구로 사용된다는

---

17) M. Ethan Katsh, 김유연 옮김, 『디지털 시대의 법제 이론』, 나남출판, 1997, p. 62.

부작용이 있지만 우리 생활에서 많은 편리함을 가져다주었고, 자동차는 하루에도 수많은 사람을 죽음으로 내모는 무서운 기계이지만, 이제는 없어서는 안 될 만큼 우리에게 소중한 요소가 되었다. 컴퓨터를 중심으로 한 디지털 문화 역시 몇몇 부정적인 측면이 없지 않으나, 우리에게 엄청난 긍정적인 측면을 제공하고 있는 것도 사실이다. 신세대들이 한편으로 줏대 없고 일관성 없는 것처럼 보이지만, 다른 한편으로는 과거 사람들과는 달리 편견 없고 선택이 자유롭다는 장점도 가지고 있다. 중요한 것은 디지털 시대에 맞는, 인간적 유대를 돈독히 해줄 수 있는 새로운 커뮤니케이션 양식이 개발되어야 한다는 것이다.

정보가 대량, 고속으로 유통됨으로써 커뮤니케이션 채널이 다양해졌다. 그 속에서의 개개인은 과거 사람들보다 훨씬 긴밀하게 연결되어 있어서, 서로에게 영향을 준다. 이는 마치 원시 시대 인간의 뇌가 작고 뉴런들간의 연결도 빈약했던 데 비해 지금의 뇌가 거대하고 복잡하게 연결되어 있는 것과 같다. 이때 개인이 가질 수 있는 창발적 기능이 '사회적 두뇌social brain'의 기능으로 나타나고 그에 따라 새로운 사회적 지능social intelligence이 등장할 수 있는 것이다.[18] 다시 말해 한 사회의 구조적 · 기능적 · 문화적 특성은 그 사회의 구성원들이 공유하고 있는 커뮤니케이션의 과정에 의해 결정되므로, 디지털 시대의 새로운 커뮤니케이션 시스템은 보다 견실하고 미래를 주도할 만한 커뮤니케이션 공동체를 형성할 것이다. 마지막으로 1950년 2월 17일 교황 피우스 12세가 미디어 연구의 필요성을 언급하면서 우리에게 남긴 다음과 같은 말을 인용하면서 이 글을 마치고자 한다: "현대 사회의 미래와 내면 생활의 안정은 커뮤니케이션 기술의 힘과 개인의 주체적인 반응력과의 사이에 어떻게 균형을 유지하느냐에 전적으로 달려 있다."[19]

18) 이태수 외, 「컴퓨터 시대의 인간과 문화」, 『과학사상』 1994년 봄(8호), 범양사, 1994, pp. 38~39.
19) 마샬 맥루언, 박정규 옮김, 『미디어의 이해』, 박영률출판사, 1997, p. 44.

참고 문헌

Gail E. Myers & Myers, M. T. 임칠성 옮김, 『대인 관계와 의사 소통』, 집문
   당, 1995.

뉴미디어연구회 편저, 『뉴 미디어 사회』, 통신정책연구소, 1986.

니콜라스 네그로폰테, 백욱인 옮김, 『디지털이다』, 박영률출판사, 1996.

린다하라심 편, 박승관 외 옮김, 『글로벌 네트워크』, 도서출판 전예원,
   1997.

마샬 맥루언, 박정규 옮김, 『미디어의 이해』, 박영률출판사, 1997.

박길성 외, 『현대 사회의 구조와 변동』, 사회비평사, 1996.

M. Ethan Katsh, 김유연 옮김, 『디지털 시대의 법제 이론』, 나남출판, 1997.

이태수 외, 「컴퓨터 시대의 인간과 문화」, 『과학사상』, 1994년 봄(8호), 범
   양사, 1994.

전기정 · 황현택, 『열린 시대 닫힌 커뮤니케이션』, 삼성경제연구소, 1997.

진교훈, 「정보화 사회의 윤리 문제」, 『과학사상』, 1996년 가을(18호), 범양
   사, 1996.

최창렬 · 심재기 · 성광수, 『국어 의미론』, 개문사, 1986.

한겨레신문사, 「당신은 자유로운가」, 『한겨레 21』 223호, 1998.

Akmajian, A., R. A. Demers, and Harnish, R. M., *Linguistics: an
   Introduction to Language and Communication*, Cambridge, MA:
   The MIT Press, 1979.

Gumperz, J. J., and Hymes, D.(eds.), *Directions in sociolinguistics: The
   ethnography of communication*, New York: Holt, Rinehart and
   Winson, Inc., 1972.

Rommetveit, R., *On Message Structure*. London: Wiley, 1974.

Ruesch J. Bateson G., *Communication: The Social Matrix of Psychiatry.* New York: Norton, 1951.

Trudgill, P., *Sociolinguistics: An Introduction,* Penguin Books. London: Viking Penguin Inc., 1973.

Wersch, J. V., *Voices of the Mind,* Cambridge, MA: Harvard University Press, 1991.

디지털 문화의 공급 사슬 관리

박상찬

디지털 문화는 마치 창호지에 물이 배어들 듯 서서히 그러나 모든 부분에 걸쳐 우리에게 다가오고 있는 느낌이다. 어떤 문화이건 창작과 향유가 공급자와 수요자를 이어주는 공급 사슬로서 구성된다는 점에서 『데카메론』처럼 옴니버스 형식으로 디지털 문화의 공급 사슬에 대해 말 이어가기를 시작하려 한다. 디지털 문화는 수요자의 문화라 과감히 주장하며 수요자가 참여하여 만들어가는 디지털 문화를 이야기하고자 한다. 이러한 수요자의 참여를 돕기 위해 Mass Customization의 개념을 다루어보고, 야심차게 디지털 문화의 흐름을 예측할 수 있다는 전제로 그 모습을 디지털 문화의 공급 사슬로 바라보고자 한다. 아울러 복제를 통한 재창조와 디지털 문화가 가장 접근하기 쉽게 우리에게 다가왔을 때 가장 화려한 발전을 할 수 있다는 관점을 견지하며, 디지털 문화는 체험적으로 총체적으로 받아들여져야 한다고 주장하고 싶다. 이제 그 사슬을 따라가보자.

1. 디지털 문화의 공급자와 수요자간의 균형점

지금도 길거리의 길보드 차트라는 신조어를 탄생시키는 해적판 음악 카세트 테이프 판매를 흔히 볼 수 있다. 과거에는 음반 판매상이면 언제든지 손님이 원하는 음악을 이것저것 섞어서 카세트 테이프로 만들어주던 시절이 있었다. 저작권 침해라는 이유로 한동안 뜸해졌던 이러한 관행이, 이제는 음반사가 그들이 판권을 가지고 있는 여러 음악 중 인기가 높은 몇몇 히트곡을 선정하여 모음집 발매를 하는 현상으로 바뀌고 있다. 경제적 위기를 맞은 상태에서 음반 판매의 저조함을 만회해보려는 노력일 것이다.

내가 좋아하는 음악을 내 방식대로, 순서도 내가 좋아하는 대로 듣고 싶은 것은 누구나 가지고 있는 생각일 것이다. 가지고 있는 오디오 기기를 이용하여 이 CD 저 CD, 이 테이프 저 테이프 등에서 좋아하는 음악을 발췌하여 새로운 테이프를 만들어본 경험을 많은 사람들이 가지고 있으리라 생각된다. 수요자의 이러한 성향을 음반사가 모를 리 없을 것이나 고객별로 특화된 음반을 제작한다는 것 자체가 수지타산이 맞지 않을 뿐만 아니라, 의도적이라도 판매 부수를 늘이기 위해서 히트곡만으로 구성된 음반을 만들기보다는 몇몇 다른 음악을 집어넣는 것이 보통이다. 가수의 관점에서도 자신의 앨범이라고 주장하기 쉽고 자신의 음악을 알려줄 수 있도록 히트곡이 아닌 다른 음악을 덤으로라도 한 앨범 속에 넣고 싶어할 것이고, 앨범 하나를 히트곡으로만 채울 정도로 성공한 가수도 흔하지 않은 것이 사실이다. 미국의 경우 도넛 음반으로 곡하나나 둘 정도만 도넛 형태의 음반에 수록되어(싱글 컷) 판매되고 있다. 아마도 개인주의가 만연된 미국적 사고 방식에서 가능한 경우이리라. 한국의 경우 이런 도넛 음반을 생각하기란 힘들다. 우리라는 의식 속에 집단을 표방하는 성향 때문인지 한 곡씩 수록된 미디어 매체를 생각하기 쉽지 않은 모양이다.

대중 음악의 관점에서 볼 때, 한마디로 공급자와 수요자간의 힘의 균형은 훨씬 공급자에 가까운 쪽에서 이루어지고 있는 것 같다(공급자와 수요자가 무게추처럼 천칭과 같은 저울대에 매달려 있다고 전제했을 때의 균형점을 보면 그러하다). 여러 가지 이유에서, 디지털 문화는 이제 이러한 공급자와 수요자간의 균형점을 좀더 수요자 쪽으로 움직이게 만들고 있는 것 같다. 요즘 과학기술원의 대학원생들 중 많은 이들이 MP3 방식의 디지털화된 음악에 빠져 있는 것을 쉽게 목격할 수 있으며 MP3 방식의 음악만을 모아 홈페이지를 구축해놓은 경우도 종종 보게 된다. 정보 기술의 발전이 음악이란 분야에까지 영향을 미쳐 디지털 문화의 한 부분을 차지하도록 한 단면일 것이다.

MP3는 MPEG1 Audio Layer 3의 약자로 컴퓨터 하드 디스크에 음악 저장이 가능하도록 하는 압축된 디지털 오디오 포맷이고, 유명한 MPEG 압축 방법을 적용한 디지털 표현 방식이며 현단계에서는 가장 보편적으로 사용되는 기술이다. MP3 파일은 Wave 파일 사이즈보다 12배나 압축이 가능하여 더 많은 음악을 더 작은 매체에 담을 수 있는 장점을 가진다. 요즘 PC 통신이나 인터넷에는 음악을 MP3로 만들어 판매하는 경우나 해적판처럼 그냥 홈페이지에 올려놓는 여러 사이트를 쉽게 찾을 수 있다. 이런 MP3 음악은 WINAMP 같은 소프트웨어를 사용하여 멀티미디어 PC에서 CD 수준의 음질로 감상할 수 있으며, 휴대용 카세트 플레이어처럼 생긴 MPMan을 이용하여 이동시에도 감상이 가능하다. MPMan은 MP3 파일을 저장 · 편집 · 재생할 수 있도록 새한 정보 시스템이 세계 최초로 개발한 휴대용 디지털 오디오 플레이어로, PC 앞에서만 들어야 했던 MP3 파일들을 이제 들고 다니면서 즐길 수 있도록 도와주고 있다. 음악은 'MPMan'에 내장된 16MB~64MB 플래시 메모리에 저장하여 테이프나 CD가 필요없으며 작은 데이터 사이즈 덕택에 무게도 65g밖에 안 되는 MPMan이 CD 음질을 보장하는 것은 말할 필요도 없다. 컴퓨터에 저장된 MP3 파일은 프린터 케이블을 통해 MPMan에 전송되고 반대로 MPMan에서 PC로의 전송도 가능하다. MPMan의 또 다른 기능은 플로피 디스켓이 1.44MB의 데이터만을 저장하는 데 반해 64MB까지 자료를 저장하는 데 사용할 수도 있다는 것이다. MP3 형식으로는 음악뿐 아니라, 어학 강좌 · 강연 · 삐삐 멘트 · 연예인 목소리 등 모든 소리를 저장할 수 있어 가히 디지털 시대의 총아로 떠오르고 있다.

이러한 MP3 파일을 640MB의 CD 한 장에 담으면 대략 160곡 정도의 대중 음악을 수록할 수 있다. MPMan 같으면 16곡 정도의 음악을 담아 가지고 다닐 수 있다는 것이다. 10곡 남짓의 음악을 담는 일반 음악 CD 보다 용량면에서도 상당한 수준이다. 이미 외국의 경우는 MP3 음악 파일의 재생이 가능한 CD 플레이어가 출시되고 있다. 곧 길거리 자판기에서 MP3 음악을 휴대용 플레이어에 전송할 수 있게 하거나 수요자가 원하는 MP3만을 선택하면 즉석에서 나만의 CD를 살 수 있는 날이 다가올 것 같다. 이제 종전처럼 음반사가 CD 한 장에 수요자가 원하지 않는 곡까지 수록하여 파는 것이 아니라, 수요자가 원하는 곡 하나하나를 신경 써서 제공해야 하는 시대가 오리라고 본다. 유명 외국 가수 중에는 앞으로 나오는 신곡을 MP3 방식으로만 보급하겠다는 사람도 있다. 한국에는 팬덤 코리아라는 회사가 디지털 시대를 사는 가요계 스타가 되고 싶어하는 청소년을 위해 무명 가수 노래를 MP3 파일로 만들어 CD 형태로 배포하고, 팬덤 센터를 만들어 청소년들이 인터넷과 통신을 마음대로 즐기고 배울 수 있게 하고 스타와 팬클럽의 미팅과 작은 이벤트의 장소로 쓰여지는 청소년만을 위한 공간을 제공하는 등 새로운 디지털 시대의 풍속도가 그려지고 있다.

종전에는 음악을 전달하는 매체의 제약으로 인해 항상 차례대로 들어야 했고 단지 다음 곡으로 건너뛰기나 탐색 정도가 가능하던 수준이 이제는 매곡마다 바로 선택이 가능해지고 선곡의 자율성이 더욱 커졌을 뿐만 아니라, 매체의 용량도 확대되어 종전의 수십 곡 정도에서 수백 곡의 저장도 가능한 수준으로 발전하고 있다. 이제 수요자의 자율성은 선곡에서뿐만 아니라 곡 자체의 모자이크까지 가능해진 상태다. 음악의 경우, 웨이브 단계까지 음악을 분리하여 볼 수 있게 되어 전문적인 편집실에서나 가능하던 믹싱*Mixing*이 개인 차원에서 손쉽게 행해지고 있

다. 이제 음악은 이를 연주하는 사람이나 판권을 소유한 음반사, 가수의
취향에 따라 일방적으로 전달되는 것이 아니라, 나의 취향에 맞도록 다
듬어진 음색과 내가 좋아하는 가수의 목소리로 좋아하는 소절만 연결하
여, 내가 다시 쓴 가사에 따라 감상되는 디지털 문화의 시대가 도래하고
있는 것이다. 디지털 문화는 개인적인 문화의 총화인 것 같다. 벌써부터
움직이고 있는 공급자와 수요자간의 무게의 균형점은 이제 매우 빠른
속도로 수요자에게 다가가게 될 것이다.

2. 까마귀와 무지개 물고기

이렇게 만들어진 디지털 음악의 주인은 과연 누가 될까? 우리가 잘
알고 있는 이솝 우화에서는 아름다워지고 싶어하는 까마귀가 등장한다.
자신의 깃털로는 자신이 없는 까마귀가 새 가운데 으뜸이 되기 위해 다
른 새들이 흘리고 가버린 깃털들로 치장을 하여 아름다워져서는 드디어
으뜸이란 칭호를 받는다. 그러나 이를 시기한 새들이 서로 자기의 깃털
을 찾아가버리니 까마귀의 본모습이 나오고 으뜸이란 칭호는 물거품처
럼 사라지게 된다는 내용이다. 이 우화의 의미가 디지털 문화의 시대에
는 반전돼야 하지 않는가 생각된다. 버려진 깃털까지도 원래 새의 것일
까? 버려진 깃털을 모아서 새로운 모습을 창작한 까마귀야말로 디지털
문화의 창조적 수요자의 원형이 아닐까? 그나저나 한국에서 인식되는
까마귀에 대한 부정적인 견해와는 달리, 서양에서는 까마귀가 영리한
새로 인식되는 점이 우리에게 교차되는 감정을 준다.

디즈니 만화영화에서 구현되는 신데렐라에서는 까마귀와 같은 행동
이 동정을 자아내는 장면으로 표출된다. 무도회에 가고 싶으나 변변하
게 입을 옷이 없는 신데렐라는 계모와 언니들이 버린 천 조각과 레이스
를 활용하여 아름다운 드레스를 만들어 입고 언니를 따라가려 한다. 놀

란 계모와 언니들은 서로 자신들의 천이며 레이스라 주장하여 신데렐라의 환경 친화적 *recycled* 드레스를 엉망으로 만들어놓는다. 참으로 동정을 자아내는 장면이다. 신데렐라의 드레스는 바로 이 경우에도 예외 없이 파괴되지만, 신데렐라 자신이 허영 많은 까마귀 대접을 받지는 않는다. 버려지는 천 조각이 예술의 경지로 승화되는 경우가 바로 퀼트로 자투리 천 조각을 아름답게 이어 붙여 예술적 작품으로 승화시키는 일은 확실히 창작의 일부로 간주된다. 이제 이런 창조적 수요자의 역할을 담당하는 디지털 문화 속의 수요자에 대한 이야기에서 공급자에 대한 이야기로 눈을 돌려보자.

요즘 어린이를 위한 창작 동화 중에는 무지개 물고기에 관한 이야기가 있다. 온 비늘이 무지갯빛을 띤 이 물고기는 한껏 그 아름다움을 과시하며 바다를 휘젓고 다녔다. 그러나 이 화려한 물고기에게 친구가 되어주는 물고기가 없었다. 보통 물고기는 이 무지개 물고기를 보기만 하면 자신의 초라함이 자꾸 환기되는 것만 같아서인지 도무지 친구가 될 수 없었던 것 같다. 이를 깨달은 무지개 물고기는 이제 다른 물고기에게 자신의 아름다운 무지개 비늘을 하나씩 떼어주게 되었다. 얼마 지나지 않아서 많은 물고기가 아름다운 비늘을 가지게 되었고, 무지개 물고기 자신도 그 중의 하나가 되어 어울리게 되었다. 이제 무지개 물고기는 많은 친구를 가지게 되어 이전에 비해 너무나 만족한 생활을 하게 된다는 내용이다. 디지털 문화의 공급자의 원형이 이런 무지개 물고기가 아닐까 싶다. 자신의 창작물을 수요자에게 주어 그 수요자가 다시 새로운 창작을 할 수 있도록 도와주고, 디지털 문화의 공급자 자신도 수요자와 한데 어울릴 수 있도록 하는 것이 바로 다가올 미래의 모습이 아닐까 생각한다.

요즘에 자주 쓰이는 신조어로 카피레프트CopyLeft라는 것이 있다. 창작물에 대한 판권을 주장하는 카피라이트CopyRight에 대응하는 표현으로 만들어진 이 용어는 자신의 창작물을 누구든지 가져가 사용하기를 바란다는 뜻을 가지는데 다만 그 창작물이 누구에 의해 만들어졌다는 것을 잊지 않고 꼭 사용해주기를 바라는 것만이 제약 조건이다. 이러한 디지털 문화 시대에서의 창작물의 가격은 그 컨텐트에 있는 것이 아니라, 그 컨텐트를 포장하고 전달해주고, 수집품이 될 수 있도록 아름답게 만들어주는 비용에 근거하여 책정한다. 이렇게 디지털 문화에서 특이한 사항으로 컨텐트와 매체가 분리되는 점은 괄목할 만하다.

3. Mass Customization

한동안 우리 주위에는 대량 생산 *mass production*이라는 단어가 맴돌았다. 창작의 단계는 수공 생산 *Craft*에서부터 시작한다고 보는 견해가 있다. 고대의 예술가는 재력가나 귀족의 후원과 부탁 아래 창작 활동을 전개했는데 이렇게 만들어진 창작물은 복제가 어렵고 많은 사람이 즐기기에 어려움이 있었다. 자연스레 많은 양은 아니지만 원형틀을 통해 비슷한 창작품을 만드는 작업이 진행되었다. 조각의 틀이 그러하고, 판화의 틀이 그러하다. 예술가도 이제는 한정판을 만들어 (40/153) 등등의 숫자를 넣고 이것은 153개의 한정된 작품 중 40번째 작품이라 이야기하여 그 희소성을 유지하면서 수공 생산의 단계에서 진일보하였다. 기술의 발달은 이제 대량 생산의 단계로 접어든 것이다. 원하는 창작물은 정말 원본과 같은 수준까지 복제되고 누구나 공유할 수 있게 되며, 아예 창작 초기부터 대량 생산을 전제로 만들어지기도 한다. 그러나 이러한 대량 생산은 창작물의 희소성에서 유발되는 내 것, 나만의 것이라는 수요자의 욕구를 충족시켜주지는 못한다. 대량 생산의 기술을 가지되 창작의 희소성을 동시에 가질 수 있는 방법이 모색되는 것은 너무나 당연한 귀결이며 이것이 바로 Mass Customization이다.

Mass Customization을 위해서 창작의 과정과 중간 산물은 철저히 모둘화되고 이러한 몇몇 모듈은 대량 생산에 의해 만들어진다. 그러나 이러한 모듈의 결합은 매우 다양한 형태의 창작물로 그 모습이 바뀌어진다. 가령 3개의 단계에 각각 3개씩의 다른 모듈을 만들면, 대량 생산은 9개의 모듈로 국한되지만, 이 9개의 모듈을 가지고 만들 수 있는 창작물은 $3 \times 3 \times 3 = 27$개로 늘어나는 것이다. Mass Customization의 배경이 바로 이것이다. 디지털 문화는 너무나 자연스럽게 Mass Customization과 접목되고 있는 것 같다. 디지털 문화의 하부 구조를 이루는 퍼스널 컴퓨터 일명 PC조차 모듈로서 구성된 창작품이다. 이미 그 하부 구조가 모듈 변경에 의해 업그레이드*upgrade*될 수 있는 성격을 지니고 있고, 그 하드웨어에 자유자재로 소프트웨어를 다채롭게 인스톨*Install*하여 나만의 PC 환경을 만들 수 있으며, 옵션에 의해 나에게 편리한 시스템을 구성할 수가 있다. 과거 음악의 마니아들이 음향 기기사가 제공하는 시스템에 만족을 못하여 자신이 앰프, 튜너, 스피커 등을 이 제품 저 제품에 붙여 창조하는 시스템을 자랑하는 때가 있었다. 자동차의 다양한 선택 사양과, 아파트 내장재의 선택에 그치지 않고, 출고된 자동차나 오토바이시클을 개조하거나 아파트의 내벽을 헐어 물의를 일으킬 정도로 나만의 취향을 만족시키려는 노력은 전개된다. 그 시작의 선후가 닭과 달걀 같이 무엇이 먼저인지를 알 수 없을 정도로 Mass Customization은 디지털 문화와 혼재된 느낌을 준다.

1990년 초반부터 미국의 대학교에서는 어윈Irwin이란 출판사가 교수에게 교재 선택의 새로운 옵션을 제공하게 되었는데 그것은 교과서를 원하는 대로 만들어주겠다는 제안이었다. 필요하지 않는 장은 빼고, 어윈이 출판하는 교과서를 몇 개 붙여서 새로운 책으로 만들어줄 수도 있으며, 책의 제본도 Hard Cover, Soft Cover, Loose Leaf Binder 등 원하는 형태로 만들어준다는 것이다. 교과서와 함께 필요한 교육용 소프트웨어가 있다면 소위 말하는 Shrink Wrap 방식에 의해 저렴한 가격에 공급도 한다는 것이다(Shrink Wrap이란 비닐 종이로 책과 별책 부록을 함께 싸서

142

판매하는 포장을 의미한다). 이미 Mass Customization의 전개는 우리가 느끼기도 전에 우리 곁으로 오고 있다는 생각이 든다. 음악이 그렇고 책이 그러했고, 이제 무엇이 우리에게 이런 모습으로 다가오게 될까 궁금하다. 아마 문화라고 일컬을 수 있는 모든 것에 이러한 물결이 일지 않을까.

4. 디지털 문화의 움직임을 예측하자

Mass Customization하에서는 가장 인기가 많은 모듈을 창작하는 사람이 Platinum 창작의 반열에 오를 것이다(편의상 음반의 판매 정도를 이야기하는 Platinum 음반을 비유로 사용하였다). 범람하는 디지털 문화의 다양한 형태 가운데서 과연 어느 요소, 어느 모듈이 핵심적이냐를 파악하기란 쉽지 않다. 그러나 디지털 문화의 장점은 이러한 요소를 파악할 수 있도록 도와주는 디지털 도구 역시 존재한다는 점이다. 이 도구는 Self Organizing Feature Map이라는 인공 신경망의 일종으로서, 다양한 디지털 문화 형태를 각각의 특성별로 유유상종의 부류를 만들어준다. 각각의 부류는 그 비슷한 정도를 조절하여 예를 들면 90% 비슷하다, 80% 비슷하다 등등으로 상세하게 또는 대강 분류할 수 있는 능력을 지니고 있다. 한걸음 더 나아가 이들 부류간의 무엇이 다른 점이냐를 알려주는 도구로 Iterative Dichotomizer 와 같은 것도 있다. 이것은 두 부류간의 특징적인 차이점을 가장 중요한 것부터 차례로 보여주는 기능을 수행한다. 이러한 디지털 도구를 사용하면, 아무리 다양한 디지털 문화가 존재한다 하더라도 그 핵심적인 성향·요소·모듈을 찾기란 일도 아닌 것이다.

Self Organizing Feature Map을 사용하면 시간이 흘러감에 따라 디지털 문화를 공유하는 각각의 부류가 어떻게 변하는지도 파악할 수 있고 시간이 흘러 사라져간 형태, 새롭게 등장하고 있는 형태, 그 규모가 커지거나 축소된 부류 등의 정보가 한눈에 들어오게 된다. 아울러 개인적인 관점으로 보면, 각 개인의 문화적 취향이 시간의 흐름 속에서 어떻게 변하는지를 알려주는 career path 역시 찾을 수 있다는 점이다. 가장 밀착하여 공유되는 문화 형태가 무엇인지를 알려주는 일도 할 수 있다. 좀 더 야심차게 이야기하자면, 앞으로 다가올 미래의 문화 형태는 적어도 이러한 요소나 모듈을 가져야 할 것이라고 예측까지 할 수 있을 것이다. 그리고 궁극적으로는 많은 변형을 가져오는 디지털 문화가 정착하게 되는 모습도 그려볼 수 있을 것이다. 물론 이 경우는 문화가 정체성을 띠는 속성을 보일 경우에만 가능하다. 문화의 발전 방향은 어디로 튈지 모르는 하이젠버그의 불확실성 이론과 혼돈 속에서 창조되어간 문화로서의 카오스 이론에 따라 동적으로 움직이게 되며 이 경우에는 그저 희뿌연 안개 사이로 도무지 한치 앞을 볼 수 없던 것이 다만 몇 미터 앞을 바라볼 수 있도록 가능해졌다는 점에서 만족하여야 할 것이다.

문화가 움직이는 방향을 예측할 수 있다는 것 그 자체가 강화 작용을 통해 순순환 또는 악순환의 역할을 담당하게 될지도 모르기 때문에 예측에 대한 강한 주장을 하기는 꺼려진다. 어느 사람이 미국의 어느 술집에서 술을 마시다가 우연히 신문에서 경기가 나빠질 것이라는 소식을 보고 일찍 귀가하여 주변 사람에게 이 소식을 퍼뜨리게 되니 자연히 소비가 위축되고 경기가 후퇴하게 되더라는 우스꽝스런 일화가 있다. 알고 보니 그 신문은 사실 10년 전 신문이었다는 것이 더욱 쓸쓸한 감정을 가지게 한다. 각설하고 이렇듯 디지털 문화의 특성과 움직임이 파악되면 그 문화 형태의 부류를 즐기는 수요자의 특성에 따라 차별적으로 창작이 이루어질 것이다. 불특정한 다수의 수요자를 대상으로 또는 여러 수요자 특성의 중간값을 택하여 창작된 문화 형태는 그 어느 부류의 수요자도 만족시키지 못하는 우를 범하기 쉽다. 따라서 이제는 시장을 정확하게 파악하여 세분화된 문화 고객 집단에 대한 대응을 이루어내는

144

것이 디지털 문화의 공급자에서 수요자로 연결된 공습 사슬의 모습이 아닐까 생각된다. 공급 사슬의 가장 발전된 형태는 연동 생산으로 수요자가 원하는 것을 원하는 때에 원하는 만큼만 만들어 제공하는 것이다.

5. 디지털 문화의 공급 사슬 형태

I. 플라스틱 편지

현재 공급자와 수요자를 연결하는 공급 사슬의 대표적 형태로 네 가지 모습이 있다고 한다. 그 첫번째 모습으로, 이제 한 출판사나 한 음반사가 자신이 가지고 있는 판권 소유의 창작물만 가지고 도저히 수요자의 욕구를 충족시킬 수 없다고 판단되면, 전략적인 제휴를 하게 될 것이다. 이것은 흔히 우리가 알고 있는 기업 합병과는 다른 차원의 문제로 제휴를 한 공급자는 자신의 기여도에 따라 이익을 나누어 가지면 되는 것이다. 이러한 전략적 제휴와 이익 분배의 모습은 가장 대표적으로 유럽 연합의 각 나라 우체국에서 찾아볼 수 있다. 유럽 연합 내에서 각 나라간 국제 우편을 취급하려면 여러 나라의 우체국 서비스가 필요하다. 영국에서 독일로 보낸 편지가 직접 갈 수도 있지만 프랑스를 통해 갈 수도 있기 때문에 결국 우표 값을 어느 나라가 얼마만큼 나누어 가질 것인가의 문제일 뿐이다. 편지가 담겨 있는 우편 행낭이 어느 나라를 거쳤는지 행낭 속에 디지털 자기 인식 편지를 넣어 자동으로 그 경로를 추적하는 시스템을 유지하고 있는데, 아마도 행낭 자체에 표시를 하는 것은 의미가 없기 때문인 듯하다. 어쨌든 편지처럼 보이는 Flexible Printed Circuit Board가 편지 봉투 속에 섞여서 유럽 대륙을 횡단하고 있으니, 편지를 플라스틱 종이에 써 소식을 전하는 것도 어렵지 않은 일이 될 것이다. 이미 편지로 전할 수 있는 내용, 즉 컨텐트 자체는 종이라는 매체와 분리될 수 있다는 것이 이미 Email, Fax, Electronic Data Interchange,

Web Link 등을 통해 가능하지만, 고전적인 의미의 편지라는 매체 그 자체가 의미를 발휘하게 되는 것 같다.

II. Video On Demand

두번째 공급 사슬의 모습은 거대 공급자가 다양한 채널을 통해 마치 다른 공급자인 양 여러 방면에서 수요자와 접촉하는 것으로 동일한 컨텐트를 가지고도 그 가격, 전달 방법 등을 다양하게 하여 다양한 욕구의 수요자를 만족시킬 수 있는 장점이 있다. 영화와 같이 직배사를 통한 영화관 상영, 비디오 출시, 공영 TV 방영, Cable-TV 방영, 심지어는 Video On Demand 방식에 의한 호텔 · 비행기 · 열차에서의 대여 등등 동일한 영화를 여러 가지 전달 방법에 의해 수요자에게 보급하고 이에 따라 다른 서비스 정책을 펴나가는 모습이 이에 해당된다.

이런 공급 사슬 유형은 수요자의 의존도는 낮지만 공급자의 의존도가 높은 경우에 사용되는 공급 사슬의 형태로 공급자는 수요자의 문화에 따라 행동해야 하며, 수요자의 각기 다른 하위 문화 특성에 따라 공급자 자신도 각기 다른 조직 구조를 유지하는 것이 필요하다. 그리고 항상 수요자의 요구 변화를 감지할 수 있도록 양방향의 커뮤니케이션 체제를 유지하는 것 역시 필요하다. 또한 공급자는 정책적으로 수요자가 강한 의존도를 지닐 수 있도록 차별화 전략을 펴나가야 한다. 이에 반해 첫번째 공급 사슬 유형은 수요자의 의존도가 높고 공급자의 의존도가 낮은 경우에 전개되는 모습으로 여러 공급자는 시너지 효과를 노리기 위해 연대하며, 공급자가 수요자 문화를 인지하기는 하지만 이에 따라 능동적으로 자신의 문화를 바꿀 필요는 없는 경우를 가리킨다.

수요자와 공급자의 의존도를 결정하는 데 사용되는 요소는 여러 가지로 몇 가지를 들어보면 다음과 같다. 우선 수요자는 만일 공급자가 제대로 서비스를 제공하지 않아 위험도가 크거나 공급자를 바꿀 때 추가 비용이 많이 들 경우, 다른 대체 공급자가 별로 없을 경우 등에 의존도가 높게 되고 공급자는 사업 실패의 여파가 크거나, 경쟁자가 많거나, 서비스의 차별화가 이루어지지 않거나, 가격 경쟁력이 없을 경우에 의존도가 크다고 할 수 있다.

III. 발렌타인 카드

세번째 공급 사슬의 모습은 공급자와 수요자가 하나가 되어버리는 형태를 취한다. 공급자는 수요자가 원하는 디지털 컨텐트를 주문 제작하고, 수요자는 공급자가 만들어놓은 여러 가지 Template를 이용하여 자신이 원하는 컨텐트를 가질 수 있는 모습이다. 축하 카드를 원하는 모습대로 디자인하고 즉석에서 인쇄해 가질 수 있도록 홀 마크Hall Mark사가 자동 판매기를 설치한 것이나, 요즘 다양한 배경 디자인에 즉석으로 얼굴 사진을 찍을 수 있도록 설치한 스티커 사진기나, 고객의 글을 한정본의 책으로 제본해주는 출판사가 바로 이에 해당한다고 볼 수 있다. 여담으로 스티커 사진과 관련해서 역사를 거슬러올라가 명함판 사진이 유행하게 된 배경과 연결시켜보면, 정보 기술이라는 하부 구조의 발달이 디지털 문화에 공헌한 것처럼, 명함판 사진 카메라라는 기술적 진보가 신문화 창조에 기여함을 볼 수 있다.

프랑스 파리의 초상 사진가 앙드레 아돌프는 1854년 4개의 렌즈가 달린 명함판 사진 카메라의 특허를 획득했다. 이 카메라는 종래 필름 원판에 가로 5.69cm, 세로 8.44cm짜리 8장이 찍히게 되어 있고, 이 원판을 그대로 인화하여 그 인화지를 가로 6.5cm, 세로 10cm 정도의 명함에 각각 잘라 붙여서 사용한 것이다. 이것이 바로 요즘 말하는 명함판 사진의 유래인데, 종래 값비싼 초상화가 귀족과 신흥 부유층만의 전유물이던 것에 대한 반발로서 보통 사람들도 귀족처럼 초상을 남기려는 욕구를 사진으로 대신하고자 한 것이다. 이것은 또한 19세기의 활발한 국제적 이동과 맞물려서 여권 발급시 명함판 사진을 사용하게 되는 보편성까지 가지게 된다.

기존 문화의 수동 생산적 공급이 정보 기술의 발전에 힘입어 문화의 대량 생산과 Mass Customization으로 이어지고, 이런 디지털 문화가 공공 업무까지 공식화되는 오늘날의 모습과 너무나도 일맥 상통한다고 할 수 있다. 이러한 움직임은 축하 카드가 자필로 직접 만들어지다가, 기계에 의해 대량 생산되다가 다시 디지털 문화의 시대에는 자신이 직접 디자인하여 인쇄하는 모습으로 바뀌는 것에서도 찾아볼 수 있다. 그 예로 발렌타인 카드에 대해 살펴보자.

매년 2월 14일은 연인의 날로 알려진 발렌타인 데이다. 이날에 대한 이야기는 여러 가지나 그 중 하나로 다음을 들 수 있다. BC 4세기 로마에서 매년 2월 15일에 행해진 루페르크스라는 신의 제전에서 처녀들이 자신의 이름을 적은 종이를 상자에 넣어두면, 총각들이 제비뽑기로 짝을 찾았고, 이렇게 만난 연인들은 다음해까지 계속 연인으로 지냈다. 그러나 이것이 음란한 방향으로 전개되자 496년 교황에 의해 이 제전은 금지되었다. 다만 제비뽑기 관습은 그대로 남겨두되 상자에는 여러 성인의 이름을 쓴 종이를 넣게 하였다고 한다. 하지만 로마의 젊은이들은 그 하루 전날인 2월 14일에 사랑의 메시지를 적은 카드를 교환했고, 유혹의 의미를 감추기 위해 이 카드에 성 발렌타인의 이름을 기입했다고 한다. 16세기에는 카드에서 애정 표현의 선물로 바뀌었으나 18세기 중엽에는 금박 글씨와 종이 레이스로 장식되었고 자필로 사랑의 시를 쓴 카드가 유행하게 되었다. 이것이 19세기초에 기계화에 의한 대량 생산 방법으로 제작된 카드로 바뀌었고, 이제 20세기에는 컴퓨터 기술에 힘입어 자신이 직접 자신의 취향대로 카드를 제작하는 모습으로 발전하게 된 것이다. 19세기에는 큐피드와 꽃다발, 조개껍질 장식이 유행했다고 하니 한번 디자인해볼 만할 것 같다.

IV. 백만 마리 고양이

네번째 공급 사슬의 모습은 공급자와 수요자 사이에 제삼자가 매체로서 작용하는 모습이다. 디지털 문화의 전파에 있어, 창작에 열중하는 공급자와 문화를 누리고만 싶어하는 수요자 모두 디지털 매체 자체에 대한 성숙도가 낮을 수 있는데, 이 경우에는 디지털 매체에 익숙한 제삼자에 의해 문화의 디지털화가 진행되어 공급자와 수요자 모두가 이익을 볼 수 있다. 대표적인 제삼자로서 Information Provider(IP)를 들 수 있다. IP들은 영리적인 목적으로 다양한 정보를 제공하며 디지털 문화의 요소라 일컬을 수 있는 여러 컨텐트로서 사업의 승부를 걸게 된다. IP는 우선 무엇을 *what* 수요자에게 공급해야 하는가를 결정한 뒤, 어떤 *who* 공급자로부터 얻을 수 있는가를 파악하고, 공급자로부터 얻은 것을 어떻게 *how* 가공해야 할 것인가를 확정한다. 다음에는 현재 제공하고 있는 것이 얼마나 되며, 추가적으로 무엇을 더 얻어야 하는지를 결정하는 Material Requirement Planning 과정을 밟아나가야 한다.

디지털 문화가 공급자에서 수요자로 연결되는 채널은 다양하게 발산되면서도 몇 개의 공급 사슬 형태로 수렴됨을 살펴볼 수 있다. 이 중에서도 네번째 모습은 디지털 문화의 언더그라운드적 발전을 이끌어온 것 같다. 디지털 문화 발전에 지대한 공헌을 하는 IP가 꼭 알고 있어야 할 공급 사슬 관련 정보를 살펴보면 다음과 같다. 우선 기존 수요자의 욕구를 충족시키려는 경우 고객과 그 고객의 수요량 그리고 수요 패턴 정보를 필요로 하며, 얼마나 자주 공급해야 하고 어떤 IP 또는 직배 서비스를 필요로 하는지 파악한다. 한층 더 나아가 신규 수요자의 욕구를 파악하고 준비하는 경우 IP나 직배자의 수, 일회성 수요의 규모, 기존 공급 사슬 체제의 활용 가능 정도, 접근 용이도에 대한 정보가 필요하다. 만일 공급 사슬의 규모를 확대하여 다른 공급자를 수용하는 경우에는 공급자가 얼마나 컨텐트를 제공할 수 있는가, 얼마나 자주 공급자에게 컨텐트를 요청해야 하는가 등의 정보를 필요로 한다.

IP는 디지털 문화 공급자의 선정에 있어 손쉽게 눈에 띄는 컨텐트보다 발굴하고 개발하여 빛을 내게 하는 전략을 택할 필요가 있다. 우화적으로 이를 표현한 창작 동화 중의 하나로 백만 마리 고양이 이야기가 있다. 이 이야기에서는 꼬부랑 할아버지와 할머니의 적적함을 달래기 위해 할아버지가 털이 보들보들하고 앙증맞은 고양이를 찾아 길을 나서게 된다. 할아버지는 몇 개의 언덕과 골짜기를 지나 고양이로 가득 찬 언덕에 다다랐다. 예쁜 고양이를 고르려는데 눈에 띄는 모든 고양이가 아름다워 할아버지는 엉겁결에 전부 데려오게 되었다. 할머니는 이 모두를 데려온 할아버지에게 우리는 저렇게 많은 고양이를 키울 수가 없으니 정말 예쁜 고양이 한 마리를 고양이들이 선택하도록 해야겠다고 말한다. 그러자 고양이들은 저마다 자신이 가장 예쁘다고 말하고 그때부터 치열한 싸움이 벌어진다. 노부부는 싸우는 것을 싫어하여 후닥닥 집으로 도망쳤는데, 시끄러운 소리가 갑자기 잠잠해져서 창문으로 다가가 살펴보니 그 많던 고양이가 다 없어져버린 것이다. 다만 남은 것은 수풀 속에서 웅크리고 있는 마르고 지지러진 고양이 하나뿐이었다. 노부부는 어째서 혼자만 남았는지를 고양이에게 물었다. 고양이의 대답은 자신만이 초라한 모습이라 제일 예쁘다는 소리를 하지 못한 채 조용히 있었고, 다른 고양이들은 서로 싸우다가 사라졌다는 이야기다. 노부부가 그 고양이를 잘 빗질하고 먹이를 주며 키우니 볼품없는 고양이가 점점 아름다워졌다. 노부부는 우리가 백만 마리도 넘는 고양이를 보았지만 세상에서 이 고양이가 가장 예쁘다는 말을 항상 읊조렸다. IP는 무조건 좋아보이는 기존 컨텐트를 마구 선택하여 자중지란을 초래할 것이 아니라 잠재 가치가 높은 컨텐트를 개발하는 것이 바람직할 것이다.

5. 바솔러뮤 커빈즈의 모자 500개

디지털 문화는 그 성격상 다른 문화와 달리 복제가 너무나 쉽다. PC 통신에 회자되는 많은 이야기, 유명한 홈페이지 등의 디지털 컨텐트는 카피레프트적 성격에 따라 여러 번 복제되고 변화된다. 복제와 발전의 아름다움에 관해서는 바솔러뮤 커빈즈의 모자 500개가 어린이 동화치고는 무척 시사적이다.

바솔러뮤에게는 할아버지에서 아버지를 걸쳐 물려받은 낡디낡은 모자가 있었다. 어느 날 왕의 행차와 우연히 마주친 바솔러뮤는 예의에 따라 모자를 벗었으나 복제된 모자가 머리에서 벗겨지지 않아 불경죄로 왕궁에 끌려간다. 왕실 모자 제작자나 지혜의 박사, 명사수, 마술사, 지하 감옥의 망나니에 이르기까지 바솔러뮤의 모자를 벗기려고 많은 사람이 노력하지만, 복제된 모자가 항상 머리에 남아 바솔러뮤는 본의 아니게 위기에 처하게 된다. 탑 꼭대기에서 떨어뜨려질 위기에 처한 상황에서 탑에 오르는 동안 계속 복제되어 사백오십번째 복제된 모자는 종전의 모자와 달라졌다. 복제된 모자는 그전 모자보다 점점 더 멋지게 바뀌어가고 있는 것이었다. 사백구십구번째로 복제된 마지막 모자는 너무도 아름다워서 왕의 마음을 사로잡았고, 죽음 일보 직전에서 바솔러뮤는 목숨을 건지고 왕에게 그 모자를 팔게 된다. 이때 바솔러뮤는 모자를 정말 벗을 수 있었고 모자는 더 이상 복제되지 않게 된 것이다. 디지털 문화의 컨텐트가 이리저리 본의와는 다르게 복제되어지는 과정에서 여러 가지 법적 · 사회적 · 도덕적 어려움을 겪을 수 있는데, 단순한 복제가 아닌 재창조의 기회로 사용된다면 오히려 칭송을 받을 수 있다는 시사성이 이 동화에는 담겨져 있다고 생각한다. 단순한 복제가 일으키는 문제를 시사적으로 유머화한 이야기도 있다.

우둔한 사람이 목욕탕에 가게 되었는데, 목욕탕 주인이 그에게 수수께끼를 하나 내었다. 나의 형제도 아니고 나의 자매도 아니지만 내 부모님의 자식은 누구일까라는 질문이었다. 우둔한 사람이 아무리 생각을 해도 모르겠다고 답하자 목욕탕 주인은 그 사람은 바로 나라고 이야기하였다. 이 수수께끼가 무척 재미있다고 생각한 우둔한 사람은 집으로 돌아가 아내에게 똑같은 수수께끼를 내었다. "나의 형제도 아니고 나의 자매도 아니지만 내 부모님의 자식은 누구지?"라는 질문에 아내 역시 한참 동안 대답을 못 하자 우둔한 사람은 너무나 답답하여 이렇게 소리를 질렀다. "그것도 몰라! 바로 목욕탕 주인이잖아." 마치 시험 답안지를 베껴 쓰다가 이름까지 옮겨 쓰는 경우와 흡사하다.

좋은 컨텐트에 대한 복제 허용은 그 접근 용이성을 높이는 것과도 밀접한 관계가 있다. 아무리 좋은 내용이라도 복제를 허용하지 않는 경우 재창조에 사용될 가능성이 적어지며, 수요자가 점점 더 멀리할 가능성이 높아진다고 할 수 있다. 실제로 80년대에는 많은 소프트웨어의 경우 불법 복사를 못 하게 여러 가지 Lock을 걸어놓거나, Install시나 사용시에 Key를 필요로 하는 등의 방법을 사용하였고 이것을 풀기 위해 CopyIIPC 같은 소프트웨어가 등장하였다. 90년대에 들어서는 복제를 허용하거나, 아예 소프트웨어를 그냥 주고 사용 설명서 제공이나 CD 제공, 사후 서비스 등의 명목으로 등록비를 받는 형태가 늘어나고 있다. 접근 용이성과 관련해 『한비자』라는 책에는 다음과 같은 이야기가 있다.

송나라에 한 술집이 있었다. 이 술집은 인심도 후하고 손님 대접도 극진했으며 무엇보다도 술맛이 기가 막히게 좋았다. 그런데도 참 이상한 것은 도무지 술이 잘 팔리지 않는 것이었다. 술집 주인은 술이 팔리지 않는 이유를 알 수가 없어서 당시 아는 것이 많기로 유명한 양청이라는 사람을 찾아갔다. 자초지종을 들은 양청은 뜻밖에도 술이 팔리지 않는 이유가 술집 주인이 기르고 있는 개가 너무 사납기 때문이라고 이야기했다. 술이 안 팔리는 것과 개가 사나운 것이 무슨 상관인가 어처구니없어하는 주인에게 양청은 이렇게 설명했다. "개가 사나우면 사람이 겁을 내게 되지요. 손님들이 술을 사거나 마시러 왔다가도 개가 무서우면 들어올 수 있겠습니까? 그러니 아무리 술맛이 좋다 해도 다른 집으로 가게 되겠지요." 문화에 접근하기 쉽도록 하는 것은 필수적인 것 같다. 빗장을 걸어잠근 문화는 빛을 보기 힘들다.

디지털 문화의 복제가 용이함에도 불구하고 디지털 문화에는 여러 정보 기술 요소가 복합적으로 함축되어 있어 기초가 없는 사람과 함께 나누기는 어려운 경우도 있다. 문화는 어쩌면 설명하기보다는 체험으로 그대로 받아들이도록 해야 하는지도 모른다. 어떤 부인이 상대성 원리에 대해 설명해달라는 부탁을 했을 때 아인슈타인도 다음과 같은 이야기로 대신했다고 한다. 햇볕이 뜨겁게 내리쬐는 어느 무더운 여름날 한 청년이 장님과 함께 시골길을 걸어가고 있었다. 청년은 목이 너무 말라서 찬 우유 한 컵을 마셨으면 좋겠다고 혼잣말을 하게 되었는데, 장님이 고개를 갸웃하면서 우유가 무엇이냐고 물어왔다. 청년은 우유란 물 같은 액체로 하얀 빛깔을 띠고 있다고 말하자, 장님은 다시 액체는 알겠는데, 하얀 빛깔은 무엇인지 모르겠다고 했다. 이 말에 난처해진 청년이 다시 하얀 빛깔은 백조의 날개와 같은 빛깔이라고 이야기하자, 장님은 날개는 알겠는데 백조는 무엇인지 모르겠다고 답변을 하였다. 이쯤 돼서 짜증이 난 청년이 백조는 목이 삐뚤어진 새라며 아무렇게나 대답을 하자 장님은 목이 무엇인지는 알겠는데 삐뚤어진 것이 무엇인지 모른다고 하였다. 화가 난 청년은 장님의 팔을 잡아 비틀면서 삐뚤어진 것이 바로 이것이라고 알려주었다. 장님은 너무나 아파하면서 이제는 청년이 말한 우유가 무엇인지 알겠다고 했다. 사실 우유를 설명하기 위해 너무나 많은 부가적인 설명이 필요하였고, 그 본질보다는 지엽적인 것에 휘말리게 된 것 같다. 컴퓨터를 모르는 컴맹에게 디지털 문화를 소개하는 것이 청년과 같은 행동으로 이어지지 않는가 의구심을 가져보기도 한다.

문화의 구성 요소를 부분만 이해할 때 발생하는 현상을 해학적으로 묘사한 유머도 있다. 시인 모리츠 빈체프스키가 1894년 러시아에서의 유대인 박해를 피해 미국에 건너가서 때마침 연설을 하게 되었다. 이때 연설문 중에 상황이 어둠으로 치닫고 있으며 진보의 시계는 멈춰버렸다고 한 부분이 있었다. 다음날 한 사람이 모리츠를 방문하여 어제 연설을 잘 들었는데 다 알아들을 수는 없었고 한 가지만은 잘 알았다고 했다. 그러면서 하는 말이 "무언가 시계 때문에 걱정이 있으신 듯합니다만, 저는 시계 전문가라 시계라면 무엇이든 고칠 수 있습니다. 그러니 그 시계를 제게 맡겨주시면 틀림없이 고쳐드리겠습니다"였다. 디지털 문화는 아직 그 실체가 한꺼번에 와 닿지 않을지도 모른다. 이 글을 쓰는 필자에게도 디지털 문화에 대한 작은 생각의 전개가 마치 시계 전문가의 소견에서 디지털 문화를 바라본 것이 아닌가 하는 두려움이 앞선다.

디지털 문화의 공급 사슬이라는 제목 아래 옴니버스 형식으로 전개한 이 글은 마치 끝말 이어가기처럼 되어 있다. 무엇보다도 디지털 문화는 문화의 주체로서의 창작(공급자)과 향유(수요자)가 불가분의 관계라서 이에 대한 줄다리기로부터 시작하였다. 빠르게 수요자 쪽으로 당겨지고 있는 균형점의 이동하에 수요자가 참여하여 만들어가는 디지털 문화를 이야기하였고, 그 원형을 Mass Customization에서 찾아보았다. 아울러 디지털 문화의 흐름을 예측할 수 있다고 보고 그 모습을 디지털 문화의 공급 사슬로 바라보았다. 그 중에서 Information Provider에 의해 개척자 정신에 입각해서 전개되는 모습을 이야기하였고, 복제를 통한 재창조와 디지털 문화의 승화를 이야기하면서 디지털 문화가 가장 접근하기 쉽게 우리에게 다가왔을 때 가장 화려한 발전을 할 수 있다고 결론내렸다. 아울러 디지털 문화는 체험적으로 총체적으로 받아들여져야 한다고 주장하면서 이 글을 맺는다.

참고 문헌

완다 가그, 강무환 옮김, 『백만 마리 고양이』, 시공사, 1995.
마르쿠스 피스터, 공경희 옮김, 『무지개 물고기』, 시공사, 1994.
수스 박사, 김혜령 옮김, 『바솔러뮤 커빈즈의 모자 500개』, 시공사, 1994.

김혜원, 『세계 우화 여행』, 나래, 1997.
박영수, 『유행 속에 숨어 있는 역사의 비밀』, 살림, 1998.
신문수, 『만화 이솝 이야기』, 두산동아, 1997.

Gattorna & Walters, *Managing the Supply Chain: A Strategic Perspective*,
MacMillan, 1996.

제4부

새로운 미디어와 예술의 미래

디지털 문화 예술의 발전에 관하여

원광연

1. 배경

몇 년 전 영화인들과 자리를 함께할 기회가 있었다. 정확히 기억나지는 않지만 영상발전민간협의회라는 모임으로 한국 영화의 발전을 위해 관련 법안을 손질해서 정부에 제안하는 것이 주목적이었다. 20여 명의 참석자 중 유일하게 비영화인이었던 나는 영화 발전을 위한 제안은커녕 그들이 일상적으로 사용하는 용어조차 모르고 분위기 파악하는 것도 힘겨워 마치 바늘방석에 앉아 있는 기분이었다. 그들은 소프트웨어 발전 방안을 논의했다. 국내 유통 소프트웨어의 약 85%가 수입에 의존한다고 한다. 소프트웨어라니? 그들은 영화를 소프트웨어라고 불렀다. 하긴 소프트웨어는 소프트웨어다. 영화가 하드웨어는 아니니까. 회의 도중 나의 생각은 잠시 다른 곳으로 흘렀다. 컴퓨터 소프트웨어도 모르긴 모르지만 85% 이상은 수입할 거야. 묘한 인연인데. 그렇다면 내가 이 자리에 있는 것도 아주 무의미하지는 않군. 그 다음날 연구실에 앉아 컴퓨터 소프트웨어와 영상 소프트웨어와의 유사점을 생각하기 시작하였다. 둘 다 국산품이 수출은커녕 국내 시장에 발붙이지 못하고 있다는 현상이 우연인가? 혹은 보다 깊은, 공통적인 연유가 있는가? 조금이라도 이 두 분야를 비교해 생각해보면 상당히 많은 공통점이 있음을, 즉 기본 성격, 제작 과정은 물론이고 제작 기술까지도 상당 부분 공유하고 있음을 발견하게 된다. 이것에 관해서는 6절에서 좀더 자세히 언급하고자 한다. 아무튼 두 개의 다른 성격의 소프트웨어를 발전시키기 위해 공유할 수 있는 것은 같이 공유하고 필요한 것을 서로 주고받으면 시너지 효과를 창출할 수 있다고 믿는다. 무엇을, 어떻게, 어떤 방식으로 주고받을 것인가 하는 기술적인 문제를 해결하는 것이 다음 단계이다.

다가오는 21세기의 초반에 우리는 제2의 르네상스를 맞을 것이라는 이야기를 많이 듣는다. 르네상스는 우리말로 문예 부흥이라 하는데 '부흥' 된 것이 단지 문예만은 아니었다. 제1차 르네상스가 기독교 가치관에서 탈출하여 고대 그리스 시대와 같이 세상의 모든 현상을 인간 중심에서, 자연 중심에서 보고자 한 것이 원동력이라 한다면, 제2의 르네상스에서는 기계 문명, 특히 정보 문명 중심의 가치관에서 벗어나 인간 위주의 가치관이 재설정되고 이에 따라 사회가, 산업이 재편성될 것이라고 기대된다. 쉽게 말해서 조지 오웰이 그의 소설 『1984년』에서 그렸던 미래, 리들리 스콧이 영화 「블레이드 러너Blade Runner」에서 묘사했던 미래는 아닐 것이다. 그러나 만일 르네상스가 도래하더라도 그런 사회를 운영·유지하기 위해서는 국가는 국가대로, 지역 사회는 지역 사회대로, 회사는 회사대로, 개인은 개인대로, 자본주의 틀 내에서 극도의 경쟁을 치러야 할 것이다. 잘사는 나라는 르네상스를 구가하는 여유가 주어지는 반면 그렇지 못한 나라는 잘사는 나라의 르네상스를 위해 서비스하는 신세로 전락할 것이다. 불행하게도 그러한 징후는 벌써 나타나고 있다.

몇 년 전, 일본 나고야에서 열린 세계도시산업학술회의에 초청된 적이 있었다. 나고야는 전통적인 공업에 의존하는 도시로서 21세기에 대비해 어떻게 산업 구조를 재편성할 것인가를 고심중이었고, 무언가 새로운 돌파구를 찾기 위해 인문사회학부터 이공학에 이르기까지 전세계

〈그림-1〉 첨단전자엔터테인먼트 심포지엄의 포스터. 1994년과 1995년 두 차례에 걸쳐 한국과학기
술원에서 개최되었다.

에서 다양한 배경을 가진 사람들을 초청해 학술 대회를 열었다. 여기서
나는 'culture technology'라는 용어를 제시하였는데 21세기를 주도할
문화 산업을 뒷받침하는 이공학 기술을 체계화시켜 연구하자는 것이 내
제안의 핵심이었다. Culture technology가 이 글의 주제이니, 이에 대해
서는 다음 절에서 좀더 자세히 다루도록 하겠다.

　나고야 학술회의 참석 후 지속적으로 culture technology를 학문적으
로 체계화시키려고 노력하였고 이와 병행해서 구체화시키는 작업도 해
나갔다. 우선 1994년과 1995년 두 차례에 걸쳐 첨단전자엔터테인먼트
심포지엄을 구상하여 개최하였다. 이런 성격의 행사로는 국내 최초의
시도였고 행사 내용도 수준급이어서 성황을 이루었다. 컴퓨터 게임, 컴
퓨터 애니메이션, 영화 특수 효과, 컴퓨터 음악 등, 디지털 미디어를 직
접 제작하는 사람들과 기술 개발 분야에 종사하는 사람들이 함께 모일
수 있었다는 것만으로도 의미가 있었다고 본다. 지난 2년 간은 경비 조
달, 개인적인 시간 할애의 어려움 등으로 인해 심포지엄을 계속 열 수
없었으나 조만간 보다 내용 충실한 행사로 거듭 태어날 수 있도록 조금
씩 준비하고 있다.

지난 1~2년 간 culture technology를 활성화하기 위해서 과연 무엇이 가장 필요한가를 고민해왔다. 사람들의 이목을 집중시키는 행사도 물론 필요하지만 무엇보다 이에 공감하고 함께 연구하고 철학을 같이하는 사람들이 많아지는 것이 가장 중요하다고 생각한다. 그리고 이 분야를 체계화시키는 작업 또한 필요하고, 이에 기반을 둔 교육 프로그램이 개발되어야 한다. 이와 아울러 교육과 연구와 실제 작업을 함께할 수 있는 기반 조직도 전국 여러 군데 생겨야 할 것이다.

그러던 중, 우리 학교를 세계 10위권에 진입시키자는 움직임이 일어났고, 그 계획의 일부로서 'KAIST Top 10 연구 사업'이란 것이 생겼다. 다분히 상징적인 의미이겠으나, 우리가 연구하는 모든 분야를 전부 10위권에 진입시키는 것은 불가능하니까 몇 개의 분야를 정책적으로 선정해서 이를 주시하자는 것으로 알고 있다(구체적인 지원도 해주면 좋을 것 같다). 아무튼 내가 제안했던 culture technology는 이 리스트 안에 낄 수 있었다. 도중에 culture technology를 한글로 어떻게 표기하는가라는 약간의 문제에 봉착했는데 이런저런 논의 끝에 디지털 문화 예술로 낙착되었다.

현재 진행중인 디지털 문화 예술 기반 연구 과제는 이 분야에 대해 개인 연구 차원으로서가 아니라 여러 교수들이 함께 참여하는 최초의 공동 연구인 점에서 그 의의가 크다고 본다. 이 과제의 성과로서, 구체적인 연구 결과가 나오면 더 바랄 나위 없겠지만, 디지털 문화 예술의 윤곽이 잡히고, 이의 당위성을 많은 사람들이 공감하며 인적 연결고리가 생기고, 교육 커리큘럼이 제시되고, 향후 교육 프로그램으로 발전될 수 있는 기반이 잡히면 대성공이라고 믿는다.

2. Culture Technology

문화라는 단어처럼 멋있게 들리면서 애매한 단어도 없는 것 같다. 사전을 찾아도 그 정확한 의미는 잡히지 않고 다른 수식어가 앞뒤에 붙으면 그 의미가 더욱 모호해진다. 예를 들어 과학 문화는 무엇을 뜻하는가? 일반인들에게 과학적 마인드를 집어넣어 과학의 대중화를 이루는 것인가 아니면 전통적인 문화 예술 활동에 과학 기술을 보강하는 것인가? 이것도 아니면 과학과 문화와의 만남을 시도하는 것인가? 반면에 군사 문화, 음주 문화, 운전 문화 등의 표현에서의 문화는 비교적 그 의미가 확실한 것 같다

여기서 제안하는 culture technology를 직역하면 문화 기술이 된다. 문화를 위한 기술, 즉 문화 예술 산업의 발전을 위한 디지털 기술을 지칭한다. 그러나 이것은 극히 실용적인 면만을 일부러 강조한 것이다. 실용성을 앞에 내세워야만 연구에 추진력을 붙일 수 있기 때문이다. 또 실용성을 떠나서, 순수한 학문적인 동기로서 예술의 창작 활동과 작품의 감상 행위를 계산 이론적으로 규명해보자는 의도도 숨어 있다. 즉 문화 예술에 대해서 계산학적 모델링을 해보자는 것인데, 이는 물론 학문적인 호기심 이상도 이하도 아니라고 치부해버릴 수도 있지만, 문화 예술 산업에 디지털 기술을 접목시키기 위해서는 어느 정도 이론적 뒷받침이 있어야 하고 따라서 계산 이론적 연구가 이 역할을 해줄 수 있을 것이다. 이것에 대해서는 다음 두 절에서 비교적 자세히 논하려 한다. 또한, 문화 · 예술적 요소를 이공학 기술에 접목시킴으로써, 관련 이공학 분야 연구의 새로운 돌파구를 모색하자는 취지도 있다. 이공학의 모든 분야에 예술적 지식과 경험을 도입하는 것이 도움이 되지는 않겠지만, 몇몇 분야에서는 이러한 접근 방법이 가능할 것으로 보일뿐더러, 운이 따라주면 현안 문제에 대해 획기적인 해결책을 제시할 수 있을 것으로 믿는다.

또 하나의 배경으로서, 네트워크상에 존재하는 가상 사회, 즉 사이버 스페이스 내에서의 인문 · 사회과학적 요소를 거시적으로 들여다보자는 의도도 있다. 종래의 인문사회학은 인간 자신의 문제(예: 철학 · 심리

학), 인간 상호간의 문제(예: 언어학 · 커뮤니케이션학 · 인류학), 인간이 만든 사회 · 국가의 문제(예: 사회학 · 정치학 · 경제학)를 다루고 있다. 하지만 컴퓨터와 인터넷의 발달로 인해 가상 공간인 사이버 스페이스에서 생활하는 시간이 점차 증가하고 있고, 이와 더불어 사이버 스페이스의 가치도 높아지고 있다. 따라서 사이버 스페이스에서의 인문 · 사회학적 연구는 반드시 행하여져야 할 것이고, 이미 선진국에서는 이 분야에서 뛰어난 연구 결과를 내고 있는 젊은 학자들이 다수 출현하고 있다. Culture technology의 테두리 안에서 이러한 인문 · 사회학적 연구를 모두 다 수용하는 것은 어불성설이고, 단지 여기서는 기존 인문 · 사회학자들이 사이버 스페이스를 대상으로 연구 방향을 설정하는 것을 도울 수 있도록 기본 틀을 갖추었으면 한다.

이를 정리하면, culture technology는 크게 다음 네 방향으로부터 접근할 수 있을 것이다.

—실용적인 접근: 문화와 예술, 그리고 문화 예술 산업을 위한 디지털 기술을 개발한다.
—이론적인 접근: 문화와 예술을 계산학적 이론과 디지털 기술로써 모델링한다.
—공학적인 접근: 이공학 기술 개발에 문화와 예술을 활용한다.
—인문 · 사회학적 접근: 사이버 스페이스 내에서의 인문 · 사회학적 이슈를 다룬다.

접근 방향에 따른 분류와는 독립적으로, 분야에 따라 분류하는 것도 필요하다. 문화 예술과 과학 기술 모두, 다루는 범위는 엄청나게 넓고 다양하다. 문화 예술의 한 장르와 과학 기술의 한 분야가 접목되어 종전에는 생각지도 못했던 새로운 분야와 연구 과제, 새로운 예술 형태가 나올 가능성은 무궁무진하다. 따라서, 여기서 두 분야의 모든 상호 연계성을 고려하여 누구나 만족할 만한 세부 분야를 제시하는 것은 피하려 한다. 다만 추후 확장을 고려해서 다음 4분야로 나누어보았다.

—시각 예술 및 시각 기술 *Visual arts and technologies*
—컴퓨터 음악 및 공연 예술 *Computer music and sounds*
—디지털 미디어 *Interactive media*
—사이버 문화 *Cyber-culture*

먼저, 시각 예술 및 시각 기술 분야는 시각 예술과 과학 기술의 공통분모를 다룬다. 이론적인 연구 분야로서 앞서 언급한 시각 예술의 계산학적 모델링이 있고, 이 연구 결과는 여타 응용 분야에 활용될 것이다. 예술 작품의 창작에 관련하여서는 이공학 기술의 작품 활동에의 창조적인 활용에 관한 이슈가 연구 과제가 된다. 더 나아가서 이공학 기술은 새로운 예술 장르를 개척하는 데 일조를 할 것으로 기대된다. 이 분야의 연구는 산업적인 측면에서 볼 때 더욱 중요성이 나타난다. 영화 산업, 디지털 TV 산업, 멀티미디어 산업에 시각 기술, 특히 컴퓨터 그래픽스, 애니메이션, 가상 현실 기술의 활용은 그 비중이 점점 더 커지고 있고, 이들 기술의 효과적인 활용은 기초 이론, 기술, 그리고 제작을 함께 고려함으로써만 가능하다는 것을 할리우드나 실리콘밸리에서 배울 수 있다. 중요 세부 분야를 열거하면 다음과 같다.

—시각 예술에 관한 계산학적 연구 *Computational studies on visual art*
—과학 기술의 시각 예술에의 응용 *Applications of technology to visual art*
—컴퓨터 그래픽스 및 애니메이션 *computer graphics and animation*
—가상 현실 *Virtual reality*

—디지털 영화 기술 *Digital movies*
—디지털 미디어 디자인 이론 *Design formalism for digital media*
—한국 시각 예술의 국제화 *Internationalization of Korean visual art*

다음으로, **컴퓨터 음악 및 공연 예술** 분야가 있다. 언뜻 생각하기에 그다지 중요한 분야가 아닐 것 같으나, 음악이 우리 일상 생활에서 차지하고 있는 위상과 음악 산업의 규모를 생각하면 그 중요성을 금세 깨달을 것이다. 여기서도 가장 기초가 되는 부분은 음악에 대한 계산학적 이론이다. 음악은 여타 예술 분야와 달리 추상성이 강하기 때문에 일찍부터 수학자들의 관심 대상이 되어왔다. 컴퓨터의 발전과 함께 계산학적 측면에서의 연구도 활발히 진행되어오고 있고, 표준화 작업이 이루어져 컴퓨터 음악 산업도 무시 못 할 규모로 성장해 있다. 산업적인 면을 보면 컴퓨터와 인터넷의 발달로 말미암아 음악을 창작·공급·소비하는 기존의 틀이 완전히 바뀔 시점에 와 있다. 이에 능동적으로 대처할 기술을 확보하는 것이 시급하다. 중요 세부 분야는 다음과 같은 것들이 있다.

—음악에 관한 계산학적 연구 *Computational studies on music*
—한국 전통 음악에 관한 계산학적 연구 *Computational studies on Korean music*
—과학 기술의 음악 공연에의 응용 *Applications of technology to musical performances*
—음악과 음향에 관한 인지심리학 *Psychophysics on music and sound*
—음악공학 *Musical engineering*
—삼차원 음향 *3-dimensional sounds*
—한국 음악의 국제화 *Internationalization of Korean music*
—디지털 연출 기법 *Digital Choreography*

—디지털 배우 *Digital actors*
—무대 설계와 무대 제어 *Stage design and control*

  세번째로, 디지털 미디어 분야는 문화 예술의 소비자가 직접 참여하거나 상호 작용이 중시되는 미디어에 대한 연구를 다룬다. 디지털 미디어 산업은 컴퓨터와 인터넷, 그리고 디지털 TV의 기술 발전에 더불어 영화와 TV 같은 기존의 미디어 산업 이상으로 발전할 것으로 예측된다. 실제로 1997년을 분기점으로 해서 컴퓨터 게임 산업의 규모가 영화 산업의 규모를 앞지르기 시작했다. 지금까지 본 궤도에 오른 interactive media로는 컴퓨터 게임과 멀티미디어 타이틀, 그리고 인터넷 어플리케이션을 들 수 있다. 또한 interactive TV, interactive movies, interactive novels와 같은 새로운 분야가 조심스럽게 시도되고 있다. 그리고 아직도 새로운 형태의 미디어가 출현할 가능성은 무궁무진하다. 관련되는 세부 분야는 다음과 같다.

—컴퓨터 게임 *Computer game*
—디지털 비디오 *Digital video*
—디지털 문학 *Digital literature*
—디지털 감성 *Affective (or captive) computing*
—HCI *Human-computer interaction*
—네트워크 응용 *Network applications*

  마지막으로, 사이버 문화 분야의 연구는 사회학, 윤리 · 철학, 심리학, 경제 · 경영학, 언어 및 커뮤니케이션학, 예술, 전산학 분야의 공동 연구를 통하여 컴퓨터를 통한 인간 사회의 커뮤니케이션의 변화를 다룬다. 이 분야는 사이버 공간에서의 새로운 문화, 규범, 사회 조직에 초점을 맞추어 새로운 가상 세계와 가상 공동체의 형성에 관한 연구를 수행한다.

앞으로 가상 사회가 직면하게 될 주된 도전은 기술적인 문제가 아니라 사회적인 문제이다. 즉 사회적 상호 작용과 사회 조직의 문제가 된다. 이것은 새로운 기술을 개발하는 어려움이 줄어든다는 것을 의미하는 것이 아니라, 기술 개발보다는 가상 공간에서의 바람직한 인간 상호 작용과 공동체 형성을 촉진하는 것이 더욱 중요한 과제로 부상할 것임을 의미한다.

종래의 소프트웨어와 통신 산업에서는 이러한 가상 공간에서의 사회적 상호 작용과 사회 질서의 문제가 간과되어왔다. 새로운 개념으로 주목받고 있는 social computing 분야에서도 사용자 인터페이스 설계 문제들로부터 최근에는 사람들간의 사회적 상호 작용의 측면으로 관심 영역을 확장해가고 있는 추세이다. 세부 연구 분야는 다음과 같다.

— 사이버 사회학 *Cyber-sociology*
— 사이버 윤리 *Cyber-ethics*
— 사이버 경제학 *Cyber-economy*
— 컴퓨터 기반 커뮤니케이션 *Computer-mediated communication*
— 한국 문화의 분석과 모델링

그렇다면 culture technology를 어떻게 키우겠는가? 물론 가장 중요한 것은 학문적 수월성을 확보하는 것이다. Culture technology의 모든 분야를 세계 일류로 키울 수는 없겠지만 그 중 한두 분야는 가능하리라 본다. 그렇기 위해서는 연구를 조직적으로, 효율적으로 수행할 수 있는 조직이 (최소한 초기에는) 필요할 것이다. 우선 KAIST를 중심으로 타대학 연구소, 그리고 산업체 인력을 포함하는 연구 조직을 구축하여 연구 센터를 설립, 운영하고, 국내의 타연구 집단을 발굴, 육성하는 순서를 밟을 것이다. 장기적으로는 초고속 정보통신망을 최대로 활용하여 연구

조직의 상당 부분을 버추얼 *virtual*화할 수 있을 것이다. 이러한 연구센터가 기존의 이공계 연구센터와 크게 다른 점은 분야의 성격상 문화 예술 종사자들과의 공동 연구, 공동 작업이 절대적으로 요구된다는 것이다. 이를 위해 단기 방문 프로그램 같은 것을 운영하는 것은 물론, artist-in-residence 프로그램을 적극적으로 개발하여야 할 것이다. 이와 더불어, 해외 교류와 공동 연구는 반드시 필요하다. 여타 이공학 분야와 비교해서 이 분야에서는 특히 국내 학자와 예술가들의 국제 사회에의 노출이 거의 없는 실정이다. 그리고 MIT Media Lab, Banff Center, ATR, Ars Electronica Center, Fraunhoffer Institute 등 세계적인 연구 기관과의 기술 및 연구원 교류, 국제 저명 학술 대회들의 참가, 국제 학회에서의 활동이 병행되어야 할 것이다.

연구 및 학술 활동 못지않게, 아니 그보다 더 중요한 것이 교육 및 인력 양성이다. Culture technology가 다루는 분야의 성격으로 볼 때, 기존의 학문 분류 테두리 내에서 효과적인 교육이 가능하리라 생각하지 않는다. 이상적으로는 MIT와 같이 독립적인 교육 과정과 학위(Master in Media Science, Ph. D. in Media Science) 프로그램을 운영하는 것이 가장 바람직하겠지만, 현재의 교과 과정, 교수진, 기술 수준 등을 고려해볼 때, 우선은 학제간 프로그램 *interdisciplinary program* 을 개발, 운영하는 것이 차선책일 것이다. 현상황에서는 학제간 프로그램을 개발하는 것도 매우 힘든 일이겠지만, 무학과·무학년을 원칙으로 하는 KAIST의 환경을 고려할 때, 수학, 물리학, 산업디자인, 전자공학, 전산학, 산업공학, 기계공학, 인문·사회과학 등 관련 학과에서 필요한 부분만을 뽑아 융화한다면 독특한 프로그램을 개발할 수 있을 것이다. 학제간 프로그램 이외에 산업 현장 종사자를 위한 단기 교육 프로그램도 운영할 필요가 있을 것이다. 이를 통해서, 그래픽스, 애니메이션, 영화 특수 효과, 게임, 컴퓨터 음악 등, 산업체에서 필요로 하는 고급 인력을 단시간에 교육시킬 수 있을 것이다. 또 다른 교육 프로그램으로서, 타대학과의 상호 학점 인정 제도를 활용하는 방안도 강구할 수 있다. 이미 과기원과 학점 인정 협약이 되어 있는 충남대 · 이화여대를 시작으로 같은 분야의 연구와 교육에 동참할 대학들로 확대할 수 있을 것이다. 최근, 연세대 · 서강대 · 아주대 · 경희대 등 일반 대학에서도 디지털 미디어에 관한 교육 프로그램이 속속 개설되고 있다. 그러나 이들 프로그램의 대부분은 디지털 미디어의 제작 기술을 가르치는 단계에 머무르고 있거나, 혹은 과학과 예술의 만남이라는 매우 추상적이고 원론적인 구호만 내세우고 있을 뿐이다. 여기서 제안하는 교육 프로그램은 문화 예술과 과학 기술의 접목을 체계적으로 학문화하여 고도의 문화 예술적 감각과 지식을 갖춘 이공계 전문가와 이공학 지식, 기술을 겸비한 문화 예술 인력을 배양하는 것을 목표로 하고 있다.

연구 · 교육과 더불어 인프라를 구축하는 문제도 있다. 국내 인적 자원을 발굴하여 네트워크를 형성하는 한편, 이 분야의 연구 발표와 토론을 위해 학술대회를 정기적으로 개최할 필요가 있다. 또한 일반 대중을 대상으로 하는 행사도 간헐적으로 개최할 필요가 있다. 아무리 과학 기술의 대중화를 부르짖는다 하더라도 실제 과학 기술에 종사하는 사람은 극소수이며, 과학 기술을 이해하려고 하는 일반인도 소수에 지나지 않는다. 그러나 문화 예술은 모든 사람이 함께 참여할 수 있고, 또 참여하기를 원하는 것이다. Culture technolgy의 진수를 보여주는 전시회 · 공연 · 연주회 · 페스티벌 등을 통하여 Culture technolgy의 학문적 · 산업적 중요성뿐 아니라 우리의 문화 생활도 한층 윤택해질 수 있음을 보일 수 있을 것이다.

3. 과학과 예술: 개인적인 경험

약 15년 전, 박사학위를 취득하고 처음 직장을 잡은 곳은 하버드 대학으로 강사 겸 포스트 닥 자리를 잡아 유서 깊은 이곳에 오게 되었다. 처음으로 갖게 된 개인 연구실. 연구실 두 벽면 전체를 차지한 커다란 유리창. 그리고 창문 밖으로 보이는 캠퍼스 뒷정원의 조용한 풍경. 이곳에서 에릭 시걸의 소설을 영화화한 「러브 스토리」의 한 장면을 촬영했다고 한다. 내 연구실은 1층에 위치해 있어서 오가는 사람들의 얼굴 표정을 그대로 느낄 수 있을 정도로 캠퍼스 정원에 근접해 있었다.

어느 토요일 오후, 조용한 캠퍼스가 갑자기 시끄러워졌다. 트럭 한 대가 오더니 기중기로 커다란 조각 작품을 내려놓았고 곧이어 인부들이 이것을 정원 한가운데로 옮겼다. 검은색 비구상 조각 작품인데 무엇을 상징하는지 몰랐으나, 썰렁하던 정원에 조금은 활력을 넣어주는 것 같았다. 하버드 캠퍼스 곳곳에 설치되어 있는 대부분의 조각품은 하버드의 350년 역사에 중요한 발자취를 남긴 사람들을 기념하는 인물상이었는데 무슨 연유인지 이것에는 예외를 적용하였다. 사람 키보다 약 두 배정도 길쭉한 검정색의 철 구조물은 이 세상의 어떤 것도 연상시키지 않는 기하학적 형상을 하고 있었다. 아마도 이 근처에는 자연과학을 전공하는 사람들이 대부분이어서 이들의 지적 호기심을 유발시키려고 했는지 모르겠다. 아무튼 며칠 가지 않아 그곳에 조각 작품이 서 있다는 사실조차 잊고 말았다.

며칠 후, 커피를 마시며 창밖을 보고 무언가 바뀌었다는 느낌이 들었지만 무엇이 바뀌었는지는 아무리 보아도 알 수 없었다. 며칠이 지난 다음에야 무엇이 바뀌었는지를 전해들었다. 지난 주말에 인부들이 와서 조각품을 뒤집어세우고 갔다는 것이다. 나중에 알고 보니 처음 설치할 때 인부들이 실수로 조각품을 거꾸로 세웠고, 뒤늦게 이 사실을 안 조각가가 기겁을 하고 달려와 항의했다는 것이다. 그 동안 우리는 거꾸로 설치한 작품을 감상하고 있었던 것이다. 자신의 전공 현안 문제에만 관심을 갖는 정신나간 과학자들의 무딘 예술 감각으로 세상이 뒤집힌 것도 깨닫고 있지 못했다. 그러나 변명 같지만 만일 이 작품이 미술학과 건물

〈그림-2〉 모네의 「La Grenouillère」와 르누아르의 「La Grenouillère」.

앞에 거꾸로 뒤집혀진 채로 설치되었더라도, 결과는 마찬가지였을 것이라고 자위한다.

오늘날의 예술, 특히 미술은 그 기본 존재 의의부터 지난날의 미술과 다르다. 사물을 객관적으로, 보여지는 그대로 표현하는 것은 아마도 미술가가 추구하는 것 중 극히 작은 부분에 지나지 않을 것이다. 오늘날의 미술은 사물의 실체를 표현하는 노력, 인간의 인지 심리에 관한 작가의 주장, 작가가 우리에게 전달하려고 하는 메시지 등이 어지럽게 교차한다. 미술을 이해하는 것이 그만큼 어려워진 것이다.

그럼에도 불구하고 약간의 미술 지식이 있는 사람이면 난생처음 대하는 작품이더라도 누구의 작품인지, 적어도 어떤 시대에, 어떤 화풍의 작품인지 짐작은 할 수 있을 것이다. 모네인지 마네인지 모르지만 인상주의 작품인 것은 알 수 있고 피카소인지 브라크인지는 모르지만 큐비즘인 것은 짐작할 수 있으며, 대개의 경우 그 짐작은 맞는다. 레제의 그림을 보면 무언가 큐비즘과 관련된 것을 느낄 수 있다. 어떻게 해서 그것이 가능한가? 미술 작품의 이해와 감상은 우리의 지식에 연유하는가? 지능 활동의 일부인가, 논리적 사고의 결과인가? 그렇다면 인간의 지적 메커니즘을 계산학적으로 다루는 인공 지능은 미술 작품의 이해와 감상이라는 지적 프로세스에 대해 무엇을 말해주고 있는가? 혹은 논리적인 프로세스보다는 감성적인 프로세스가 더 중요한 역할을 하는가? 그렇다면 이것은 어떻게 모델링할 수 있을 것인가? 아니면 영원히 불가능한가?

미술 작품의 분석과 이해는 그렇다 치고, 창작은 어떤가? 예술적 창조 행위는 논리적 프로세스인가? 아니면 인간은 별도의 예술적 프로세스를 가지고 있는가? 이를 설명하는 계산학적 모델링은 가능한가? 모델링은 불가능하더라도 이것을 현상학적으로나마 모방하는 노력은 할 수 있지 않을까. 인간은 예술적 창작을 위한 프로세스와 과학적 발견을 위한 프로세스를 별도로 가지고 있는가? 아니면 이 두 개는 같은 것인가.

〈그림-3〉 피카소의 「Violin」(1914)과 브라크의 「Aria de Bach」(1913).

창작과 감상에 관한 위와 같은 근본적인 이슈에 대해서는 음악도 마찬가지이다. 비발디는 생전에 어마어마하게 많은 작품을 발표했는데 비발디의 모든 작품을 들은 사람은 거의 없을 것이다. 그럼에도 불구하고 비발디의 스타일을 아는 사람은 생전처음 듣는 비발디의 곡을 알아차릴 수 있다. 최소한, 비발디의 작품과 바흐의 작품을 혼동하지는 않는다.

다시 한번 위에서 제기한 이슈를 음악에 적용하여 되풀이하자. 음악 감상은 논리적 프로세스에 의한 것인가? 아니면 감성적 프로세스에 의한 것인가? 이것의 계산학적 모델을 세울 수 있는가? 음악의 창작, 즉 작곡은 어떤가? 작곡하는 프로세스를 모델링할 수 있다면 컴퓨터로 하여금 작곡을 하도록 할 수 있지 않은가. 음악을 계산학적인 관점에서 접근하는 연구 활동은 미술보다는 더 오래 전부터 진행되어왔고 재미있는 결과도 많이 내고 있다. 실제로 컴퓨터에 기본 주제와 형식을 주고, 컴퓨터 스스로 작곡을 하게 하는 연구는 상당한 성과를 보이고 있다. 왜 그럴까? 음악이 미술보다 덜 예술적이어서일까? 그 이유에 대해서 아직 깊게 연구해보지는 않았지만 우선 음악은 상당히 제한된 문법 규칙을 가지고 있다는 점이 가장 큰 이유가 아닌가 한다. 즉 음악은 기본 구성 요소가 잘 정의되어 있으며 그 위에 적용되는 음악 문법 또한 깨끗이 정의되어 있는 데 반해 조형 예술에서는 2차원 혹은 3차원 공간을 제한하는 문법이 매우 약하다.

이런 문제들, 즉 미술과 음악의 창작과 감상이라는 것을 계산학적인 차원에서 다룰 수 있지 않을까 하는 문제는 오래 전부터 나의 뇌리에 있었다. 하버드에서의 첫 강의는 인공 지능으로 학부 3, 4학년을 대상으로 하는 과목이었는데 수강 인원이 15명 정도밖에 되지 않아 학생 개개인과 일 대 일의 상호 작용이 가능하였다. 학생 한 명에게 준 프로젝트는 로봇을 이용해서 그림을 그리는 것이었는데 대상 scene을 카메라로 잡아 영상 처리를 이용하여 약간의 예술적 효과를 가한 후 로봇에게 그리게 한다는 것이었다. 처음에는 로봇이 여러 개의 브러시를 다루게 하고 싶었지만 그 계획은 버리고 대신 펜으로 바꾸어야 했다. 왜냐하면 로봇이 브러시의 스트록을 제대로 하도록 하는 프로그램을 만드는 것이 매우 고난도의 자동 제어 이론과 엔지니어링을 요구한다는 것을 뒤늦게 깨달았기 때문이었다. 이 시스템을 이용해서 내 자화상도 그려보고 모네의 그림을 재해석해보기도 하였다. 결과물은 시원치 않았지만 이 프로젝트를 통해 많은 것을 배울 수 있었다. 가장 큰 레슨은 역시 창작은 쉽지 않다는 것이었다.

하버드에서의 2년을 마치고 하버드와 더불어 또 다른 아이비 리그 학교의 하나인 펜실베이니어 대학으로 향하였다. 펜실베이니어 대학의 설립자는 우리가 미국 역사와 과학사를 통해서 잘 알고 있는 벤자민 프랭클린이다. 그러나 나같이 컴퓨터하는 사람들에게는 세계 최초의 컴퓨터인 ENIAC을 개발했던 학교로 더 잘 알려져 있다. 내 연구실이 있는 건물의 1층에는 이 세계 최초의 컴퓨터가 전시되어 있었다. 교수 누구나 그렇듯이 가장 먼저 할 일은 연구비를 끌어오는 일이었고 그러기 위해서는 당연히 연구 제안서를 준비해야 했다. 다행히 대형 연구 과제에 참여할 수 있는 길이 열려 당장 연구하는 데는 큰 걱정을 하지 않아도 되었다. 남는 시간을 이용하여 조그만 제안서를 만들었다. 제목은 '회화의 계산학적 모델에 관하여 Toward the Computational Theory of Painting' 였고 이 제안서를 프랭클린 재단에 제출하였다. 얼마 안 되는 연구비였지만 액수보다는 신청자의 대부분인 인문사회학 교수들, 그 중에 세계적인 석학이라고 알려진 학자들과 겨뤄서 연구비를 따내었다는 것이 더 자랑스러웠다. 2년에 걸쳐 수행한 이 연구의 결과물이라야 그 동안 수집한 도서, 그 동안 만난 미술가 몇 명, 그리고 축적한 미술에 대한 지식 정도였지만 회화에 대한 계산학적 접근을 연구하는 데 대해 기본적인 발판을 다지는 계기가 되었다.

미국 생활을 마감하고 부임한 KAIST에서 교수로서 가장 큰일 중의 하나는 연구비를 끌어오는 것이었다. 한국 실정을 잘 알지도 못한 채 연구 제안서를 하나 써들고 대우전자를 찾아갔다. 그 당시 대우전자는 디지털 피아노를 제조·판매하고 있었는데 디지털 피아노를 좀더 지능화하자는 것이 내 제안이었다. 그러나 실은 음악에 관해 계산학적인 연구를 할 수 있는 발판을 마련하고 싶다는 생각이 깔려 있었다. 다행히도 대우전자에서는 뚜렷이 무엇을 개발하겠다는 것도 제시하지 않은 나의 어수록한 제안서를 수용하였고, 나의 학생들은 그 후 3년에 걸쳐 피아노 교습용 소프트웨어를 개발해야 했다. 이 소프트웨어는 시판되었으나 반응이 전혀 없었고, 나의 처음이자 마지막인 상용 패키지로 남고 말았다. 이 연구 역시 결과물만 놓고 보자면 실패였으나 상당한 양의 자료와 노하우를 축적하였고, 무엇보다 음악에 대한 또 다른 차원에서의 이해를 할 수 있었다.

4. 과학과 예술: 개인적인 견해

　레오나르도 다 빈치 이후 과학과 예술은 다른 길을 걸어왔다. 피상적인 관찰에 의하면 과학과 예술은 스펙트럼의 반대편에 위치한 것처럼 보인다. 그러나 과학과 예술 모두 무질서한 것처럼 보이는 자연 세계와 인간의 내면 세계로부터 질서와 아름다움을 발견하고자 한다는 공통의 목표를 추구한다는 점에서 어쩌면 상이점보다는 유사점이 더 많을 수도 있다. 단지 과학이 인간의 이성에 의존하여 논리적으로 전개되면서 주관적인 감성을 가급적 배제하는 반면, 예술에 있어서는 인간의 이성뿐 아니라 감각과 감성이 예술 활동의 근간이 된다는 방법론적 차이가 두드러지게 나타난다고 보겠다. 과학과 예술의 이런 위상 관계는 여러 연구자에 의해 제시되었고 나도 기본적으로는 이러한 견해에 동감한다.

　여기에서는 과학과 예술과의 상관 관계에 관하여 나의 견해를 제시하고자 한다. 이 이슈는 culture technology와는 직접적으로 관계없는 것처럼 보이나, 실은 culture technology의 이론적 근거를 마련하는 출발점이 된다. 먼저, 과학이 예술에 미친 영향과 그 반대의 경우, 즉 예술이 과학에 미친 영향을 간략하게 살펴본 후, culture technology라는 테두리에서 우리가 추구해나갈 방향을 제시하고자 한다. 그리고 다음 절에서는, 범위를 좁혀 컴퓨터와 예술, 특히 예술에서의 컴퓨터의 위상과 역할을 논

176

하기로 한다. 그 다음 절에서는 범위를 더욱 축소시켜 종합예술이라 불리는 영화와 컴퓨터와의 상관 관계를 살펴본다.

과학 기술이 예술에 영향을 끼친 사례는 무수히 많다. 그러한 사례를 일일이 열거하는 것보다는 과학 기술이 예술에 영향을 주는 유형을 분석해보는 것이 더 의미있을 것이다. 그러한 유형은 크게 세 가지 형태로 나뉜다.

  i) 과학의 신이론, 발견에 의한 자의적 영향: 과학의 신이론이나 새로운 발견은 예술가의 이성과 감성에 직접 혹은 간접적으로 영향을 주고 예술가의 작품에 반영되며 새로운 예술 풍조, 더 나아가서 새로운 예술 사상이 창조되는 원동력으로서 작용하기도 한다. 흔히 과학 기술의 영향에 대해서 논할 때 가장 먼저 지적되는 유형으로서 미술사에 중요한 의미를 갖는 사례도 많다. 사진술과 인상주의, 색채 이론과 점묘 화법, 현대 심리학과 초현실주의 등의 인과성은 잘 알려진 예이지만 클레Klee의 일부 작품에서 발견되는 브라운Brown 운동과 같이 과학 기술의 영향이 확실치 않은 경우도 많이 있다.

  ii) 과학 기술에 의한 타의적 변화: 과학 기술의 발전은 예술가로 하여금 변화하기를 강요한다. 그 예로 산업 혁명에 의한 대량 생산으로 말미암은 수공예의 퇴조를 들 수 있다. 또 다른 예로서 수세기 동안 회화는 2차원의 캔버스에 3차원의 환영을 나타내는 것을 궁극적인 목표로 삼아왔다. 그러나 사진 기술의 발달은 직접·간접적으로 사실적인 회화 기법의 입지를 약화시키는 역할을 하였다.

  iii) 과학 기술에 의한 새로운 도구의 출현: 과학 기술의 발전은 예술가에게 새로운 연장·도구, 그리고 재료를 제공함으로써 예술가는 자신의 표현 영역을 넓힐 수 있게 되고 한걸음 더 나아가서 새로운 기법, 새로운 예술 양식의 출현을 가져온다. 비디오 예술, 컴퓨터 예술, 홀로그래픽 예술 등 최근의 테크노 아트의 대부분이 이 범주에 속한다.

◀ 〈그림-4〉 Escher의 『Bevedere』(1958).

▼ 〈그림-5〉 Huffman의 컴퓨터 비전 알고리즘이 적용되었던 3차원 line drawing들의 예. Duda S. Hart, 『Pattern Classification and Scene Analysis』, 1973.

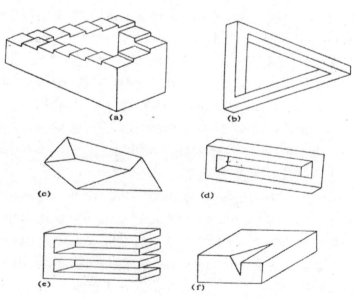

178

반대로 예술이 과학 기술에 끼친 직접적인 영향에 대해서 연구 조사된 사례는 많지 않다. 다만 예술 작품이 과학자에게 영감을 주었다거나 예술가와의 교류에 의하여 과학적 사고와 접근 방법상에 영향을 받았다든지, 또는 예술 활동이 학문 활동의 카타르시스로 작용하는 경우는 우리 주위에도 가끔 관찰된다. 후프만 코딩Huffman coding 방식으로 잘 알려진 후프만은 에서Escher의 회화에서 힌트를 얻어 컴퓨터 비전 분야에서 그의 유명한 논문인 "Impossible objects as Nonsense Sentence"를 완성시키기도 하였다.

일반적으로 예술가는 과학에 대해 부정적이거나 소극적인 자세를 취한다. 많은 예술가들은 과학 기술은 본질적으로 기계적인 것이며 인간의 심성을 억누름으로써만 발전한다는 태도를 견지한다. 테크노 아트 대표작들의 상당수가 테크놀러지가 낳은 현대 문명의 부조리를 묘사하고 있다는 사실은 아이러니컬하다. 우리가 잘 알고 있는 독일의 시인 괴테는 당대의 획기적인 업적인 뉴턴의 광학 이론에 반론을 전개하기 위해서 저술 활동을 하기도 하였다. 그럼에도 불구하고, 예술가의 내면 세계에 미친 과학 기술의 영향은 장기간에 걸쳐 무의식중에 이루어지고 있다. 따라서 예술가 자신도 자신의 작품 세계에서의 과학 기술의 영향을 명확히 인식하기 힘들다.

5. 컴퓨터와 예술

이상에서 살펴보았듯이 과학 기술은 여러 가지 형태로 예술가와 예술 활동, 그리고 예술 작품 등 예술 전반에 걸쳐 영향을 주어왔다. 따라서 현대 과학 기술의 집합체인 컴퓨터가 예술과 상관 관계를 가지며 예술에 영향을 미침은 당연하다 보겠다. 더구나 모든 현상을 시뮬레이션 할 수 있다는 universal machine으로서의 컴퓨터는 자연 현상의 모델링 능력과 인위적인 메커니즘의 시뮬레이션 능력면에서 기존의 어느 학설이나 과학 기술보다 예술에 큰 영향을 미치고 있으며 이러한 면에서의 컴퓨터의 잠재력은 아직 충분히 발휘되지 않고 있다.

이 절에서는 컴퓨터와 예술과의 상관 관계를 알아보기로 한다. 앞서 과학과 예술과의 상관 관계를 살피는 데 접근하였듯이 개별적인 사례를 열거하는 것보다는 컴퓨터가 예술에서 차지하는 위상을 유형별로 분석하기로 한다.

i) 새로운 도구로서의 컴퓨터: 예술 활동에 컴퓨터를 이용하는 경우로서 예술 양식 그 자체를 변화시키지는 않으나 예술가의 창조력을 극대화시키고 생산성을 향상시킨다. 예를 들어 컴퓨터를 이용한 작곡/편곡은 새로운 유형의 음악을 창조하는 것이 아니고 단순히 음악가로 하여금 창작 활동을 효율적으로 하게끔 도울 뿐이다. 컴퓨터 그래픽스, fractal, artificial life 등이 이 범주에 든다. 이 테두리 내에서의 컴퓨터의 위상은 '예술가를 위한 CAD'로 요약될 수 있다.

ii) 미디어로서의 컴퓨터: 컴퓨터가 예술 활동의 중심에 자리잡음으로써 예술의 유형이 컴퓨터에 의해 정의되는 경우이다. 활동 사진 기술에 의해 영화라는 새로운 예술 형태가 발생하였고 비디오 기술에 의해 비디오 예술이 생겨났듯이 컴퓨터 없이는 불가능한 새로운 예술 형태를 발생시킨다. 컴퓨터에 의한 예술 형태는 앞서 언급한 대로 컴퓨터가 universal machine이라는 성질상, 한 가지만의 예술 형태를 취하지 않는다. 따라서, 이를 컴퓨터 예술이라는 하나의 용어 아래 통합함은 바람직하지 않다. 동시성을 강조하는 네트워크 예술은 컴퓨터 네트워크가 없으면 존재할 수 없으며 기존의 장르와는 확연히 구별되므로 새로운 예술 형태라고 정의할 수 있을 것이다. Virtual Reality는 참여자의 능동적인 반응과 참여

〈그림-6〉 컴퓨터 그래픽스를 이용한 작품의 예. Pagani의
「The Fall of St. Angelina」. 2차원 그래픽스 기술을 이용
한 작품(왼편).
마이클 콜레리의 「물 위의 화병 Vases on Water」, 1983.
3차원 그래픽스 기술을 이용한 작품(오른편).

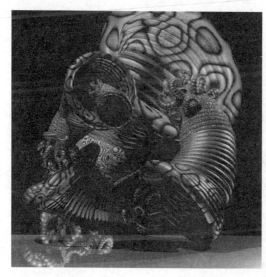

〈그림-7〉
Artificial life 기술을
이용한 작품.
Latham 1992, 「Breeding
Forms on the infinite Plane」,
1992.

를 전제로 하는 또 다른 새로운 예술 형태로서의 가능성을 제시하고
있다.

iii) 예술 행위자로서의 컴퓨터: 독립된 에이전트로서의 컴퓨터가 예술
적 창조 행위를 수행하는 경우이다. 한 예로서 캘리포니아 주립대학의
코헨Harold Cohen 교수가 개발한 Aaron이라는 알고리즘은 작품 소재를
입력받아 알고리즘 고유의 스타일로서 작품을 구성한 후 그 결과를 컬러
플로터나 로봇 모션으로서 출력한다(Reference). Aaron이 그린 수십 점
의 작품에서는 알고리즘을 개발한 코헨 교수의 스타일과는 전혀 다른
Aaron의 고유한 스타일을 느낄 수 있다. 엄밀한 의미에서 '예술가로서의
컴퓨터'는 현재의 기술로는 존재하지 않는다. 이는 창조성이라는 것이
지능 intelligence뿐 아니라 의식 consciousness과 감성 emotion에 의거하
기 때문이며 이러한 인간 내면에 관련된 요소들을 모델링할 만한 계산적
이론 computational theory이 충분히 연구되지 않았기 때문이다.

〈그림-8〉 컴퓨터 알고리즘인 Aaron이 만들어낸 작품. 컬러링은 Cohen 교수가 직접 하였다.
Harold Cohen, 「Untitled」, 1985.

미디어로서 컴퓨터의 장점 내지 특색은 무엇인가? 흔히 예술은 순수 예술(회화 · 조각 · 음악 등)과 비순수 예술(연극 · 무용 · 영화 · 비디오 예술 등)로 분류된다. 순수 예술의 특징은 단일 예술가가 단일 미디어를 사용한다는 데 있다. 더욱이 예술가는 자신이 사용하는 미디어와 도구를 완벽하게 이해하고 컨트롤하며 이러한 능력은 평생에 걸친 노력에 의해 얻어지는 것이 보통이다. 비순수 예술은 이와 반대로서 복수의 미디어간의 상호 작용이 완벽히 정의되어 있지 않으며 미디어를 다루는 도구도 완벽히 이해되거나 컨트롤되지 못한다. 이 점이 비순수 예술의 예술적 가치가 낮게 평가되는 가장 큰 원인인 듯싶다. 컴퓨터는 여러 종류의 미디어를 동시에 제공하면서도 그 속성상 미디어를 완벽하게 제공한다. 또한 순수 예술의 강점인 재현성, 즉 시공간을 뛰어넘어 완벽하게 재현할 수 있는 능력을 지닌다. 따라서, 컴퓨터는 복합 예술이면서도 높은 예술성을 지니는 작품을 가능케 할 수 있다. 물론 지금까지 이러한 가능성이 현실화되고 있지는 않다.

6. 컴퓨터와 영화

컴퓨터와 예술, 특히 컴퓨터와 영화는 불가분의 관계를 맺고 있다. 공상과학영화에서 묘사된 컴퓨터는 때로는 인간의 동반자나 충실한 하인으로서, 때로는 초인적인 경외의 대상으로서 조명되어왔으며 어느 경우이든 컴퓨터 개발자들에게 도전과 원대한 목표를 제시해왔다. 영화와의 관계에서 컴퓨터는 초기에는 주로 영화 소재의 대상이었다. 큐브릭 Kubrick 감독의 「2001 스페이스 오디세이 Space Odyssey: 2001」은 이 분야의 압권으로 오늘날까지 인정받고 있다. 수년 전부터 컴퓨터는 단순히 영화 소재의 대상으로서가 아니라 영화 제작의 여러 단계에서 중요한 역할을 차지하기 시작하였다. 일반인들에게는 현실에서 촬영 불가능한 장면을 처리하는 특수 촬영이 가장 먼저 피부에 와 닿는 어플리케이션이라 하겠으나 실제로 영화 제작의 생산성 향상과 디지털 필름 기술이 이 단계에서 컴퓨터의 가장 큰 기여라 생각된다. 특수 촬영에서의 컴퓨터 기술도 초기에는 촬영이 불가능한 장면이나 현실에 존재하지 않는 상황을 재현하는 데 이용되었으나 최근에는 제작 비용과 기일을 단축시키는 목적으로 사용되고 있다. 즉 수백 명의 엑스트라만을 동원하여 야구 스타디움을 채운다든지 (영화 「Babe Ruth」), 낮에 촬영한 신 *scene*을 밤 장면으로 바꾸는(영화 「Young Indiana Jones」) 등 특수 촬영에 사용된 컴퓨터 기술이 관람객에게 전혀 노출이 되지 않는 것이 최근의 경향이다. 이상을 요약하면 1) 영화 소재의 대상으로서, 다음으로는 2) 기존 컴퓨터 기술의 영화 제작에의 응용으로서, 더 나아가서 3) 영화 제작을 위한 새로운 컴퓨터 기술의 개발로서 영화에서의 컴퓨터의 위상을 설정할 수 있다.

기술적인 면에서 영화와 컴퓨터의 관계를 살펴보자. 이 글의 첫머리에 언급한 바와 같이 두 분야 모두 국내 생산품보다는 수입품, 특히 미국 제품에 전적으로 의존한다는 공통점을 가지고 있다. 이는 우연이라기보다 다음과 같은 공통점에 의한 필연이라고 생각한다.

— 문화 종속성: 두 분야 모두 문화적인 요소가 제품에 강하게 작용한다. 또한 양질의 제품 제작에는 문화의 뒷받침이 있어야 한다.
— 창의성: 두 분야 모두 제품 생산에 고도의 창의력을 요구한다.
— 제작 기술: 두 분야 모두 소프트웨어의 성공 여부는 사용자 혹은 관람객들로 하여금 suspension of disbelief(현실감 망각)를 얼마나 강하게 느끼게 하느냐에 크게 좌우된다. Suspension of disbelief를 생성해내고 유지시키는 것에 관해서는 기본적인 가이드라인은 있지만, 결국에는 개인의 능력과 경험에 의존한다.
— 제작 과정: 소프트웨어 생산 과정에 거치는 프로세스들의 기본 성

격에 많은 공통점이 있다. 컴퓨터 소프트웨어의 개발과 생산에도 영화 소프트웨어와 마찬가지로 시나리오, 스토리보드, 모션 컨트롤, 시네마토그래피, 미디어 제어, 편집, 시험 배급 과정을 거친다.
— 유통 및 배급: 영화 소프트웨어 못지않게 컴퓨터 소프트웨어의 성공에도 라벨의 인지도, 배급망, 그리고 홍보가 매우 중요한 역할을 한다.

컴퓨터 기술의 향상을 위하여 영화 제작 기법으로부터 배울 것은 무엇인가? 아직까지는 이러한 관점에서의 컴퓨터 기술의 연구가 활발하지는 않다. 가장 먼저 이러한 면에 눈을 돌린 분야는 컴퓨터 게임 분야이다. 컴퓨터 게임 소프트웨어는 일반 소프트웨어보다 훨씬 영화적인 요소가 강하다. 컴퓨터 게임의 스토리가 영화의 스토리만큼 복잡해짐에 따라 영화 제작의 주요 요소—스토리 보드, 시나리오, 음향 및 음악—가 게임 제작에 공히 적용되고 있다. 또한 장시간 동안 관람객의 주의를 집중시키며 suspension of disbelief를 계속 유지시키는 영화의 기법을 컴퓨터 게임이 제공하는 가상 현실에 사용자를 몰입시키는 데 적용하고 있다.

컴퓨터 사용자에게 보다 직관적이고 자연스러운 인터페이스를 제공하기 위한 HCI 분야에서도 suspension of disbelief 이슈가 중요하게 부각된다. 따라서 연극이나 영화로부터 관련 테크닉을 도입 · 적용하려는 시도가 간헐적으로 시도되고 있다. 앞으로 가상 현실감 분야의 연구가 본격화되어 가상 세계 제작이 가상 현실감 시스템 제작보다 더 중요한 이슈가 되면 지난 수십 년 간 꾸준히 개발되어온 영화 제작 기법이 가상 현실 연구에 큰 자원이 되리라 생각한다.

컴퓨터 소프트웨어는 점차로 멀티미디어화하고 있다. 따라서 영화적인 요소가 점점 더 증가하고 있는 추세이다. 반면, 영화 소프트웨어는 점차로 컴퓨터 기술에의 의존도가 높아지고 있다. 특수 효과에서부터 시작하여 영화 기획과 제작, 그리고 유통에 이르기까지 컴퓨터 기술이 파고들고 있다. 또 하나의 추세는 데스크 탑 무비이다. 메인 스트림 영화 산업과는 독립적으로 데스크 탑 무비가 확산되고 있으며 인터넷의 발전에 힘입어 그 확산 속도에 가속도가 붙고 있다. 실용적인 측면에서 보았을 때 데스크 탑 무비를 위한 컴퓨터 기술 개발을 본격적으로 할 시기에 와 있다고 본다.

몇 년 전부터 영화와 컴퓨터의 만남은 당연한 것으로 여겨졌고, 이 추세에 선도적인 역할을 하는 기업은 미래가 보장된 것으로 예견되었다. 실리콘 밸리와 할리우드 두 단어를 합성한 실리우드Siliwood라는 단어는 매우 매력적으로 들렸다. 영화 산업과 컴퓨터 산업간에 많은 공동 사업이 시도되었다. 그러나 결과는 애당초 기대했던 것과는 달랐다. 단기간에 결과를 내기 위한 사업들은 대부분 실패로 돌아갔다. 상대방 분야에 대한 충분한 이해와 사전 지식 없이 접근한 것이 주 원인이었다. 그러나 영화와 컴퓨터, 넓게는 미디어와 컴퓨터의 융합은 기술적으로, 사회적으로, 사업적으로 이루어질 수밖에 없는 대세이다. 이미 마이크로소프트, 인텔, 소니와 같은 세계적인 기업들은 이런 추세를 선도하고 있다.

7. 과학자와 예술가

예술가와 과학자는 공존해왔고 앞으로도 공존할 것이다. 그러나 예술과 과학은 독립적으로 발전해오면서 간헐적인 조우를 통해 상호 도움을 받아왔다. 예술과 과학 사이에 교류가 빈번하면 할수록 서로를 발전시킬 수 있는 기회가 증가하고 컴퓨터는 상호 교류와 이해를 증진시키기 위한 가장 좋은 매체 역할을 한다. 따라서 컴퓨터 과학자는 다른 분야의 과학자에 비해 예술가와의 접촉이나 협력 기회를 많이 가질 수 있다.

과학자와 예술가가 협력을 통하여 예술가 단독으로 작품을 제작할 때보다 더 높은 수준의 작품을 이루기 위해서는 양자간의 상호 신뢰와 존중이 선행되어야 하고 이를 바탕으로 상대방의 전문성에 대해 상당한 지식을 쌓아야 한다. 필자를 비롯하여 대부분의 과학자가 테크노 아트를 대했을 때, 우선 작품의 예술성보다는 작품에 사용된 기술 수준에 더 관심을 갖게 되고 이에 따라 작품의 질을 연계시키는 오류를 범하기 쉽다.

반면에 테크노 아티스트 역시 새로운 테크놀러지를 선구적으로 이용해본다는 사실을 중시하고 테크놀러지 자체를 마스터하려는 노력은 소홀히하기 쉽다.

예술가가 자신의 작품에 새로운 테크놀러지를 도입하는 과정은 크게 세 단계를 거친다. 첫째, 예술가가 특정 테크놀러지에 관심을 갖고 그 가능성에 대해 실험을 해본다. 둘째, 테크놀러지가 그의 작품 활동에 쓰일 수 있다는 확신을 갖고 그 테크놀러지를 이해하고 사용 기술을 숙달한다. 이 단계는 예술가로서는 매우 지루하고 어려울 수 있다. 그러나 테크놀러지의 이해 정도에 따라 궁극적으로 작품의 질이 결정되므로 이 단계에 많은 노력과 시간을 할애하여야 한다. 이 과정에서 과학자의 협조가 많은 도움이 된다. 셋째, 테크놀러지를 이용하여 창작 활동에 들어간다.

컴퓨터 기술을 비롯하여 테크놀러지가 예술 작품에 두드러지게 나타나는 테크노 아트가 전통 예술의 한 분야로 자리잡기 위해서는 위에서 지적한 대로 예술가의 테크놀러지에 대한 완벽한 이해가 필요 조건이 된다. 그러나 이 조건만으로는 충분치 못하다. 이와 더불어 테크놀러지 자체가 예술가에 맞게끔 변화되어야 하다. 특히 컴퓨터 기술을 예술가가 자유자재로 사용하기 위해서는 사용자 인터페이스 부분에서의 기술 발전이 절실히 요구된다. 왜냐하면 예술가의 표현력을 제한하는 것은 컴퓨터의 기능 자체가 아니라 인터페이스이기 때문이다. 또 다른 조건으로는 작품이 질과 양에 있어서 어느 수준의 임계치를 넘어서야 한다.

8. 결론

나는 지금 1년 간 미국 대학에 방문 연구차 와 있다. 1년이라는 기간이 짧다면 짧고, 길다면 길 수도 있다. 내가 미국에 도착해서 가장 먼저 한 것은 자동차를 구입한 것도 아니고, 아파트를 구한 것도 아니었다. 내 컴퓨터를 인터넷에 연결하는 것이 급선무였다. 이는 내 전공이 컴퓨터이어서만은 아닐 것이라고 생각한다. 그만큼 우리 생활에서 사이버스페이스의 비중이 높아졌기 때문일 것이다. 그리고 얼마 후 가구 하나를 구입했다. 이것의 원산지는 이탈리아. 그곳에서 만들어 미국까지 실어오고, 창고에 저장했다가 고객에게 배달하는 데 얼마나 많은 과정을 거치고, 얼마나 많은 사람들의 손을 거칠 것인가를 생각하니 수출하면 할수록 손해 볼 것 같아 수출국 이탈리아가 가엾게 느껴졌다. 우리나라의 유수 기업이 수출한 전자 레인지의 이곳 소비자 가격이 우리 돈으로 단돈 8만 원. 도대체 얼마에 수출하는가 궁금하다. 게다가 이런저런 이유로 반품되는 비율까지 생각하면 수출한 회사가 망하지 않는 것이 신기할 뿐이다. 반면 지난 주 내가 본 브로드웨이 뮤지컬의 입장료도 8만 원. 환불은 절대 안 해준다. 내가 인터넷 접속과 콘텐츠 사용에 지불하는 금액도 한 달에 10만 원 가량. 반품하거나 환불은 불가하다. 사업을 한다면 어떤 사업을 하겠는가? 그러나 문제는 이런 고부가가치 사업을 하고 싶어도 할 수 없다는 데 있다. 문화 예술 산업에 대한 기술 개발과 인력 양성이 거의 전무한 상황이기 때문이다. 완구회사인 레고LEGO는 지난 5년 이상 MIT에 'Toy of the Future'라는 프로젝트를 지원하여왔다. 그 결과 장난감 블록을 컴퓨터로 제어할 수 있는 Mindstorm이라는 새로운 개념의 상품을 개발하였다. 이것이 상품으로 나오면 그 '교육적 효과' 때문에 우리나라의 학부모들은 앞을 다투어 백화점 수입 코너로 몰릴 것이다. 미국의 소위 블록버스터 필름들의 대부분이 컴퓨터 특수 효과에 의존하고 있다. 특수 효과의 핵심 기술진들은 미국 일류 대학의 졸업생들이다. 세계 최초의 컴퓨터 게임은 MIT에서 만들어졌고, 지금도 MIT, Stanford, Carnegie-Mellon 등지에서 개발된 인공 지능과 컴퓨터 그래픽스 기술은 바로 현장에 적용되고 있다.

지난 50년 간, 방위산업은 세계 유수 대학들의 연구비를 조달하는 데 효자 노릇을 해왔다. 현대 과학 기술의 주요 발견과 발명은 거의 다 방위산업으로부터의 연구비 지원에 의한 것이라 해도 과언은 아니다. 그러나 이제는 국방 예산이 삭감되고 군사 기술 개발이 당위성을 잃고 있다. 방위산업도 큰 타격을 입었지만 대학들도 마찬가지다. 이에 따라 상당수의 방위산업체와 그 기술자들이 문화산업으로 방향을 돌리고 있다. 대학의 연구비도 그 재원의 출처가 문화산업으로 바뀌고 있다. 여태까지 방위산업이 과학 기술의 발전을 이끌어왔듯이 이제는 문화산업이 그 역할을 하는 시대로 들어서고 있다.

나는 한국 전쟁중에 태어나서 전쟁의 비참함을 직접 겪지는 않아도 되었다. 그 대신 한국 전쟁이 끝나자마자 개시된 사상 전쟁을 체험했고, 이어서 80, 90년대의 경제 전쟁의 한가운데 서 있다. 그리고 이제 막 시작된 문화 전쟁에 휩쓸려가고 있다. 이 문화 전쟁에 이기기 위해서는 국가 차원에서 계획을 세우고 대비를 해야 할 것이다. 내가 이 글에서 제안하고 있듯이 culture technology를 통해서 연구와 기술 개발, 인력 양성을 하자는 것이 공허한 외침으로 끝나지 않기를 바란다.

참고 문헌

Daniel Arijon, 황욱수 옮김, 『영상 문법』, 다보문화, 1987.

Brenda Laurel, *Computers as Theater*, Addison-Wesley, 1991.

D. W. Thomson, *On Growth and Form*, Cambridge Univ. Press, 1917.

E. H. Gombrich, *Art and Illusion*, Princeton University Press, 1960.

J. W. von Goethe, *Theory of Colours*, MIT Press, 1970.

Linda Jacobson(ed.), *Cyber Arts*, Miller Freeman Inc., 1992.

Leonard Shlain, *Art and Physics*, William Morrow Co., 1991.

Martin Kemp, *The Science of Art*, Yale University Press, 1990.

Matila Ghyka, *The Geometry of Art and Life*, Dover Publications, 1977.

Myron Krueger, *Artificial Reality* II, Addison Wesley, 1991.

Pamela McCorduck, *Aaron's Code*, Freeman and Co., 1991.

Rudolf Arnheim, *Entropy and Art*, University of California Press, 1971.

Special Report: Art and Technology, *IEEE Spectrum*, Vol. 35, No. 7, July 1998, pp. 19~37.

Stephen Todd and William Latham, *Evolutionary Art and Computers*, Academic Press, 1992.

William Invis. Jr., *Art and Geometry*, Dover Publications, 1946.

인간을 위한 디자인
——기계 미학에서 디지털 미학까지

권은숙

1. 미래에 대한 시나리오

"가족이나 친구로부터 벅찬 감동을 느꼈던 그 순간의 감정을 저장해두고, 가끔씩 그 감정들을 되돌려볼 수 있다면 행복하였던 그 순간이 오래 지속될 수 있지 않을까."

"잦은 출장에서도 쉽게 몸에 지닐 수 있는 비디오 폰으로 회사의 동료나 가족과 친밀한 대화를 할 수 있다면 얼마나 업무의 효율이 오를까."

"태양 에너지를 이용하여 자신이 좋아하는 음악을 수록한 칩을 티셔츠에 붙여 입고, 언제 어디서나 부담 없이 음악을 즐길 수 있다면."

이 모든 이야기는 네덜란드 필립스 전자Philips Electronics사가 1996년 개발한 미래에 대한 삶의 비전에서 소개되는 제품 개발 시나리오다. '필립스사 미래의 비전 *Philips Vision of the Future*' 이라는 제목으로 진행된 이 연구에서는 다양한 분야의 사람들이 공동으로 참여하여 새롭게 나타나게 될 삶의 경향을 예측하고 이를 새로운 제품이나 서비스의 아이디어로 발전시켰다. 앞에서 서술된 시나리오들은 '감정 보관함 *emotion containers*' '비디오 폰 손목시계 *video phone watch*' '음악을 위한 티셔츠 *chip shirt*' 등의 미래형 제품으로 개발되었다. 필립스사와 같이 가장 경제적인 생산 체제와 국제적 경영을 추구하는 가전업체에서 미래의 삶에 대한 시나리오를 구상하고, 이를 미래형 제품의 전형으로 연구하였다는 것은 참으로 색다른 느낌을 준다. 이제 기업은 특정 기능을 지닌 상품을 생산하는 단순 생산자에서 삶의 방식과 가치에 대한 다양성을 제공하는 문화 생산자로서 기능의 중심이 변화되고 있는 것이다.

「터미네이터」나 「데몰리션맨」과 같은 영화에서는 미래의 모습이 기계적이고 섬뜩한 이미지로 그려진다. 그러나 첨단 기술로 이뤄지는 미래의 모습이 그렇게 비인간적이기만 할 것인가? 지난 20세기가 보다 편리하고 경제적인 삶을 추구해왔다면, 다가오는 21세기는 엄청나게 발전되는 기술을 통하여 보다 민주적이고 풍요로운 삶의 방식을 제공할 수 있지 않을까. 많은 미래학자들과 문학가들이 제시하는 미래에 대한 다양한 연구가 문자 중심의 연구라면, 이와 같은 연구를 현실화시키는 것이 기술을 넘어서 디자인 산업이 함께 해결해가야 하는 연구 방향이다.

'미래의 비전'을 위하여 필립스사는 기업 내의 다분야 전문가들을 모아 특별 연구팀을 구성하였다. 개인, 가정, 공공 생활, 운송 수단 등의 4개 분야에서 10년 후, 그리고 5년 후에 벌어질 삶의 모습을 300여 개의 시나리오로 완성하고, 이 시나리오를 대변하는 구체적인 디자인안을 60개로 압축하여 발전시켰다. 이들 구체화된 60개의 시나리오는 유럽·아시아·북미에서 활동중인 미래학자들의 검증을 거쳐, 미래의 기술과 사회 문화 현상에 적합한 디자인안으로 탄생되었다. 향후 10년에 걸쳐 필립스사가 추진해갈 디자인의 지표가 되는 이 연구는, 300여 개의 개념적 디자인을 개발하였다는 가시적 효과 이외에도 필립스사가 디자인 철학을 새롭게 정립하였다는 점에서 그 의의를 찾을 수 있다. 필립스사의 전형적인 디자인으로 정착되어왔던 기능이 강조된 흑백의 단순한 디자인이 다양한 색채와 재료들로 인간과 교류되는 상호 작용성에 초점을 맞추어, 감성적 특성을 강조한 디자인으로 변화된 것이 눈에 띈다. 제품

〈그림-1〉 'philips vision of the future' 의 예
(왼쪽부터 video phone watch, chip shirt, emotion containers).

은 더 이상 기능을 제공하는 상자로서 존재하는 것이 아니라, 인간의
감성을 보관하고 전달할 수 있는 메신저로서 보다 가깝게 다가오고
있다.

'미래의 비전'은 1996년 미국 우수산업디자인상 *Industrial Design
Excellence Awards*(IDEA)의 연구 부분 금상을 수상하였으며, 세계의 디
자인 기업과 교육 기관에서 가장 주목받는 연구로 손꼽히고 있다. 손으
로 돌려 에너지를 공급받는 어린이용 멀티미디어 장난감은 첨단의 기술
과 가장 오래된 기술을 어린이용 제품에 결합하였다는 점이 독특하다.
'키드 쉬바'는 어린이들이 네트워크상에서 놀이와 학습을 즐길 수 있는
개인용 제품이며, '홈 워크'는 가정에서 편안하게 정보를 교류할 수 있
는 새로운 개념의 정보 가구이다.

'정서 보관함'과 같이 '미래의 비전'이 제시하는 디자인들은 가장 기
계적이지 않은 방법으로, 첨단의 기술을 이용하여 빠르고 효과적으로
커뮤니케이션할 수 있는 방법을 제시하고 있다. 이제 그들에게는 어떻
게 '정서'를 보관할 것인가에 대한 기술적 해결과 '정서 보관'의 개념을
구체적으로 상품화하는 디자인과 기술의 구현이 남아 있을 뿐이다.

디자인의 연구는 현실성을 과감히 탈피함으로써 문제를 새로운 각도
에서 보는 독창성을 필요로 한다. 이런 엉뚱함과 예리함이 이전에는 존
재하지 않았던 새로운 개념의 제품을 탄생시키는 것이다. 소니SONY사
의 워크맨Walkman 시리즈도 이 같은 엉뚱함에서 출발되었다. 실내의
고정된 장소에서만 들을 수 있는 음악을 거리를 걷거나, 스케이트 보드

를 타면서 들을 수 있다면 얼마나 좋을까 하는 엉뚱한 꿈이 80년대의 가장 성공적인 제품인 워크맨을 탄생시켰다. 기술이 우선인가, 디자인이 우선인가에 대한 해묵은 논쟁에 휘말리기보다, 21세기를 향하는 디자인은 필립스사와 같이 기술력과 디자이너의 꿈이 함께 어우러지는 활기찬 연구 환경을 필요로 한다.

2. 우수한 디자인의 발전

21세기의 새로운 삶에 대한 꿈을 키워가는 현재의 디자이너들과 같이, 20세기초의 디자이너들도 산업 혁명으로 야기된 엄청난 변화를 삶으로 끌어들였던 일종의 마술사였다. 기업 내에 소속된 무명의 디자이너부터, 뛰어난 디자인 감각으로 세계 디자인계의 스타로서 영향을 미친 유명 디자이너에 이르기까지 디자이너의 꿈은 전화기 · 토스터 · 타자기 · 자동차 · 컴퓨터, 첨단의 소프트웨어 등으로 구현되어왔다. 1949년 『타임』지의 표지를 장식한 미국의 대표적 산업 디자이너인 레이먼드 로위 Raymond Loewy는 럭키 스트라이크의 담배 포장에서부터, 수많은 가전 제품과 자동차 · 기차 · 선박, 그리고 우주선의 디자인에 이르기까지 디자인으로 상품의 가치를 극대화시킨 스타 디자이너였다. 1930년대 레이먼드 로위가 디자인한 유선형의 냉장고 · 토스터 들은 기능적이면서도 우아한 조형미를 내포함과 동시에, 그 당시 기술 문화의 첨병이었던 자동차가 제공하는 현대미를 표현함으로써 풍요로운 삶을 향한 소비자의 꿈을 완성시켜주었다.

2차 세계 대전 전후의 미국과 서구 유럽의 디자인은 빠르게 발전하는 기술이 표방하는 희망과 가능성으로 활기에 가득 찼다. 슈퍼맨과 코믹 만화의 영웅들이 탄생하여 대중화되는 사회 현상 속에서 빠른 속도감과 변화에 대한 개념을 정착시켰으며, 신재료의 발견과 함께 운송 기기의

◀〈그림-2〉『타임』지의 표지를 장식한 레이먼드 로위와 그의
유선형 디자인.

▲〈그림-3〉뉴욕 박람회 기간 중 공연된 「세기의 대결」.

◀〈그림-4〉1948년 GM의 캐딜락 광고.[1]

발전은 공상의 세계를 현실화하는 기술 발전의 개가였다. 이 시대에도
디자이너는 혁신적인 제품에 의한 새로운 삶의 방식을 끊임없이 선보였
다. 냉장고·세탁기·진공 청소기의 대중화는 주부의 일손을 덜어주면
서, 기계 기술의 발전에 따른 장밋빛 미래가 바로 눈앞에 있음을 알렸
다. 1939년과 1940년에 개최된 뉴욕 만국 박람회에서는 '미래를 위한
디자인 Design for Tomorrow'의 주제관이 눈길을 끌었다. 이 박람회에서

---

1) Jonathan M. Woodham, *Twentieth-Century Design*, Oxford University Press, 1997, p.
114.

는 1930년대에 엄청난 발전을 이룬 운송 기기, 과학, 그리고 통신이 주요 테마로서, 공상과학소설에서 표현되었던 많은 상상의 제품들이 유명 디자이너의 손을 거쳐 제품화됨으로써 디자이너라는 직업을 일반인들에게 널리 알릴 수 있는 계기가 되기도 하였다. 레이먼드 로위를 비롯하여 월터 도윈 티그Walter Dorwin Teague, 노만 벨 게데스Norman Bel Geddes와 같은 디자이너들은 기계 기술의 발전을 우수한 디자인으로 승화시킴으로써 미국의 디자인 산업을 발전시킨 선구자들이며, 이들의 역할은 뉴욕 만국 박람회의 주제관을 통하여 빛을 발하였다. 웨스팅하우스Westinghouse 전자가 자사의 자동 세척기를 선전하기 위하여 만국 박람회 중에 전시한 접시 닦기 콘테스트는 기계 기술이 제공할 이상적 삶을 충실히 그려간 예이다(〈그림-3〉). '일하는 부인Mrs. Drudge'과 '현대적 부인Mrs. Modern' 간의 접시 닦는 대결은 '세기의 대결 Battle of the Centuries'이라는 제목으로 미래의 세계에 대한 기업의 비전을 제시하면서 기계 미학적 제품에 대한 소비자들의 요구를 발전시켜갔다.

이와 같이 기계 기술의 발전으로 새롭게 탄생한 수많은 제품들은 기능주의의 기계 미학을 통하여 꿈이 있는 현대 생활을 그려갔다. 자동차와 기차로 대변되던 속도감이 우주 시대로의 도약을 희망하는 발사체와 우주선으로 변화된 시기도 있다. 1950년대 미국의 자동차는 긴 몸체에 곡선이 진 원도, 과장된 뒷몸체를 반짝이는 스테인리스 스틸로 강조하였다. 〈그림-4〉에서 보여지는 한 자동차 광고는 우주 시대를 가장 현대적인 것으로 인지하였던 한 시대의 단편을 보여준다.

하나의 제품 디자인이 지닌 가치는 기능적 만족에서부터 경제적·미적·상징적 만족으로 확대된다. 자동차 디자인의 예와 같이 기능적·경제적 만족이 이뤄지면, 다양한 제품들이 제공하는 미적·상징적 만족에 대한 비중이 점차 커지게 되는 것이다. 자동차이지만 우주 시대를 연상시키는 상징적 표현은 이 같은 제품으로 특정 소비자들을 만족시키면

196

서, 독특한 시대 문화를 형성해간다.

그러나 대량 생산된 제품의 기계 미학으로 대변되던 우수한 디자인의 의미도 디지털 시대를 맞이하여 새로운 디자인의 패러다임을 필요로 하고 있다. 서양인의 아침 식사에서 빼놓을 수 없는 토스터를 통해 20세기 디자인의 흐름을 살펴보자. 따뜻하게 구워진 토스트로 서양인의 아침을 열어주는 토스터의 디자인은 1930년대부터 많은 디자이너가 디자인하였던 주요 가전 제품이다. 스테인리스 스틸의 반짝이는 상자형 토스터기는 50년대와 60년대의 기능주의 미학을 대표하면서, 가정 생활의 '현대성'을 대표하는 상징적 제품으로 여겨졌다. 토스터가 한 가정의 부엌에서 가장 눈에 띄는 대표적 디자인이 된 것이다. 〈그림-5〉에서 보는 것처럼, 토스터는 신혼 부부에게는 필수품으로서, 주부에게는 행복을 안겨다주는 복덩어리 제품이었다. 그 당시의 홍보물을 살펴보면, 신부와

〈그림-5〉
금속 재질의 현대성을 강조한 전형적 토스터기(위 왼편)
필립스사의 휴먼웨어 토스터(위 오른편)
선빔사의 토스터 로직(아래)

결혼 반지를 통해 현대적이고 이상적인 삶을 제시하는 토스터의 의미와 상징성이 크게 부각되어 있다.

그러나 토스터 디자인의 형태는 제품의 기능을 떠나, 자동차 시대의 유선형적 속도감과 우주 시대의 로켓과 같은 속도감을 반짝이는 금속 재질로 표현함으로써, 기술 중심적 사회 현상을 대변하는 상징적 제품으로 군림하였다. 따라서 70년대와 80년대에 혁신적 플라스틱의 개발로 상당수의 토스터들이 새로운 형태로 발전될 수 있음에도 불구하고, 금속 재질의 토스터는 상자형의 기하학적 형태에서부터 유선형의 유기적 형태에 이르기까지 모든 토스터 디자인의 전형이 되어왔다. 더구나 최근의 토스터 디자인은 국제 시장 속에서 가격과 디자인 경쟁으로 인하여 가정 내에서의 미적·상징적 위치에서 밀려나, 이제는 싸구려 가전 제품의 하나로 전락해버렸다.

그럼에도 불구하고 토스터는 자동차·오디오·가구 등과 함께 소비자의 라이프 스타일을 대변하는 대표적 디자인물임에 틀림없다. 1995년 개발된 필립스사의 '휴먼웨어 *Humanware*' 토스터와 1997년 개발된 미국 선빔 Sunbeam사의 '토스터 로직 *Toaster Logic*' 은 기능을 초월한 새로운 디자인의 방향을 제시하였다.

필립스사의 '휴먼웨어' 시리즈는 기능주의 미학의 한계를 벗어나, 새로운 디자인의 방향을 모색하기 위한 노력이 낳은 산물이다. 전혀 기계적이지 않으면서, 인간적인 제품의 개발을 위하여 필립스사는 이탈리아의 세계적 생활 용품 업체인 알레시 Alessi사와 힘을 합하여, 차세대적 주방 기기를 개발하였다. 과거 만남의 장소로서 인식되던 부엌의 가치를 새롭게 조명함으로써, 잃어버린 인간적 삶의 질을 되살리기 위한 디자인 철학하에 '휴먼웨어' 는 개발된 것이다. 종래의 박스형 토스터와는 전혀 다르게, 영혼을 불러넣은 듯한 휴먼웨어 토스터는 빵과 연관된 인간의 시각적·촉각적 만족감을 제공하는 감성적 디자인이다. 호텔의 뷔페 식당에 늘어선 휴먼웨어 토스터가 톡톡 올리는 빵들이 마치, 한 편의 애니메이션을 보는 것같이 즐거웠다는 한 디자이너의 이야기는 '이야기가 있는 제품'의 친근함을 느끼게 한다. 새로운 재료와 색채의 적용으로 아침 식사를 준비하는 많은 가정과 호텔에 즐거움을 선사한 '휴먼웨어' 디자인은 감성적 디자인의 가치를 인식시킨 90년대 디자인의 대표작이다. 'Less is More' 또는 'Less is Best'로 표방되어왔던 기능주의의 시각 언어는 'Less is Bore'라는 포스트모더니즘의 새로운 시각에 의하여 비방을 받아왔다. 이와 같이 변화되는 디자인 조형에 대한 시각하에서, 필립스의 '휴먼웨어'는 새로운 조형 미학을 인간적 감성으로 발전시킨 성공적 사례이다. 필립스의 새로운 제품 라인의 브랜드명이 '휴먼웨어'인 것은 인간적인 따스함과 편안함을 제공하는, '하드웨어'가 아닌 '휴먼웨어'임을 강조하기 위함이다.

선빔사의 '토스터 로직'은 이름 그대로 기능과 미를 논리적으로 조화시킨 제품이다. 빵을 굽는 정도에 따라서 열 기능을 조절하는 '토스터 로직'의 알고리듬은 첨단의 최소형 마이크로 칩이 제어하여 빵의 종류와 두께에 따라 맛있는 토스트를 자동적으로 굽는다. 빵의 밀도에 관계없이 일정한 수준으로 빵을 구울 수 있는 인공 지능의 기능 이외에도, 마이크로 칩은 토스터 내부의 기능을 총체적으로 조절하여 가장 효과적으로 전기를 사용하도록 하는 제어 기능을 갖기도 한다. 그러나 이 같은 첨단의 기능을 바탕으로 한 '토스터 로직'의 혁신성은 오히려 엉뚱한 이야기 속에서 발견된다. 얼마나 많은 사람들이 잠깐의 실수로 빵을 태우고 있는가? 비록 기술이 이 같은 실수를 보정해준다고 할지라도, 아침에 빵을 굽는 과정이 갖는 상징적·의식적 의미를 대신하지는 못한다. '토스터 로직'에 적용된 조그만 창은 토스터의 안과 밖을 연결시키는 의미 있는 매개체이다. 이 작은 창은 자동으로 제어되는 토스터의 기계적 특성과 가끔의 실수를 인간적인 방법으로 보정할 수 있는 기회를 준다. 또한 자신의 빵이 익어가는 과정을 지켜보는 기쁨은 단순히 구어진 토스트를 먹는 행위보다 더 큰 즐거움일 수 있다는 점을 '토스터 로직'은 간과하지 않고 있다. 최근 대두되는 '훔쳐보기'의 매력이 이곳에서도 발견된다. 어린이나 어른이나 토스터의 작은 창을 통해 들여다보는 아침의 포근함과 안락감은 삶의 커다란 활력소가 됨에 틀림없다. 실제로 이 제품은 1997년 시장에 출하된 이후 선풍적인 인기하에 판매되고 있다. 선빔의 오스터Oster 브랜드는 늘 중저가의 제품이라는 이미지를 벗어나지 못하다가, 이 제품 하나로 미국 내의 최고 백화점에 자사의 상품을 진열할 수 있는 기회를 갖게 됨으로써, 회사의 이미지를 높이고 많은 이익을 창출하고 있다. 우수한 디자인의 힘은 바로 이런 것이다. 토스터뿐 아니라, 우수한 디자인은 기술과 사회 문화의 흐름 속에서 질quality적 삶으로의 변화를 예고하는 지표가 된다. 단순히 기능만을 충족시키던 기능주의적 디자인의 시대는 이제 끝나가고 있다.

3. 디자인 패러다임의 변화: 하드웨어와 소프트웨어가 통합된 디자인의 신개념

디지털 기술의 발전은 기계적인 기능으로 대변되던 제품의 품질을 새로운 각도에서 고찰하게 한다. 특정 기능을 수행하기 위하여 필요시되던 제품의 물리적 크기는 디지털 기술로 변환되면서 그 의미를 잃게 된다. 이제 제품의 크기를 결정하는 요인은 기술에 의한 한계를 벗어나 이를 사용하는 사용자의 신체와 인지적 특성에 의해 좌우된다. 과거 전화기의 내부를 꽉 채우던 기계 부품들은 아주 작은 크기의 칩들로 대체되었다. 그럼에도 불구하고 전화기의 디자인이 과거와 같은 크기와 형태를 고수하는 이유는 귀와 입, 손을 사용하여 통화하고, 전화를 거는 인간의 신체적·인지적 특성 때문이다. 과거 아날로그 시대에 우수한 디자인의 평가 요인에 속하던 축소 지향의 디자인은 이제 그 의미를 잃어가고 있다. 전자 계산기를 동전 크기로 만들어 지갑에 넣어 다닐 수 있는 기술이 있다고 할지라도, 손으로 누르는 계산 방식을 활용하는 한, 손가락의 크기와 정확하게 누름 동작을 수행할 수 있는 적정한 버튼간의 간격은 반드시 지켜져야 한다. 기술이 없어서 만들지 못하는 것이 아니라, 기술이 있어도 지켜져야 하는 디자인의 논리는 존재한다.

즉 제품은 인간이 사용하기에 편리하고, 안전하면서, 만족감을 제공하여야 한다는 가장 본질적인 디자인 문제가 중요하게 대두된다. 과거 기계-중심으로 사고하고 행동하였던 사람들이 가졌던 잘못된 인식은 인간-중심의 기술 *human-centered technology*적 사고로 변환되어야 한다고 인지심리학자인 도널드 노먼Donald Norman은 주장한다. 『일상 제품의 디자인 *the design of everyday things*』『우리를 현명하게 만드는 제품 *things that make us smart*』『보이지 않는 컴퓨터 *the invisible computer*』라는 그의 저서들은, 기계 시대에 잘못 개발된 디자인의 문제점과 디지털로 변화되는 제품의 사용성이 얼마나 중요한 것인가를 정확히 설명한다. 사용자에게는 필요도 없는 기능이 무수히 나열된 제품을 고가로 구입하고, 그 기능을 사용하지도 않는 경우를 주변에서는 흔히 볼 수 있다. 쉽게 사용할 수 없는 VCR, 엄청나게 많은 버튼들로 혼돈을 주는 텔레비전의 리모트 컨트롤러, 매뉴얼을 읽어도 사용하기 어려운 자동 응답 전화기 등은 사용자의 요구와는 거리가 먼 제품들이다.

이와 같이 우수한 디자인을 평가하는 중요한 변수로서 사용성 *usability*을 인식하기 시작한 것은 1970년대 중반부터이다. 제품이 제공하는 기능성, 그리고 제품을 소유하면서 갖게 되는 경제적·상징적 가치에 의해 디자인의 우수성을 평가하던 소비 미학은 소비자가 제품의 가치를 자기 중심적으로 인지하기 시작하면서 새로운 변환기를 맞게 된 것이다. 제품에 대해 갖고 있던 소비자의 이상주의는 제품이 소비자의 요구를 얼마나 충실히 해결하고 있는가에 대한 비평 의식으로 변환되면서 우수한 제품에 대한 소비자의 의식과 요구가 높아지기 시작하였다.

사용성에 대한 디자인계의 관심은 제품을 제어하는 소프트웨어의 기능이 무한하게 확대되는 디지털 기술의 발전으로 더욱 증폭되고 있다. 유선 방송뿐 아니라, 디지털 TV, 인터랙티브 TV가 일반화되면, 전원을 끈 상태에서의 텔레비전을 디자인하던 산업 디자이너는 100개 또는 500여 개의 채널을 볼 수 있는 텔레비전의 디자인을 위하여 하드웨어뿐 아니라 소프트웨어가 통합된 개념에서 디자인 문제를 해결하여야 한다. 특정 기능을 하드웨어로 조절할 것인가, 또는 소프트웨어로 조절할 것인가에 대한 근본적인 문제는 제품의 하드웨어와 소프트웨어의 디자인에 모두 영향을 미치는 중요한 의사 결정이다. 따라서 디지털 혁명 시대에, 제품이 제공하는 엄청나게 많은 정보를 사용자들이 효과적으로 사용할 수 있게 하는 사용성에 대한 연구는 다양한 분야 전문가들의 체계적 연구 과정을 통하여 이뤄지는 것이 바람직하다.

4. 사용자 중심의 디자인

수많은 가전 제품 중에서 텔레비전만큼 기업의 기술력 위에 보태어지는 디자인이 중요한 제품은 드물다. 동등해지는 기술력 외에 제품의 차별적 특성을 부여해주는 디자인은 경쟁사들이 많을수록 그 개발에 한계가 따르게 마련이다. 이 같은 시장의 과다 경쟁은 기업으로 하여금 타사 제품들과 '다르게 보이기' 위한 차별화 전략에 치중하게 만들기도 한다. 그러나 우수한 디자인은 차별화를 위한 디자인을 통하여 차별화되기보다는, 진정으로 소비자들이 원하는 제품을 개발함으로써 자연스럽게 차별화시키는 것이 옳다. 과거 생산자 중심의 디자인이 마케팅 중심으로 변환되었다가, 이제는 사용자 중심의 디자인으로 변화되는 것이다.

사용자 중심의 디자인적 사고로 성공적인 제품을 개발한 사례는 많이 있다. 그 대표적 예가 톰슨 전자Thomson Consumer Eletronics의 프로스캔 라인Proscan Line 텔레비전이다. 톰슨 전자는 텔레비전 · VCR · 캠코더 · 전화기 등의 제품을 생산하는 다국적 기업이다. 현재 톰슨사는 RCA, Proscan Line, GE, Thomson 등의 브랜드로 미주 · 유럽 · 아시아 · 아프리카 등지에 제품을 판매하고 있다. 텔레비전의 경우 시장 점유율은 세계 4위, 유럽 지역 2위, 미주 지역 1위로 평가받고 있다. 이같이 다양한 문화권에 적합한 다종의 브랜드를 생산하고 있는 톰슨 전자의 고민은 각 브랜드마다 차별화된 전략을 수립하는 일이었다. 특히 유럽의 디자인실과 별도로 운영되고 있는 톰슨사의 미국 내 디자인실에서는 소비자들의 감성적 · 행태적 특성에 부합될 수 있는 디자인 브랜드의 개발을 지향하여왔다. 이의 결과로 탄생한 제품이 프로스캔 라인이다.

프로스캔 라인의 디자인 전략은 디자인의 연구 · 개발 및 생산의 전과정에 걸쳐 사용자를 중심으로 생각하는 것이었다. 따라서 20인치에서 60인치까지 다양한 크기의 제품이 있는 프로스캔 라인은 앞선 기술력을 바탕으로, 사용하기에 쉽고 어떠한 장소에서도 잘 조화될 수 있는 특성을 지니고 있다. 대부분의 텔레비전과는 달리, 프로스캔 라인은 앞면과 뒷면을 세련되게 처리하여 사용자들이 흉한 모습의 텔레비전 뒷면을 감추려고 노력할 필요가 없이 어떠한 장소에나 놓을 수 있으며, 심지어는 생활 공간의 한가운데에도 부담 없이 놓을 수 있다.

매우 깔끔하고 현대적인 디자인은 최신 기술과 결합되어 최고가의 제품 시장에 프로스캔 라인의 텔레비전을 부각시키기에 충분하였다. 최고의 성능을 제공하는 슈퍼 플랫Super Flat 브라운관의 개발은 텔레비전 전면부에 현대적 이미지를 적용할 수 있게 하였으며, 화면 위에서 조작되는 시각적 인터페이스는 사용자들의 멘탈 모델 *mental model*과 감성적 특성에 근거하여 연구된 결과물들이다. 특히 프로스캔 라인의 주요한 특성은 인간 공학적으로 디자인된 리모트 컨트롤러에서 찾아볼 수 있다(〈그림-6〉). 리모트 컨트롤러는 본체가 되는 제품을 조작하기 위한 부수적인 장치로 인식되어서는 안 된다. 최근 개발되고 있는 많은 제품

〈그림-6〉 스캔 라인의 리모트 컨트롤러와 텔레비전.

들은 리모트 컨트롤러를 통하여 제품과 사용자들을 교류하게 한다. 이 경우, 리모트 컨트롤러는 제품의 두뇌이자 손발의 역할을 하는 가교이면서, 사용자들이 늘 직접 만지고 이야기하는 커뮤니케이션 수단이다. 따라서 먼 거리에서 보고 즐기는 제품보다 직접 손에 쥐고 조작하는 리모트 컨트롤러의 디자인이 오히려 중요한 시대가 온 것이다. 리모트 컨트롤러의 디자인은 단순히 제품의 조작을 위한 버튼의 나열이 아니라, 다양한 기능을 가진 제품을 사용자들이 효과적으로 사용할 수 있도록 정보의 체계를 설정하고, 이를 제어하는 소프트웨어의 디자인을 하드웨어로 완성한 것이다. 소프트웨어와 하드웨어를 연결하는 리모트 컨트롤러는 손에 쥘 수 있는 컴팩트한 크기이어야 한다는 조건과 올바른 버튼을 선택하기 위한 시각적 · 촉각적 · 청각적 상호 작용성이 요구된다는 점에서 작은 크기이지만 많은 연구를 필요로 하는 제품이다. 프로스캔 라인의 대표적 특성인 리모트 컨트롤러는 단순 기능을 가진 제품에서부터, VCR이나 위성 통신 등에 의한 다채널 방송을 제어할 수 있는 초복

합적 제품까지 '사용자 중심 디자인'의 개념하에서 다양하게 개발되고
있다.

'사용자를 위한 디자인'의 핵심 기술로 대표되고 있는 사용성 평가는
단순히 개발되어진 제품에 대한 평가에만 적용되는 것이 아니라, 이의
결과를 통하여 보다 개선된 디자인으로 발전시키는 중요한 역할을 한
다. 톰슨 전자 사용성 평가팀은 리모트 컨트롤러와 화면에서 보여지는
시각적 인터페이스 디자인에 대한 체계적인 연구 과정을 통하여, 불필
요한 기능을 과감히 제거하고 사용하기에 편리한 사용자 중심 디자인을
발전시키고 있다.

5. 디지털 혁명과 디자인 혁명

정보화 시대의 디자인은 컴퓨터 기술과 분리하여 생각할 수 없다. 컴
퓨터로 시작된 디지털 기술은 디자인의 도구 *tool* 로, 방법 *method* 으로,
그리고 내용 *content* 으로서 새로운 미디어에 의한 엄청난 혁명을 만들어
가기 시작하였다. 그 혁명의 정도는 19세기 사진 기술이 표현 예술계에
미친 영향보다 훨씬 엄청난 것으로 예견된다. 이제 디자인은 정보를 다
루는 정보 디자인, 정보와 인간의 조절력을 도와주는 인터페이스 디자
인, 다양한 매체를 활용한 멀티미디어 디자인, 엔터테인먼트 디자인 등
새로운 디자인 분야로 빠르게 발전하는 혁명을 맞이하고 있다.

디자인의 도구이자 방법으로 활용되는 디지털 기술은 일차적으로 적
용되어, 이미 보편적으로 활용되고 있다. 컴퓨터 기술에 기반한 디자인
은 빠른 시간 내에 많은 전문 인력간의 정보 교류를 가능케 하기 때문
에, 제품의 생산 주기를 줄여주는 장점이 있다. 동시 공학적 생산 체계
로의 발전은 숨가쁘게 전개되는 국제 경쟁하에서 우수한 아이디어를 빠
르게 제품화할 수 있게 한다. 과거 평면적으로 표현된 디자인을 입체화

〈그림-7〉
가상 쾌속 조형 기술을 활
용한 사용성 평가 프로그램
의 예.

하기 위하여 수작업으로 제작되던 모형들은 쾌속 조형 기술 *rapid prototyping technology*을 사용하면 몇 시간 만에 시작품으로 완성된다. 컴퓨터 파일로 전송된 데이터를 완성된 시작품으로 자동 변환시키는 쾌속 조형의 기술은 빠른 검증과 변환이 가능하기 때문에 제품 개발 주기를 엄청나게 줄여줄 뿐 아니라, 다양한 시작품을 제작하여 비교함으로써 효과적인 디자인안의 개발에 기여하기도 한다. 또한 실제의 제품을 사용하지 않더라도 컴퓨터를 이용한 시뮬레이션으로 보다 정확하게 사용성을 평가할 수 있는 기술도 개발되고 있다. 특히, 하드웨어와 소프트웨어가 복합적으로 어우러진 제품의 경우 시각·청각·촉각의 다감각에 의한 사용성을 평가하여야 하는데, 움직임이나 피드백을 줄 수 없는 과거의 방법으로는 그리 쉬운 일이 아니었다. 가상으로 구현된 쾌속 조형의 기술은 다감각의 상호 작용성이 요구되는 멀티미디어 제품의 개발과 평가에 중요한 방법으로 활용됨으로써, 사용자 중심 디자인의 구현으로 기업의 경쟁력을 높여준다. 이제 냉장고의 컨트롤 패널이나 오디오 시스템, 무선 전화기의 인터페이스 디자인은 가상으로 구현된 시뮬레이션을 이용하여 사용자에 의한 사용성 평가를 효과적으로 추진할 수 있다(〈그림-7〉).

디자인의 영역이 물리적 제품에서부터 가상의 공간으로 확대되면서, 멀티미디어 컨텐츠 산업과 소프트웨어 산업에서 디자인의 역할이 보다 새롭게 부각되고 있다. 인터페이스 디자인은 문자 · 그래픽스 · 움직임 · 사운드를 효과적으로 통합하여, 가상 세계에서 사용자가 빠르고 정확하게 원하는 정보를 얻을 수 있도록 도와준다. 사용자가 필요로 하는 정보에 빠르게 도달하는 길을 제시하고, 무

〈그림-8〉 상호 작용적 교육의 방법으로 활용되는 CD-Title의 예.

형의 정보에 형태를 부여하며, 정보를 통한 새로운 경험을 제공하는 모든 것이 인터페이스 디자인을 통하여 이뤄진다. 따라서 CD-Title이나 게임, 홈페이지에서 사용되는 인터페이스 디자인은 몇 종류의 아이콘을 제작하는 것이라는 표면적 해석을 넘어, 제품의 사용자와 내용에 부합되는 일련의 시나리오를 통하여 디자인으로 구체화된 표현 체계임을 인식할 때 우수한 디자인은 창조될 수 있다(〈그림-8〉).

6. 인간적인, 너무도 인간적인 디자인

이상과 같이 빠르고, 쉽고, 효과적으로 디자인을 할 수 있는 디자인의 수단과 방법으로서의 디지털 기술은 정보화 시대를 맞이한 디자인 혁명의 전야제에 지나지 않는다. 디지털 혁명에 의한 디자인 혁명은 더 이상 기술을 최고의 목표나 가치에 두지 않는, 디지털 기술을 바탕으로 한 인간 중심의 디자인을 통하여 이뤄질 수 있다. 그러나 디지털 혁명과 디지털 문화에 대한 패러다임의 정착을 위하여는 많은 혼돈의 과정이 필요할지 모른다. 디지털 디자인의 정착을 위하여, 과거 기계 시대에 기술 중심의 디자인이 겪어왔던 시행착오와 혼돈의 시간을 다시 겪어야 하는 것은 아닌가? 20세기초, 수공예 제품이 지닌 정교한 장식미에 익숙해져 있던 사람들에게 있어, 기계 기술에 의해 생산된 제품의 기계 미학은 제품의 품질을 넘어서는 문화적 충격이었다. 새로운 제품이 제공하는 기능적·경제적 특성 이외에도, 제품이 지닌 고유의 아름다움에 대한 가치 변화는 개인의 삶뿐 아니라 기업과 사회에 엄청난 의문을 던져주었다. 어떤 것이 바람직하며, 어떤 것이 아름다운 것인가? 기계 기술의 발전은 수용하면서도 과거 수공예 시대의 아름다움을 고수하여야 한다는 전통주의와 신기술에 적합한 새로운 미학이 존재하고 있다는 혁신주의의 대립은 학계와 산업계에서 첨예하게 부딪치면서 기계 미학을 발전시켜갔다. 그러나 기계 미학의 승리로 모더니즘의 이상주의적 제품들이 보편화되어 있던 디자인계에서도, 인간 중심의 사고와 표현을 통한 새로운 디자인의 방향이 제시되고 있음을 이 글의 여러 사례를 통하여 살펴본 바 있다. 기술 중심으로 발전되던 생산 중심의 디자인이 사용자 중심의 디자인으로 발전된 것은 당연한 귀결이었다.

산업 혁명으로 시작된 새로운 삶의 가치와 미에 대한 혼돈은 디지털 혁명을 맞이한 시점에서 그 유사성을 찾을 수 있다. 갑자기 쏟아진 멀티미디어 산업과 인터넷을 기반으로 한 디자인의 현황을 살펴보면, 엄청나게 발전된 기술에 놀라면서도 그 기술을 사용하여야 할 인간의 가치가 그 변화의 중심에서 빠져 있음에 혼돈을 느끼게 된다. 컴퓨터 기술의 발전은 기술 중심으로 이뤄졌으며, 그 발전의 중심에서 인간의 삶과 가치에 대한 연구는 배제되어왔다. 디지털 미디어로 이뤄진 시각·청각적 결과물의 대표적 특성은 제작 과정과 결과의 전파력에 있어 빠른 속도감을 갖는다는 것이다. 그러나 스피디한 디지털 미디어가 긍정적인 면만 갖고 있는 것은 아니다. 방대한 양의 정보를 빠르고 효과적으로 취득할 수 있는 정보화 시대의 엄청난 이익에도 불구하고 불평등과 빈곤, 사회 계층간의 격리 현상은 디지털 문화의 중요 문제로 대두된다. 정보를 가진 자가 보다 많은 기회를 갖게 되는 부익부 빈익빈 현상이 확대되어, 궁극적으로 가난한 자는 교육과 사회 활동에 대한 자유마저도 침식당하게 된다는 것이다. 부익부 빈익빈 현상은 국가별·민족별·지역별·성별로 더 많은 차이를 만들게 됨으로써, 이에 대한 인식의 재고 없이 맞는 21세기는 오히려 황폐화되어 퇴보된 사회가 될 것이라는 부정적 견해도 있다. 또한 인터넷의 익명성을 이유로 쉽게 표출되는 인간의 이중성과 잔혹성은 새로운 사회의 적으로 표출되기도 한다. 최근 영국을 강타한 미니시리즈 「네트 킬러 net killer」는 인터넷이 제공하는 섹스·폭력에 자연스럽게 중독되어 현실의 삶마저 황폐해져가는 젊은이의 문제를 실감 있게 다룬다.

이와 같은 디지털 매체의 분리성·폭력성에 대한 문제의 발생은 지난 30여 년 간 학계·산업계 및 정부가 예술 문화의 주요 흐름으로서 디지털 매체 활용에 대한 지식 기반을 체계적으로 형성하는 데 무관심하였다는 것에 기인한다. 마우스 버튼을 조작하는 기술적 교육은 그 결과물이 창출하는 사회·문화·정치적 영향에 대한 사고조차 가로막았으며, 디지털 매체를 활용한 다양한 직업과 연구 분야의 활동 영역을 확고히 할 수 있는 지적 기반조차 형성하게 하지 못하였다. 그러나 90년대초부터 대두되기 시작한 '예술과 기술 art & technology'에 대한 중요 이슈들인 디지털 매체의 공공성·공익성, 아방가르드 미학으로서의 발전, 페미니즘, 새로운 시각 언어로서의 가치 등은 관련 학회나 논문·잡지 등을 통하여 조금씩 발전되어가고 있다. 컴퓨터 기술이 제공하는 멋진 청사진에 매료되기에 앞서, 디지털 매체의 본질과 이것이 사회·문화·예술 전반에 미치는 영향에 대한 근본적 문제들이 시급히 논의되어야 한다. '디지털 미학 digital aesthetics이란 과연 존재하는가?' '디지털 예술에 있어서 형태와 내용은 무엇인가?'

이 글의 초두에 서술하였던 필립스사는 디지털 혁명이 가전 산업에 미치게 될 돌풍을 앞서 대비하는 기업이다. 최근 필립스와 같이 앞선 디자인 기업에서는 미래의 제품에 대한 시나리오를 작성하여, 이를 디자인화하는 과정에서 디지털 문화에 대한 여러 화두를 디자인적으로 해결하려는 예행 연습이 한창 진행중이다. 어떤 디자인 전문 회사는 문 손잡이·스위치와 같은 단순한 연구 프로젝트를 통하여 자사의 디자이너들에게 미래에 대해 생각하고 고민하는 기회를 정기적으로 주고 있다. 물리적으로 올리고 미는 동작에 기반한 손잡이나 전등을 켜는 스위치의 의미를 새롭게 해석하는 연습을 통해, 디지털 혁명에 의한 디자인 혁명에 대비하는 것이다. 디지털에 기반한 디자인에 있어서, 형태와 내용은 과연 어떤 것인가에 대한 디자인 철학의 정립이 21세기의 성공적 디자인을 향한 선결 과제임에 틀림없다.

디지털 기술은 생각보다 우리의 삶에 가깝게 다가와 있다. 컴퓨터를 포함하여 디지털 기술로 제어되는 수많은 제품들, 디지털 기술을 활용한 다양한 예술, 문화 산업에 이르기까지 디지털 기술은 아주 자연스럽게 우리의 삶 속에 융합되기 시작하였다. MIT의 매체 연구소 Media Lab를 비롯하여 앞선 연구소에서는 컴퓨터와 연극에 대한 새로운 연구를 진행하고 있다. 기술을 기술로 표면화시키지 않는 연구 방법으로서 연극이나 전통 공연을 이해하는 것은 매우 현명한 접근 방법이 될 수 있기

210

때문이다. 대표적 예로서, 브렌다 로렐이 인간과 제품의 상호 작용을 마치 연극 무대에서 배우 · 관객 · 무대 장치 · 시나리오 등이 밀착된 상호 작용으로 해석하여, 소프트웨어의 인터페이스 디자인에 대한 폭넓은 시야를 갖게 한 것과 같이,[2] 인간과 인간이 함께 숨쉬고 공감하는 공간의 연출은 새로운 디지털 제품을 창조하기 위한 기반 지식이 될 수 있다. 따라서 최근 디자인계에서 대두되고 있는 시나리오 중심의 디자인 *scenario-based design*과 배경을 이해하는 디자인 *context-based design* 등으로 설명되는 새로운 디자인 방법은 기술과 사용성을 넘어서, 인간과 제품이 또는 인간과 인간이 제품으로 어떻게 교류하는가에 대한 친밀성과 따스함의 디자인을 기초로 한다. 워크맨이나 '감정 보관함'과 같은 창의적인 아이디어의 바탕에는 인간의 삶에 대한 시나리오를 다양하게 그려갔던 꿈의 시간이 필요하였음을 상기하자. 이제 디지털 기술을 바탕으로 하는 디자인은 기술을 표면에 내세우지 않으면서도 기술의 완벽성을 인간적으로 교류하게 하는 인간적인 디자인으로 발전될 것이다.

인간적인 디자인의 철학은 인간과 주변의 환경을 총체적으로 고려하는 조화론을 바탕에 둔다. 한 번 사용하고 버리는 물리적 제품의 문제점들이 무형의 정보로 대체되는 정보화 시대에는 해결될 수 있을 것이라며 정보화의 장점을 강조하는 경우가 많았다. 그러나 컴퓨터와 인터넷으로 대표되는 디지털 기술도 현재까지는 많은 양의 소비 문화를 창조하고 있다. 영국에서 버려지는 컴퓨터의 수는 매일 2,700여 대에 달한다고 한다.[3] 빠르게 발전하는 컴퓨터 기술은 빠른 속도로 컴퓨터 주변 기기를 쓸모 없는 고체 덩어리로 만들고 있다. 더 큰 문제는 이와 같이 버려지는 컴퓨터의 75% 이상이 바로 땅속에 매장되는 운명에 처한다는 점이다. 이는 20세기초에 포드 자동차가 제기하였던 인위적 폐기 *planned obsolescence*의 극화된 현상으로 인식된다. 포드 자동차는 기술

---

2) Brenda Laurel, *Computers as Theatre*, Addison-Wesley Publishing Company, 1993.

3) www.lowtech.org.

의 발전으로 수명 주기가 길어진 자동차의 수요를 창출하기 위하여 빠른 모델 교체와 디자인의 변화 등으로 제품의 인위적인 폐기를 조장하였다. 정보화 시대에 정보에 대한 소유욕은 과거 기계 중심의 사회에서는 존재하지 않았던 또 다른 유형의 문제점을 창출한 바 있다. 버려질 운명에 처한 컴퓨터라도 사용의 목적을 달리하면 새롭게 활용될 수 있는 지혜를 디자인 개발 과정에서부터 포함시킨다면, 전세계적으로 버려지고 있는 수많은 컴퓨터 폐기물에 대한 방안이 모색될 수도 있을 것이다.

니콜라스 네그로폰테는 디지털 문화의 특성을 탈중심화 *decentralizing* · 세계화 *globalizing* · 조화력 *harmonizing* · 분권화 *empowering* 로 구분하여 궁극적으로는 이들의 특성으로 승리하게 될 것이라고 예언한다.[4] 이 같은 디지털 문화의 시대에 인간이 지니고 있는 기능적 · 경제적 · 미적 · 상징적 만족감은 과거 아날로그 시대에 느꼈던 디자인에 대한 만족감과는 다른 특성을 갖게 될 것이다. 그러나 어떠한 기술적 변화 속에서도 인간을 중심으로 생각하고, 인간을 위한 디자인으로 발전된다면, 21세기에 맞이하게 될 디지털 문화는 보다 따뜻하고 풍요로운 삶이 될 것이 틀림없다.

참고 문헌

권은숙, 「디지털 혁명과 디자인 혁명」, 『산업디자인』 245, Nov. 1998, pp. 172~75.

니콜라스 네그로폰테, 백욱인 옮김, 『디지털이다』, 커뮤니케이션북스, 1995.

---

4) 니콜라스 네그로폰테, 백욱인 옮김, 『디지털이다』, 커뮤니케이션북스, 1995, p. 218.

Donald A. Norman, *The Design of Everyday Things*, Doubleday Currency, 1988.

————, Things *That Make Us Smart*, Addison-Wesley Publishing Company, 1993.

Ellen Lupton, *Mechanical Brides*, Princeton Architectural Press, 1993.

Jonathan M. Woodham, *Twentieth-Century Design*, Oxford University Press, 1997.

Melissa Dallal, "From Hardware to Humanware?" *International Design*, Jan/Feb. 1994, pp. 83~84.

Michael E. Wiklun, *Usability in Practice*, Academy Press, 1994.

Nigel Whiteley, *Design for Society*, Reaktion Books Ltd., 1993.

Philips Vision of the Future, Philips Corporate Design, 1996.

디지털 시대의 음악
—두뇌 오페라*

노영해

1. 들어가는 말

가상 현실이라는 용어를 처음 쓰기 시작한 재론 래니어Jaron Lanier는
「과거 5년 동안에 무엇이 변했는가?」라는 글에서 다음과 같이 말하고
있다: "팝 스타일은 더 이상 일어나지 않는다. 지금 분명한 팝 스타일
음악은 없다. 가구, 머리 모양, 의복에서도 어떤 특정한 양식을 찾아볼
수 없다. 〔……〕 과거 5년 동안의 양식에서 우리가 굳이 새로운 것을 찾
을 수 있다면 그것은 그 양식이 어떻게 보이느냐에 있지 않고 그것이 어
떻게 만들어졌느냐에 있다. 이제 모든 분야의 예술가들은 디지털 도구를
가지고 작업한다. 그들은 이제까지 전인류가 창조한 것을 가지고 자르
고 붙이고 한다. 먼 훗날, 1990년대를 묘사하는 영화가 만들어진다면 필
름 제작자들은 이 시대를 상징하는 대표물로 영화 세트장에 판매용 컴
퓨터를 갖다 놓을 것이다. 이러한 경향은 1980년대말, 기술을 아는 젊은
이들 사이에서 처음 시작되었고, 과거 5년 동안에 디지털 기술과 함께
주류를 점령하였다. 이제 모든 분야의 예술 행위에서 디지털 독점은 피할
수 없는 추세이다."

---

* 이 논문은 1998년 한국학술진흥재단의 학술 연구비에 의하여 지원되었음.

아래의 글은 디지털 방식으로 작곡되고 연주되는 음악에 대한 일반적인 개요라기보다는 디지털 방식이 작곡과 연주 감상에 골고루 반영된 특정 작품의 예를 통하여 가장 선구적으로 진행되는 최근 음악의 동향과 미래 음악의 향방을 소개하고자 한다.

2. 두뇌 오페라의 일반적 개요

두뇌 오페라는 한편으로는 콘서트이면서 다른 한편으로는 상호 작용으로 만들어가는 재미있는 놀이의 개념이 한데 모인 작품으로 이것은 임의 *random*와 치밀하게 계산된 음악이 지적으로 결합된 것이다. 1996년 7월 23일에서 8월 3일까지 뉴욕의 링컨 센터에서 초연된 이래 시카고, 파리, 도쿄 등 북아메리카, 유럽, 아시아의 세계 주요 도시에서 순회 공연되었다.

두뇌 오페라를 주도하는 작곡가는 MIT 미디어 랩을 중심으로 활동하는 맥오버Tod Machover(1953~)이다. 미래의 음악을 지향하는 작곡가로서 그는 음악과 과학 기술이라는 이중 언어에 익숙한 사람이다. 그는 새로운 시대를 위한 음악을 창안할 뿐만 아니라 새로운 음악에 부합되도록 악기들과 연주 공간을 새로이 고안하는 데 지속적인 관심을 기울이고 있다.

무엇보다도 그는 오늘날 대부분의 음악 산업이 몇몇 대형 스타들에 관심의 초점이 맞춰져 있기 때문에 평균적인 보통 음악 애호가들은 소외된다는 사실에 크게 주목하였다. 사실상 1세기 전까지만 해도 교육받은 성인들이 여가 시간에 악기를 연주하는 것은 보통이었다. 그러나 오늘날에는 메가스타, 백만 장씩 팔리는 음반, 축구 스타디움에서의 거대한 콘서트 등에서 보는 바와 같이 음악을 좋아하는 보통 사람들과 실제로 음악에 참여할 수 있는 능력을 가진 사람들이 너무도 확연히 구별되어 있는 것이 사실이다. 맥오버의 꿈은 과학 기술을 활용하여 모든 사람들을 음악가로 만들려는 데 있다. 그는 "청중이 곧 예술가이고 그들의 삶이 곧 예술이다"라고 한 피아니스트 글렌 굴드의 말에 깊이 공감하였다.

맥오버는 400년 전통의 오페라에 컴퓨터 기술을 융합하여 공연 예술의 새로운 영역을 개척하고 세상에서 가장 오래된 컴퓨터인 인간 두뇌의 내적 작용을 극대화하려는 시도를 계속하고 있다.

그는 거의 모든 어린이들이 노래부르기를 좋아한다는 사실에 주목하면서 음악은 결코 일이 아니고 놀이가 될 수 있다고 생각했다. 오늘날의 음악 신시사이저는 미래의 가능성을 위한 발판이 되며, 어린이들이 그 길을 개척해나갈 것을 확신하기 때문에 아주 나이 어린 아이들에서부터 큰 아이들까지 음악을 통해 놀면서 새로운 음악의 세계를 창조할 수 있는 음악 환경을 새롭게 디자인하는 데 모든 노력을 경주하고 있다.

사실상 두뇌 오페라는 맥오버가 스승인 마빈 민스키Marvin Minsky에게 보내는 경의의 표시이다. 민스키는 「스타 워즈star wars」 시리즈에 등장하는 요다 같은 스승으로 과거 40년 동안 음악과 우리 두뇌, 사회와의 관계를 연구해온 위대한 지성인이다. 민스키는 다음과 같은 질문을 자주 하였다: "왜 우리는 실제적 가치라곤 거의 없는 음악을 하느라고 그렇게 많은 시간을 보내는가." 맥오버는 인간의 두뇌를 우뇌·좌뇌로 구별하는 식의 사고 방식을 가장 큰 금기로 본다. 그가 두뇌 오페라를 책상 위에 올려놓고 공공연하게 토론을 하게 된 이유는 우리의 생각과 느낌이 이제까지 우리가 생각해온 것보다 훨씬 서로 근접해 있다는 사실을 증명해보이기 위해서였다.

두뇌 오페라에서는 전통적 오페라에서 볼 수 있는 줄거리, 무대 장치, 또는 아리아를 부르는 뚱뚱한 여가수 같은 것은 기대하지 않는 것이 좋다. 사실상 우리가 오페라를 감상할 때는 보통 그 오페라 속에 등장하는 멋진 아리아로 그 오페라를 기억한다. 하지만 두뇌 오페라에는 이러한 개별 아리아는 없다. 아리아는 두뇌 오페라의 주요 관심사가 결코 아니기 때문이다. 그 대신 음악회장에 가기 전에 카페인이 든 음료를 좀 먹고 정신을 바짝 차리고 가야 새로운 경험에 적극 참여할 수 있다.

두뇌 오페라는 모든 사람들이 콘서트 홀 같은 공공 장소나 개개인의 집에서 극도로 다양한 양방향 소통 방식을 통하여 하나의 일관된 음악 경험을 함으로써 표현성 및 창의성을 발휘할 수 있도록 하려는 의도로 이루어진 작품이다. 이 작업은 일반 사람들을 위하여 고안된 일련의 하이퍼인스트루먼트hyperinstruments 연주 및 인터넷상에서의 실시간적 음악 행위를 실제 연주와 통합하는 작업이다. 청중은 실제 연주를 위한 준비 작업으로 그 악기들을 미리 접해보고 연주해보면서 미리 그 가능성을 타진한다. 이러한 과정에서 각자의 개성이 드러나는 음악이 만들어지며 매 연주 때마다 서로 다른 음악이 만들어질 수 있다. 이러한 작업을 통하여 공공 장소에서의 집단적인 쌍방 소통의 성격을 재설정할 수도 있고, 더 나아가 직장과 가정을 위한 표현의 대상들이나 환경적 가능성을 새롭게 탐색해볼 수도 있다.

이 작품은 아직도 완결되지 않았다. 1996년 초연된 이래, 1996~1997년 동안의 수많은 세계 순회 연주를 통하여 양방향적 소프트웨어와 인터페이스, 인터넷 음악 시스템과 창조적 표현을 위한 지적이고 변화하는 환경들에 관하여 많은 정보가 수집되었다. 또한 1997~1998년 동안의 두뇌 오페라의 공공 연주에서 새롭게 모아진 정보들을 반영하여 중요한 업그레이드를 하고, 그 업그레이드에 맞는 새로운 특징들을 다시 고안한 것이 1999년 봄 오스트리아의 빈에서 공연 예정인 두뇌 오페라의 최종본으로 확정될 예정으로 있다.

두뇌 오페라를 통해서 드러나는 맥오버의 미래 음악의 개념을 유형별로 논의하면 아래와 같다.

I. 하이퍼인스트루먼트

전통적 오페라를 살펴보면 보통 작곡가와 대본가가 분리되어 있고 두 사람은 오페라의 작곡 과정에서 긴밀하게 대화하면서 음악적 구성 요소들을 재조정한다. 그러나 두뇌 오페라에서는 마빈 민스키가 낭송하는 이야기는 1막에 국한되어 나오고 2막에는 하이퍼인스트루먼트의 연주가 주를 이룬다.

맥오버는 작곡가인 동시에 새로운 전자 악기인 하이퍼인스트루먼트를 제작한 컴퓨터 엔지니어이기도 하다. 하이퍼인스트루먼트 작업은 1986년에 시작된 것으로 기술을 활용, 악기의 기능을 최대한 확대하여 연주 대가들에게 보다 더 강력하고 정교한 악기를 선사하기 위한 목적에서 시작되었다. 하이퍼인스트루먼트 아이디어는 기타 · 키보드 · 타악기군과 현악기(바이올린 · 비올라 · 첼로)는 물론 지휘에까지 그 기능을 증대시키도록 고안되었으며 이러한 악기들의 기능은 세계적으로 유명한 연주자들의 탁월한 연주를 통하여 증명되었다: 첼리스트 요요마, 로스앤젤레스 필하모닉, 피터 가브리엘, 마술사 펜 앤 텔러 Pen and Teller 등이 그 예이다.

주로 탁월한 기량의 대가들을 대상으로 이루어진 하이퍼인스트루먼트 작업은 1991년부터 그 대상 범위가 훨씬 확대되어 초보자들, 학생들 등을 포함한 음악 애호가들에게 초점이 모아지고 있다. 즉 사용자들이 곡의 세부 사항까지 모두 고안하거나 제어하지 않으면서도 그 음악 작품이 전개되는 데 있어 그 모양을 선택하거나 안내하는 경험을 실제 해보도록 허용하는 것이다. 이 아이디어는 사용자들에게 음악이 어떻게 이루어지는가 하는 것을 실제로 느껴볼 수 있게 함은 물론 자신들의 취향에 따라 개별화된 *personalized* 곡을 만들어보는 흥미로운 경험을 허용하자는 것이다. 여기에서 사용되는 하이퍼인스트루먼트에는 드럼보이 *Drumboy*나 조이스틱 뮤직 *Joystick Music*이 있다. 조이스틱 뮤직은 '씨앗 음악 *seed music*'이라는 기법에 의거한 것으로, 음악의 어떤 단편 *fragment*을 컴퓨터에 입력시켜 자동 분석한 후 이러한 씨앗들이 원래의 형태와 유사한 음악으로 자라게 만드는 것이다. 이 시스템의 장점은 연주자들이 리듬 · 선율 · 화성 · 음조직 *texture* 같은 음악의 특징적 요소들을 실시간에서 바꿔 볼 수 있다는 점이다. 연주자는 비디오 게임식의 조이스틱 2개를 움직여서 그 곡을 실제로 전개시켜볼 수 있다.

비전문가들이 제스처나 언어적 서술(음악적 '형용사')을 통하여 실시간의 양방향적 음악 환경 속에서 복잡하면서도 흥미로운 음악 작품을 실제로 만들어내는 체험을 가능하게 해준다.

다시 정리하자면, 현재 하이퍼인스트루먼트 연구는 두 가지 방향으로 진행되고 있다. 첫째로, 가장 섬세하면서도 정교한 인간의 연주(예컨대, 과거 '프린스'라고 알려진 록 뮤지션이나 크로노스 현악 4중주단 같은 클래식 음악가들)를 측정하는 고차원적 전문 시스템을 고안하는 시도, 둘째는, 일반인들을 위해 쌍방 소통식의 음악 게임(음악 교육을 위한 시스템, 인터넷을 이용한 그룹 연주와 그룹 창작)을 보다 더 강력하게 할 수 있도록 하는 연구를 들 수 있다. 이러한 연구들은 인간의 감정 및 표현을 측정하고 해석하는 컴퓨터 시스템(센서, 시그널 프로세싱, 소프트웨어)을 개발하고, 또한 양방향적 예술이나 오락 환경에 적합한 양식이나 혁신적인 내용을 고안하는 데 관심의 초점이 모아진다. 또한 청각 매체에서의 제스처를 제어하거나 직관적 제어를 하는 하이퍼인스트루먼트까지도 확대 개발하려는 시도를 하고 있다. 특히 최근 1~2년 동안의 작업에서는 어린이들과 음악 애호가들을 위한 새로운 하이퍼인스트루먼트뿐만 아니라 심포니 오케스트라나 전체 오페라 무대를 확대 변형시킬 수 있는 고차원적 하이퍼인스트루먼트를 개발하는 것까지를 모두 포함한다.

II. 디지털 바턴

디지털 바턴 *Digital Baton*을 쉽게 이해하기 위해서 다음과 같은 상상을 한번 해보기로 하자. 주빈 메타가 로스앤젤레스의 할리우드 볼에서 이스라엘 필하모닉과 함께 그의 고별 연주회를 지휘한다. 수천 명의 사람들은 언덕 위의 야외 원형 극장에 운집하여 자리잡고 앉았다. 프로그램은 슈트라우스의 「차라투스트라는 이렇게 말했다」, 베를리오즈의 「환상 교향곡」, 맥오버의 「두뇌 오페라」 중 '피날레' 악장으로 구성되어 있다. 메타의 지휘가 오케스트라의 기막힌 연주 기량과 매력적인 연주로 경청하는 청중들의 마음을 사로잡는데는 또 하나의 이유가 있다. 즉 각 곡은 극도로 이례적인 방식으로 연주되기 때문이다. 슈트라우스의 곡 첫 부분의 음향(보통 오르간으로 연주함)은 여기에서는 청중들을 둘러싼 모든 방향에 설치된 수많은 스피커를 통해서 신비롭게 흘러나온다. 베를리오즈의 「환상 교향곡」 3악장의 오보에 독주는 원래 목동들이 골짜기 넘어 저편의 목동에게 요들 송을 부르는 것 같은 인상을 주도록 의도된 부분이다. 여기에서는 청중석 위의 언덕 작은 숲속에서 완벽한 타이밍으로 들려온다. 맥오버의 작품은 레이저 쇼와 가상 합창 *virtual chorus*이 완벽하게 어우러져서 절묘한 조화를 이룬다.

이렇듯 신비로운 일련의 음악적 사건들은 인간의 중재 없이 자체적으로 일어나는 것처럼 보이지만 자세히 보면 이 연주 전체를 매끈하게 총괄하는 강력한 도구가 사용되고 있는 것을 알 수 있다. 주빈 메타는 악기화된 바턴을 휘두르고 있는데 이 바턴은 관현악 음색을 편곡하고, 신호를 주며, 때로는 연주까지도 담당한다. 청중들에게는 보이지 않지만 지휘자는 바턴 코르크 핸들 속에 달려 있는 강력한 제스처 제어 기구를 활용하였던 것이다. 이로써 그는 음악회를 압도적 성공으로 마치고 그 생애의 정점에서 화려한 은퇴를 선언할 수 있었다.

III. 지휘용 재킷

디지털 바턴 프로젝트와 150회에 걸친 두뇌 오페라 세계 순회 연주를 통하여 발견한 사실들을 바탕으로 현재 진행되는 연구는 지휘같이 음악을 조정하는 상황의 제스처를 측정하고 해석할 때 어떻게 하면 민감성에 따른 정확도와 신뢰도를 더 향상시킬 수 있는가에 초점이 맞추어져 있다. 이를 위하여 특수 재킷이 개발중인데 이것은 지휘자가 손으로 쥐고 있는 디지털 바턴을 조종하면서 얻은 정보에다 근육과 신경 변화의 측정을 첨가함으로써 보다 완전하고 예측 가능한 제스처 제어가 가능케 하는 것이다. 현재 이러한 제스처 데이터의 상급 분석을 위한 연구가 광범위하게 진행되고 있다. 디지털 바턴과 더불어 지휘용 재킷 *Conducting Jacket*은 맨 처음의 음악적 실험대에서 훨씬 더 나아가 일반적인 인터페이스에서 중요하게 응용될 수 있다.

IV. 마술적 음악 혼합 Magic Musical Mixing

하이퍼인스트루먼트의 모든 작업은 개개인이 여러 층과 단계로 이루어진 음악에 강력한 제어를 할 수 있도록 하는 아이디어를 바탕으로 하고 있다. 과거 이러한 방식은 복잡한 다(多)트랙의 디지털 리코딩 스튜디오에서 비(非)실시간에서나 가능했다. 음향 엔지니어들, 제작자들, 음악가들은 우리가 듣는 CD의 맨 마지막 소리를 조정하거나 정돈함으로써 완벽함은 성취했지만 직관적인 면, 제스처적인 면같이 실시간 음악 연주를 통한 커뮤니케이션은 희생을 감수할 수밖에 없었다.

과거 10년 간의 하이퍼인스트루먼트의 수많은 개념적 기술적 발전을 바탕으로 앞으로 추구해야 할 연구 방향은 본래의 영감의 세계로 돌아가 다층적 소리 *multiple layers of sound*를 보다 정확하고 섬세하고 표현적으로 조정할 수 있는 복수 접촉 환경 *multi-interface environment*을 개발하는 것이다. 이러한 작업은 가장 뛰어난 음악가들의 높은 목표에 부응하는 시스템을 고안하는 것이기도 하고, 가장 나이 어린 아이들을 위한 '음향적 놀이터'를 연구하는 작업이 될 수도 있다.

V. 주무를 수 있는 음악 Sqeezable Music

오늘날 우리가 접할 수 있는 음악적 인터페이스는 상아로 된 피아노 건반에서부터 팽팽한 드럼 헤드 *drum head*, 금속제 바이올린 현(絃)에 이르기까지 대부분 딱딱하고 단단하다. 그러나 소리 자체는, 특히 컴퓨터와 신시사이저를 통해 열리는 방대한 소리의 세계는 부드럽고, 다차원적이면서 딱딱하지 않은 것이 보통이다. 앞으로 새롭게 개발되는 새 시대의 인터페이스들은 다양한 유연성의 정도를 가지고 있어서 주무를 수도 있고, 잡아당길 수도 있고, 죽 늘어나기도 하고 비틀*twist* 수도 있다. 새로운 소재들과 여러 센서 장치를 가지고 실험을 통하여 죽 늘어난 물체의 3차원적 볼륨은 물론 힘이 행사되는*force exertion* 여러 지점들도 모두 측정할 수 있게 된다. 그러한 인터페이스들은 특히 어린이들이나 학생들에게 유용한데 그것은 복잡한 음향 시스템을 직접 만져보면서 제어할 수 있기 때문이다. 또한 이러한 음향 시스템은 전문적 음악가들은 물론 애호가들도 사용할 수 있을 정도로 정교하게 될 것이다.

VI. 인터넷상의 음악 연주

인터넷상의 음악 활동*Performance on the Internet*은 전형적으로 시간에 구애받지 않으며, 교대로 의사 소통을 하기 때문에 실시간의 표현적인 합작 작업에는 적합하지 않았다. 두뇌 오페라는 부분적 인터넷 음악 연주와 실연주*live concert*를 통합함으로써 그 활동을 확대하고 있다. 인터넷 사용자들은 음악회장에서 만들어진 라이브 오디오 스트림*audio stream*을 받아서, 이 음악에 맞추어 다운로드받은 하이퍼인스트루먼트를 연주한다. 각 온라인 연주자로부터 온 표현적인 연주의 특징들(활동의 양, 어울림, 긴장의 정도 등)은 다시 실연주회장으로 보내져서 즉각적으로 함께 합쳐지고 분석되어 결국 집단적인 콘서트 연주에 다시 영향을 미친다. 더 나아가 인터넷 사용자들은 자동적으로 웹 크롤러Web Crawler에서 흥미로운 소리를 찾아내고, 특별히 관심 있는 소리를 선택할 수 있는 게임식의 인터페이스를 사용하여 쉽게 편집해서 그들만의 개성이 담긴 소리들로 구성된 콜라주 작품으로 만들거나 아니면 데이터 베이스를 구축하기도 한다. 여기에 지적인 소프트웨어는 웹 크롤러에서 찾아낸 어떠한 소리도 분석하고 유형화할 수 있다.

VII. 음악적 장난감

어린아이들은 어릴 때는 노래하기를 좋아하지만 나이가 들어감에 따라 유감스럽게도 노래를 잃어버린다. 음악이란 절대로 힘들게 해야 하는 일이 아니고 즐겁게 노는 대상이다. 오늘날의 멋진 음악 신시사이저들은 미래의 가능성을 위한 발판이며 어린이들이 이것을 주도해갈 것이다. 장난감 피아노가 슈타인웨이 피아노 같은 소리를 내며, 갖고 노는 곰인형이 자장가를 부르고, 어린애들이 장난감들과 놀고 있는 동안 그 장난감들이 오페라를 연주한다고 한번 상상해보는 것은 신나는 일이 아닐 수 없다. 두뇌 오페라 팀은 아주 나이 어린 아이에서부터 시작해서 어린이들을 위한 새로운 음악극의 세계를 디자인하는 데 상당한 노력을 기울이고 있다.

장난감 교향곡 *Toy Symphony*은 맥오버와 미래의 오페라 하이퍼인스트루먼트 그룹에서 수년에 걸쳐 시도하는 실험적 프로젝트이다. 이는 특별히 제작된 음악 장난감으로 전세계의 어린이들, 학교, 심포니 오케스트라와 세계 유명 독주자들을 함께 모아 혁신적인 표현과 창조성의 방식을 추구하며, 어린이들을 통하여 그 방식을 사회 전체로 확산시키려는 시도를 하고 있다.

이제까지 고안된 음악 장난감 *Musical Toys*에는 Musical Bug Jar, Jingle Jangles, Squeeze Tuba, Scale Ships, Squeezeman, Squeezie Tree 등으로 이들은 1~12살에 이르는 어린이들을 위하여 디지털 방식으로 소통되는 표현적 악기들이다. 이 음악 장난감들은 값이 비싸지 않으면서도 독자적인 장난감들로서 현재 우리가 당면하고 있는 가장 어려운 기술적 문제를 해결할 것을 요한다. 이 도구들은 모두 손에 쥘 수 있는 것들로서 독자적이고, 연주자에게 의미있고, 재미있으며 만족할 만한 음악적 경험을 제공한다. 이 음악 장난감들은 자연 세계의 소리처럼 풍부하면서 정교한 소리를 내야 하며, 갖고 노는 아이들이 쉽게 물리지 않고 그 신기함에 끌려 지속적으로 갖고 놀고 싶은 생각이 나도록 흥미로워야 한다. 또한 싸구려 소리가 나서도 안 되며 새로운 방식의 소리 합성과 변형뿐만 아니라 혁신적인 음향과 새로운 모양의 디자인을 요한다.

이 작업의 핵심적 관심사는 연주자들간의 협동을 위해서 음악 장난감들은 네트워크를 구성해 고속 기능, 외향적 기민함과 실수 없는 연주를 하도록 하는 것이다. 또한 빠른 소통이 가능하고 믿을 만하면서도, 작고 값싸야 한다. 환상적으로 멋진 소리가 나야 함은 물론이고 느낌 역시 환상적이어야 한다. 쥐어짤 수도 있고, 비틀 수도 있고, 때릴 수도 있고, 부드럽게 쓰다듬거나, 조각할 수도 있고, 세게 칠 수도 있어야 한다. 또한 이 장난감들은 새로운 감지 기술을 요하며 값싸고 손쉽게 생산할 수 있어야 하고, 정확하고 정밀해야 한다. 이러한 모든 여건들을 구비한 일련의 외형을 가진 악기들을 가지고 어린아이들이 연주할 수 있는 전체 오케스트라를 구성할 수 있어야 한다.

장난감 교향곡은 첫번째 단계로 위의 기술적 문제들을 해결해야 한다. 더 나아가 장난감 교향곡 작업의 핵심에서 제기되는 아래와 같은 질문들은 '생각하는 물건 *Things That Think*' 컨소시엄 작업들의 창조적 가능성을 반영하고 있다. i) 어떻게 하면 일련의 네트워크로 연결된 악기들이 흥미롭고 의미있는 방식으로 소통될 수 있는가? ii) 어떻게 하면 복잡한 외형적 움직임(예컨대 musical bug jar 같은 항아리 속의 구슬들)을 분석할 수 있는 소프트웨어를 확대 개발할 수 있을까? iii) 음에서 음으로 이어지는 (선율적) 표현과는 거리가 먼 악기들의 가능성은 무엇일까? iv) '믹싱' 악기란, '듣는' 악기란, '자기 검토' 악기란 무엇인가? v) 악기의 외형적 특성은 음악의 기능에 어떤 영향을 미치는 것일까? vi) 이러한 장난감들은 음악과 컴퓨터에 관하여, 또 두 가지가 서로 작용하는 방식에 대하여 무엇을 어떻게 가르칠 것인가? vii) 가장 중요한 것은 이러한 음악 장난감들이 어떻게 어린이들에게 평생 동안 음악에 대

224

한 사랑을 심어줄 수 있을까? 또한 이 장난감들은 어린이들에게 문제 해결, 탐구 정신, 자아 실현, 창의성, 다른 사람들과 생산적으로 나누는 표현성의 개념을 어떻게 소개할 수 있을까?

VIII. 잡아늘일 수 있는 음악

스트레처블 뮤직 *Stretchable Music*은 풍성한 그래픽을 가진 상호 소통식 음악 환경으로 사용자들이 마우스를 써서 동영상 그래픽을 끌어당기거나 잡아당김으로써 음악적 층들을 만들도록 해준다. 양방향 소통식 작품이라는 관점에서 볼 때 과거에는 능동적인 연주자들과 수동적인 청중이라는 양극화된 음악 체험에서 벗어나 새로운 차원의 연대를 더해주고 있다.

이처럼 양방향 음악 소프트웨어로 동영상 그래픽을 실시간에서 조정하는 것이 가능해지면서, 듣는 음악을 감지할 수 있는 모든 매개 변수도 함께 늘어났다. 각 대상물은 음악 조직의 한 층을 이루며 이러한 층들은 서로 결합되거나 짝지어질 수 있다. 여러 새로운 음악적 대상물은 작품 속에서 각각의 독특한 행위와 음악적 제어를 한다. 또한 그 대상물은 서로를 의식하고 있기 때문에 어느 한 순간에 어떤 다른 대상에 특별히 반응함으로써 이 시스템에 특별한 역동성과 유기체적 표현성을 부여한다. 잡아늘일 수 있는 음악은 한 사용자가 컴퓨터 인터페이스에서 개별적으로 조종할 수도 있고, 인터넷에서 한 사용자가 양방향 댄스-플로어 같은 인터페이스를 통하여 공개적으로 조종할 수도 있다. 또한 인터넷상에서 한 사용자가 현재 참여하고 있는 다른 사용자들과 함께 대상물을 조정할 수도 있다. 즉 새로운 3차원적 인터페이스는 사용자들이 다른 관점에서 대상물과 상호 작용할 수 있게 함은 물론 그래픽에서 스크린 크기보다 더 큰 대상물이 항해할 수 있도록 해준다. 네트워크 시스템으로 여러 사용자들이 동시에 한 작품을 가지고 상호 소통할 수도 있다.

IX. 트라이앵글스

트라이앵글스 *Triangles*는 실제의 컴퓨터 인터페이스를 지칭하는 것으로 납작한 플라스틱 세모 모양을 한 컨스트럭션 키트 *construction kit* 형태를 하고 있다. 이 연구는 물리적/디지털적으로 컨스트럭션 키트를 만들고 사용하는 방법을 연구한다. 이러한 삼각형들은 자석 전도체의 연결로 인해서 디지털 정보와 물리적으로 상호 작용하는 단순하면서도 강력한 방법을 허용하여 특정한 디지털 이벤트가 일어나도록 한다. 사용자들은 컴퓨터에 알려진 정확한 형상 *configuration*을 2, 3차원적 형태로 다 만들 수 있다. 트라이앵글은 하드웨어나 소프트웨어 수준에서 모두 다양한 방법으로 모양을 바꿀 수 있는 융통성 있는 시스템으로 이러한 다재다능함 때문에 쓰임새가 많다. 즉 이야기하기 *storytelling*나 교육에서 하나의 모델 케이스로 빠르게 정착되고 있는 인간-컴퓨터 인터페이스에 이르기까지 광범위하게 쓰일 수 있다.

X. 입을 수 있는 음악 Wearable music

의복이 음악과 소리를 위한 표현적인 입력/출력 장치로서의 기능을 할 수 있는 다양한 방식들이 개발되고 있다. 특수 감지 형상들과 전도체적 *conductive* 의복 소재가 사용되어 팔·팔목·다리로부터 정보를 측정하고 전달하는 제어를 의도적으로 할 수도 있고 무심결에 우연히 음악 제어를 할 수도 있다. 물리적 기술이나 전자 음향적 기술로 개인이 의복을 통하여 공개적(소리 작동기나 압전기 필름 등을 통해서)으로 또는 개별적(귀덮개나 뼈를 통해 전달되는 음향적 반향을 통해서)으로 소리를 재전달하도록 개발되었다. 의복에 사용된 전도체적 실이나 섬유가 데이터를 전달하도록 개발된 것이다. 이러한 것들은 어떠한 종류의 의복에도 반응할 수 있고 표현적인 인터페이스로 바뀔 수도 있다. 그 첫번째 예는 음악 재킷으로 이것은 전도체 실을 사용하여 분리되고, 신호나 지속적 신호가 장착된 PIC 프로세서에서 미니 미디 신시사이저로 전달되며, 마지막에는 아주 작은 확성기로 전달된다. 이 음악 재킷은 IR 연결을 통하여 데이터와 화면 동조*synchronization* 정보를 받고 보내면서 음악적 선율을 연주하고, 단순한 시퀀스나 음악적 제어 정보에 동기를 제공하기도 한다.

3. 두뇌 오페라의 기술적 시스템

1996년 7월에 두뇌 오페라 초연에 참석한 로비의 청중을 위한 안내서에는 두뇌 오페라의 기술 감독, 파라디소Joseph Paradiso가 쓴 지침이 자세하게 나와 있다. 두뇌 오페라를 이루고 있는 기술적 구성 요소들은 아래와 같다.

이제 당신은 두뇌 오페라를 위하여 새롭게 고안된 많은 독자적인 악기들로 가득 찬 환경으로 들어가고 있다. 당신이 로비에 있는 동안 두뇌 오페라의 몇몇 악장에서 쓰이는 이러한 악기들을 미리 체험해볼 기회를 가질 수 있다. 그런 다음, 숙련된 세 명의 연주자들이 전체 두뇌 오페라의 악보를 보고 연주 공간에서 위와 유사한 악기 구성으로 연주할 것이다. 대부분의 경우 이러한 악기들은 쉽게 만질 수 있는데, 그것은 여러 대의 컴퓨터를 사용하여 복잡한 음악을 단순한 제스처로 만들어버리기 때문이다. 아래의 안내서를 보고 각 악기와 쉽게 익숙해지도록 직접 실험해보는 동안 로비에서의 당신의 경험은 극대화될 수 있다.

I. 마음의 숲

마음의 숲*Mind Forest*은 신체의 제스처와 음성 입력을 음악으로 바꾸거나(Machover), 영상으로 바꾸는 것(Sharon Daniel) 같은 것들을 직접 경험해볼 수 있는 복합 공간이다. 이 공간은 건축가 레이 키노시타Ray Kinoshita가 디자인한 것으로 걷는 것을 그대로 음악적 두뇌로 보여주는 인상을 창출하도록 되어 있다. 마음의 숲은 아래와 같은 요소들로 구성된다: 노래하는 나무들Singing Trees, 말하는 나무들Speaking Trees, 리듬 나무들Rhythm Trees, 화성적 운전 Harmonic Driving, 제스처 벽 Gesture Wall, 선율적 화가Melody Easel. 이러한 구성 요소들의 유기적 형태나 소재는 매기 오스Maggie Orth가 디자인했으며, 움직임을 감지하는 보이지 않는 센서들은 조 파라디소Joe Paradiso 팀이 고안했다. 연구팀은 이러한 환경이 너무 하이테크한 기계라는 느낌을 주지 않고 자연스런 느낌과 서로 민감하게 반응할 수 있는 환경이 될 수 있도록 만드는데 주력하였다.

1) 노래하는 나무들

노래하는 나무들은 입력 인터페이스로 마이크만을 사용하며, 말하는 나무들에서와 같이, LCD 스크린과 스테레오 헤드폰과 스피커를 출력 장치로 사용한다. 노래하는 목소리는 분석되어 그 소리에 따라 비디오 시퀀스와 음악적 시퀀스가 동요하면서 움직인다. 두뇌 오페라에는 3가지 종류의 노래하는 나무가 쓰인다. 말하는 나무들과 모양은 비슷하지만 고무손이 없고 머리 위에 큰 우산처럼 생긴 지붕이 있다. 이 장치들은 노래에 반응한다. 그 하나로 걸어와서 헤드폰을 끼고(이 높이도 역시 부착된 막대를 잡아당겨서 조정할 수 있다) 마이크에 대고 일정한 음을 길게 노래하라. 다른 두뇌 오페라 악기들에서 들리는 외부의 소리를 차단하기 위해서 마이크 주위를 손으로 컵처럼 막고 보통보다 조금 더 크게 노래하는 것이 바람직하다. 사람이 만들어내는 소리와 비디오 이미지는 음성의 음질과 연결되어 있다. 노래가 안정됨에 따라 합성된 소리는 점차 선율적으로 바뀌고 이미지는 보다 복잡해지면서 기분 좋게 변화된다. 그러나 만약 노래가 흔들리거나 음높이가 바뀌면 이러한 신기한 효과가 사라져버린다.

2) 말하는 나무들

말하는 나무들은 두뇌 오페라에서 가장 공통적으로 볼 수 있는 장치이다. 이는 둥근 지붕처럼 생긴 물건으로 납작한 LCD 스크린, 헤드폰, 마이크, 낱장 끝에 붙은 고무 모양의 누르는 단추로 되어 있다. 우선, 헤드폰으로 걸어들어와서(절대로 잡아당기기 말 것!), 부착된 쇠막대기를 높이거나 내려서 전체 유니트를 키에 맞춘다. 사람이 이 장치 앞에 오면 온 것을 감지하고 마빈 민스키(두뇌 오페라 작업에 영감을 준 인공 지능 분야의 선구자)의 영상이 화면에 나타나면서 음악과 마음에 대해서 몇 가지 질문을 한다. 각 질문 후에 고무손 끝에 있는 빨간 단추를 누르거나, 잡고 있는 마이크를 통하여 대답을 하면 된다. 그 대답은 앞으로 진행될 두뇌 오페라를 위하여 녹음된다. 사람이 접근한 것을 감지한 센서들은 매우 민감해서 사람이 걸어나가버리면 멈추고 오면 다시 시작한다. 이 말하는 나무들에는 7가지의 다른 비디오 프로그램이 있으므로 여러 가지를 다양하게 시도해볼 수 있다.

3) 리듬 나무들

두뇌 오페라의 리듬 나무는 아마도 세계에서 가장 큰 타악 장비일 것이다. 거의 300개의 리듬 패드가 로비 중앙 부근의 6개의 커다란 흰색 주머니 위에 주렁주렁 달려 있다. 이 리듬 패드는 때리거나, 뜯거나, 망치로 치는 것 등에 반응을 한다. 각 패드는 두 가지 방식(위에서 때리거나 옆에서 때리는)으로 다른 소리를 낼 수 있다: 이러한 누름 단추 패드들 속에 들어 있는 수많은 소리들을 한 번씩 탐색해보고, 다른 방문객들과 함께 리듬 잼 세션을 시도해볼 수도 있다.

4) 화성적 운전

화성적 운전에는 3가지 장치가 있는데 컴퓨터가 만들어내는 비디오를 통하여 운전하는 방식으로 연주하는 악기를 볼 수 있다. 운전석에 사람이 앉으면, 그 존재를 감지하고 비디오가 작동되면서 특수 조이스틱을 사용하는 방법을 알려준다. 음악이 일단 시작되면, 조이스틱을 틀어 왼쪽·오른쪽으로 움직이면서 차량을 운전할 수 있다. 조이스틱을 위·아래·왼편·오른편으로 움직이면서 음악의 성격을 바꿀 수도 있다. 또한 이것을 위로, 아래로 움직이는 것 역시 운전하는 길을 울퉁불퉁하게 만들기도 하고 매끄럽게 하기도 한다. 빨간 표지가 있는 길로 운전해가면 음악은 보다 공격적이 되며, 푸른 표지들을 향해 운전하면 소리는 부드러워져서 느긋한 운전을 할 수 있게 된다.

5) 제스처 벽

로비 공간의 왼쪽 끝에는 5가지의 제스처 벽이 설치되어 있다. 이것은 스크린 앞의 특수한 플랫폼 위에 선 사람의 신체나 손의 움직임에 따라 반응을 하도록 되어 있다. 먼저 헤드폰을 쓰고: 이것은 한 번에 한 사람씩 하도록 디자인되어 있다. 이러한 장치들을 사용하기 전, 특수 플랫폼 위에 올라서서 손바닥 표시가 있는 대로 눈금 측정기판 위에 손바닥을 올려놓으면, 빨간 불이 반짝이다가 초록색으로 바뀐다. 빨간 불이 초록색이 될 때까지 잠시 기다리고 나서 손을 떼고 스크린을 향해 돌아서서 손을 흔들거나 몸을 움직이면서 이 악기를 연주할 수 있다. 사람이 스크린에 가까이 갈수록 음악은 더 커지고, 손과 몸이 낮아지면 음악도 낮은 음역에서 소리나며, 손과 몸을 점점 올림에 따라 음악도 높은 음역의 음을 연주한다. 왼쪽에서 오른쪽으로 움직임에 따라 합성된 악기들은 변화하고 소리도 헤드폰 안에서 움직인다. 스크린 둘레에 있는 4개의 센서는 사람이 접근해가면 노란색으로 반짝인다. 사람의 몸이 움직이는데도 그 센서들이 바뀌지 않는다면 뒤로 한 발짝 물러나서 손의 눈금을 재보라. 제스처 벽에 완벽하게 익숙해지려면 약간의 연습이 필요하며 그 반응은 사람 몸의 크기에 따라 변하기 때문에 사람마다 감(感)이 다르다. 한 손만 밖에 놓거나, 두 손을 함께 움직이는 등의 실험을 하면서 뒤로 갔다 앞으로 갔다 해보되, 맨 처음 시도하는 사람은 약간 느리게 움직이는 것이 좋다. 이런저런 종류의 제스처를 다양하게 시도해봄으로써 여러 다른 효과를 경험할 수 있다. 비디오 이미지 역시 센서의 감지 작용의 영향을 받는다. 영상의 여러 다른 부분에서 어떤 장애(교란)를 일으키도록 한번 시도해보라. 그것을 한번 시도해보면서 새로운 영상으로 가는 경과 부분을 만들 수도 있고 다른 음악적 가능성들을 탐색해볼 수 있다. 제스처 벽의 플랫폼에는 한 번에 한 명씩 올라가야 한다, 그렇지 아니면 센서가 제대로 작동하지 않는다. 마찬가지로, 눈금측정기 패널은 사용자 이외에는 만질 수 없는데 그렇지 않으면 민감성을 잃기 때문이다. 제스처 벽에는 책 · 종이 · 핸드백 등등의 것을 놓지 않도록 해야 한다. 각 제스처 벽은 각기 다른 영상과 소리로 진행되므로 한 가지만 해보지 말고 몇 가지를 시도해보는 것이 바람직하다.

6) 선율적 화가

두뇌 오페라에는 3종류의 선율적 화가(畫架)가 있다. 사람이 들어와 보면 로비의 오른쪽 끝에 위치한 TV 스크린과 함께 매달린 테이블들이 있다. 스크린을 만지거나 손가락으로 누르면서 기구들을 작동할 수 있다. 소리를 바꾸면서 스크린을 만지면 영상이 흔들리게 되고 전체 화면을 탐색한 후에 전적으로 변화할 것이다. 물론 이것들은 한 손가락만을 쓰도록 디자인되어 있지만 때로는 몇 손가락으로 만지거나 재빨리 다른 손가락을 교대로 바꾸면서 재미있는 효과를 낼 수도 있다. 이 기구들에는 몇 세트의 헤드폰이 제공되어 주사용자의 경험을 한층 더 높일 수 있다. 3종류의 선율적 화가는 각기 다른 그룹의 소리와 이미지를 진행한다.

네트 뮤직 부분은 온라인 청중들이 두뇌 오페라와 상호 반응을 하며 두뇌 오페라의 경험을 할 수 있도록 하는 여러 가지 행위들의 집합체이다. 이것은 두뇌 오페라의 실공연의 경험들과 아이디어들을 소개하기 위해서, 이미 그 오페라에 참여했던 경험을 강화하기 위해서, 또한 실제 공연에 온라인으로 참여하는 것을 허용하기 위해 고안되었고 상호 작용, 소리 전송, 이미지 전송 등으로 구성된다.

상호 작용 섹션은 가정이나 두뇌 오페라 실공연에 직접 참여할 때 할 수 있는 여러 다른 실시간 자바 애플릿을 가지고 있다. 사용자들은 여기에 필요한 모든 소프트웨어를 다운로드 받을 수 있으며, 그것을 사용하여 자기 집의 시스템에서 상호 소통식 음악 게임을 실행할 수도 있고 그러한 상호 작용의 데이터를 실공연에 직접 보낼 수도 있다. 공연 도중 여러 시점에서 실연주자들은 연주를 멈추고 인터넷 사용자들이 인계받아 연주를 하도록 해준다. 마지막으로 실공연 동안에 정규적으로 스케줄된 오디오 중계와 비디오 중계가 있다.

네트 뮤직 섹션에서는 사용자가 10초 정도의 길이를 가진 소리 파일을 전송하는 것이 허용되는데, 이것을 스태프진들이 검토하여 두뇌 오페라 실공연에 통합시키거나 앞으로 공연할 오페라의 온라인 버전에 사용하기도 한다.

4. 두뇌 오페라의 음악적 구성

I. 1악장

1악장은 눈보라치는 듯한 소리와 영상으로 시작하는데 이것은 청중들에게서 모은 소리의 집합체로 이루어진다. 엄청나게 충격적인 소리가 난 후에 마음과 음악에 관한 마빈 민스키의 생각을 표명하는 일종의 콜라주 같은 음악이 조용히 전개된다. 이것은 오페라 로비의 청중들이 '말하는 나무'를 통해 민스키의 질문에 응답한 것을 녹음한 것이다. 민스키의 대사는 '감지 의자'와 '제스처 벽' 같은 하이퍼인스트루먼트를 사용하여 선택되어 층을 이루고 혼합, 변형되었다.

1악장의 주된 음악적 뼈대는 바흐의 「음악의 헌정」 중 '6성부 리체르카르'를 맥오버가 재작업한 것으로, 이것은 3악장에서도 다시 나온다. 여기에 청중들이 선택한 음악의 파편들이 함께 얽히는데 일부는 자동적으로 얽히고, 일부는 '디지털 바턴'을 조정해서 한다. 이것은 민스키의 의견에 대한 청중들의 반응과 '단어 연상' 게임을 녹음한 것이다. 이러한 음악의 조각들과, 의식의 흐름 청취, 화성과 텍스처에 근거한 지속적 음악, 바흐/베토벤/밥 딜런 또는 스트라빈스키/듀크 엘링턴/비틀스 등 지극히 다양한 음악들이 혼합되어 함께 울린다. 민스키와 청중들의 목소리가 만들어내는 복잡다단한 다성 음악으로 제1악장은 클라이맥스에 도달한다. 이처럼 거의 바흐풍의 음악이 C장조 종지에 이르면서 로비의 청중들이 '노래하는 나무'에서 녹음한 노랫소리는 listening texture 속으로 흠뻑 흡수되고, 고요한 집중과 절대 정적의 순간에 소프라노의 목소리가 등장한다.

II. 제2악장

제1악장이 주로 말하는 대사 같은 느낌을 주며 청중들의 반응을 녹음한 것에 집중한 반면 제2악장은 하이퍼인스트루먼트 악기들이 연주하는 지속적 음악에 초점을 맞추고 있다. 이 악장은 선율적 화가에서 가져온 부드럽고 서정적인 부분으로 시작되며 메조 소프라노 로레인 헌트의 목소리가 사용된다. 여기에서 짧고 단순한 선율 조각들은 조금씩 길어져서 악구가 되고, 이 악장 나머지 부분에서 활용될 온전한 주제들로 발전한다. 그 다음에는 '곡 속의 곡'이라고 할 수 있는 '민스키 선율'이 나오는데 이 민스키 선율은 두뇌 오페라의 주요 대본을 노래와 생동하는 '표현적인 가사' 로 바꾼다. 노래는 캐롤 베넷과 크리스 노무라가 녹음하였다. '두뇌 오페라의 주제가' 로 가는 경과 부분에서는 캐롤 베넷이 가사 없는 선율을 부르면서 마음의 숲에서 가져온 도약적인 짧은 동기들을 함께 모아 활기 찬 신코페이션 리듬의 곡을 부른다. 음악은 점점 더 빨라지면서 '화성적 운전' 에서 들여온 음악을 가지고 숨가쁜 클라이맥스를 연출한다.

스케치된 '두뇌 오페라의 주제가' 는 캐롤 베넷이 부르는데 전체 두뇌 오페라의 중간 지점에서 등장하며 전체 두뇌 오페라의 경험(상호 작용적 악기들, 맥오버가 작곡한 음악과 바흐 음악의 연상 등)을 한데 모아 통일감 있고, 활기 차며 낙관적인 작품으로 만들고 있다. '민스키 선율들' 은 두뇌 오페라 스케치의 핵심 부분들 중의 하나이며, 민스키가 자신의 생각을 피력할 때의 조성을 그대로 쓰고 있다. 이 부분은 캐롤 베넷의 목소리로 시작하여 후에는 샌포드 실반과 다른 사람들의 목소리가 가세한다. 이 부분의 가사는 다음과 같다:

두뇌 오페라, 두뇌 오페라……
우리 각자가 쓰는 두뇌에는 수백 개의 작은 부분들이 있다.
우리 두뇌를 어떻게 쓰라는 안내서도 없고 그 결함을 고칠 방법도 없다
우리 마음은 요약하기에는 너무 복잡하다

Ⅲ. 3악장(Finale)

45분에 걸친 두뇌 오페라 경험의 절정은 이 마지막 악장의 연주라고 할 수 있다. 3악장으로 된 이 작품은 음악적·시각적으로 음조직의 여러 가닥을 한데 꼬아 만들어진 통일된 융단이라고 할 수 있다. 3명의 연주자들은 특별히 고안된 하이퍼인스트루먼트를 사용하여 미리 작곡된 요소들과 청중들이 만든 요소들을 골라, 새롭게 모양을 만들고 해석한

다. 즉 감지 의자는 무선의 신체적 움직임을 소리로 바꾼다. 제스처 벽은 마음의 숲에서의 같은 악기를 변형시킨다. 또한 디지털 바턴은 어떤 것을 지적하거나, 꽉 누르거나/선택하거나, 움직임을 감지하는 것 등을 모두 포함한다. 디지털 바턴은 꼭 지휘를 위한 바턴이 될 필요는 없으나 주로 두 가지 목적으로 사용된다. 첫째로는 제스처를 제어하는 수단으로 고전 음악 전통에서 지휘봉과 같은 역할을 한다. 두번째로 지휘 전통은 '자연적 기술과 사회적 규약'의 의미를 가지는 일련의 독특한 세트를 발전시켰고 이러한 약속은 표현적인 음악 제스처를 위한 하나의 준거를 제공했다.

마치 어린아이가 레고 블록을 가지고 집을 만들었다 부수고 하며 시간 가는 줄 모르고 놀 듯이 어른들도 디지털 장난감을 가지고 놀면서 다양한 내용의 시나리오를 상상하고 거기에 따라 다양한 모양을 만들어볼 수 있다. 어린애가 인형을 사람처럼 생각하고 다루듯이 어른들도 디지털 바턴에서 여러 다른 행위를 시도해보면서 각각의 제스처에 독특한 의미를 부여해보는 시도를 해볼 수 있다.

커다란 커브 모양의 스크린과 여러 프로젝트는 음악에 따라 보여지는 이미지들이 지속적으로 흐르도록 해준다. 이 음악에 민스키가 낭송하는 말이 대위 선율로 작용하면서 연주자들의 연기를 조명해준다. 피날레에서 청중 중 4~6명은 센서 카펫 위에서 춤을 추면서 그 춤동작에 따라 만들어지는 소리는 이 작품이 풍부하고 강렬한 음향으로 끝나도록 도와준다.

6. 나가는 말

두뇌 오페라는 미디어 랩의 주요 연구 과제인 인간과 기계간의 인터페이스 문제를 심도 있게 파고들어 다양한 실험을 통해 실제로 구현해

보고자 한 좋은 예이다.

오늘날처럼 몇 명의 뛰어난 전문가들만이 음악 창작이나 연주의 세계를 독점하는 상황을 개탄하며 일반 청중들이 단순한 소비자에서 벗어나 큰 음악적 훈련을 받지 않고서도 얼마든지 음악 만들기 작업에 참여하는 기회를 부여하자는 생각은 정보 공유화 민주화의 사회에서 매우 공감이 가는 발상이 아닐 수 없다. 수많은 대중들을 문화적 · 예술적으로 소외시키지 않고 협동과 참여를 바탕으로 하여 음악 청중들의 수준을 전체적으로 향상시키자는 생각은 디지털 시대에 부응하는 발상이라 아니할 수 없다.

또한 아이들이 재미있는 장난감을 가지고 만들고 부수고 하면서 몇 시간씩 시간 가는 줄 모르고 노는 것처럼 어른들도 지적 · 정서적 자극을 줄 수 있는 창조적이고 창의적인 노래가 필요하다는 것도 공감이 가는 부분이다. 그 결과 음악 창작과 놀이 개념을 통합한 음악 놀이나 도구(장난감)를 만들자는 생각 역시 지속적으로 발전시켜야 하는 생각이다. 특히 오늘날처럼 고령화되어가는 사회에서는 노년층을 위한 치매 방지용 음악 장난감을 만드는 것도 현실적으로 매우 필요하다고 생각한다.

새로운 정보 사용자 단체는 정보화 시대의 시민 전체가 되고 정보 이용자(사용자)들이 공유하는 문화를 형성하며, 특히 고도로 조직화되고 체계화된 음악 만들기 작업에 전세계인들을 참여시키는 엄청난 문화 작업을 공유하게 되어 매우 바람직한 일이라 아니할 수 없다.

"디지털 시대는 기술과 합리성, 과학과 예술, 왼쪽 뇌와 오른쪽 뇌 사이의 단절을 이어줄 것으로 기대한다. 디지털 시대는 복제와 변형의 시대이자 참여와 협동의 시대이다. 일과 놀이의 구분이 흐려지고 창조적 취미가 존중되는 시대가 열리는 것이다. 〔……〕 개성과 창조성이 디지털 시대에 꽃피려면 조화와 협동이 필요하다. 디지털 시대야말로 협동과 공동 작업이 필요한 때이다."

그러나 한편으로 생각해보면 거창한 과학 기술적 발명품들을 수반하

236

고 기술적 통신 지원을 통해서만 이루어지는 이러한 전세계적 작업은 아직은 그 사용 범위가 지극히 제한적이다. 또한 전통 오페라에서 볼 수 있는 대본의 구조나 이야기 전개에서 청중의 관심을 끌어들일 수 있는 극적 응집력이 매우 미약한 것이 사실이다. 그럼에도 불구하고 양방향적 의사 소통과 세계 음악 애호가들 사이의 왕성한 협동 작업 속에서 매번 새롭게 창조되는 두뇌 오페라는 그 발전 가능성이 무궁무진하다고 할 수 있다.

참고 문헌

백욱인, 『디지털이 세상을 바꾼다』, 문학과지성사, 1998.

Hill, Brad, *Going Digital: A Musician's Guide to Technology*, 1998.

Lanier, Jaron, "So, what's changed in the last five years?" *Electrosphere*, Jan. 1998.

Negroponte, Nicholas, *Being Digital*, New York: A. Knopf Inc., 1995.

Oliver, Will, "The Singing Tree, A Novel Interactive Musical Interface," M. S. thesis, EECS Department, June, 1997. http://theremin.media.mit. edu.

Paradiso, Joseph, "New Ways to Play: Electronic Music Interfaces," *Spectrum*, December, 1997.

Roads, Curtis, *The Computer Music Tutorial*, Cambridge, MA: MIT Press, 1996.

Strawn, John, ed., *Digital Audio Signal Processing: an anthology.*

Winkler, Todd, *Composing Interactive Music: Techniques and Ideas Using Max*, Cambridge, MA: MIT Press, 1998.

디지털 서사의 미학

최혜실

1. 들어가는 말

무언가 새로운 변화가 있는 것은 틀림없다. 그것은 80년대가 이념의 시대이고 90년대, 이념이 사라진 상황에서 세대 전반이 80년대의 이념성과 정치성에서 벗어났다는 정도의 문제가 아니다. 80년대의 후일담 문학이 소설에서 나타나고 억압에 대한 저항이나 역사 의식을 지닌 문학보다 도시의 일상을 신세대의 감수성으로 서술하는 소설이 등장한다는, 단순히 소재 혹은 형식의 차원을 넘어서 소설은 이제 새로운 국면에 접어든 느낌이다. 흔히 비난의 측면에서 거론되는 '신세대'가 이제 단순히 찢어진 청바지를 입고 두건을 쓰고는 '야타'를 외치는 철없는 젊은이들을 지칭하는 개념은 아니게 되었다. 첨단 과학자들, 전문가들과 '오렌지족' 들이 같은 위치에 있고, 거대 담론인 역사소설, 고전 음악의 수용자들과 '오빠'를 외치며 열광하는 청소년들이 같은 위치에 존재해 있다. 다시 말해 예전과는 달리 이 두 종류의 집단들은 어느 쪽이 좋다, 나쁘다를 따질 수 없이 동일한 비중을 가지며 존재한다. 대중 문화는 지금 현재 양적으로나 질적으로나 훨씬 더한 비중을 가지고 우리 앞에 드러나 있는 것이다.

그리고 이런 방향은 새로운 미디어의 등장과 보조를 같이하고 있다.

전기공학과 통신 기술의 급격한 기술적 혁신으로 정보 산업은 후기 산업 사회의 주도적인 산업으로 부상했다. 그리하여 인쇄 기술에 의한 서사 담론들(소설·만화 등)은 그 주도권을 사진과 영화로 대변되는 필름 영상에서 TV·비디오·컴퓨터[1] 같은 뉴 미디어의 전자 영상으로 넘겨 주고 있다.[2] 미디어의 변화에 따라 우리의 삶과 의식의 양태가 변하고 있고 우리의 미의식도 변하고 있는 것이다.[3]

물론 이 현상이 세인들이 과장스럽게 우려하듯 문학의 죽음을 의미하는 것은 물론 아니다. 구전을 매체로 한 구비 문학이 활자를 매체로 한 문학 이후 사라지지 않았듯이 소위 사이버 문학이 등장하더라도 소설은 사라지지 않을 것이다. 그것은 움베르토 에코Umberto Eco의 말대로 전통적인 텍스트가 권위 있는 악보에 바탕을 둔 클래식 음악에 해당하고 하이퍼 문학이 누구나 한 줄 즉흥적으로 써넣을 수 있는 재즈 음악에 해당하지는 않을지라도 하이퍼텍스트와 전통 텍스트가 서로 공존해나갈 것이라는 그의 관측은 지금까지의 예술의 역사에 비추어 옳다.[4]

그러나 그것은 또한 에코를 비롯하여 많은 사람이 우려하는 것처럼 문화·예술의 저급한 부분을 담당하는 장르에 그치지는 않을 것이다. 이 사실은 영화가 처음에는 흥미를 유발시키는 요지경 장난감에서 시작

---

1) 정보의 전달이 아톰의 방식으로 이루어지는 아날로그 미디어와 비트의 방식으로 이루어지는 디지털 미디어는 기본적으로 차이가 있다. 따라서 TV 매체와 컴퓨터 매체는 구별되어야 한다. 니콜라스 네그로폰테, 백욱인 옮김, 『디지털이다』, 박영률출판사, 1995, p. 13.

2) 권중운 편역, 『뉴 미디어 영상미학』, 민음사, 1994, p. 3.

3) 실제로 하이퍼텍스트 *hypertext*의 전자 연결 *electronic linking*은 줄리아 크리스테바의 상호 텍스트성 *inter textuality*, 바흐친 Mikhail Bakhtin의 다성성 *multivocality*, 푸코 Michel Foucault의 힘의 네트워크의 개념, 들뢰즈 Gille Deleuze의 유목민적 사고 *nomadic thought*를 체현하고 있다. 다시 말해서 컴퓨터의 작동 방식은 현대 사상에 직접·간접으로 관련을 맺고 있는 것이다. George P. Landow, "What's Critic to do," *Hyper/Text/Theory*, The Johns Hopkins University Press, 1994, p. 1.

4) 「디지털 매체, 책 말살하지 못한다」, 『시사저널』, 1996. 12. 4.

하여 짧은 단편 형식을 거쳐 이제 아날로그 미디어에 걸맞은 수준 높은 영상 언어를 지니게 된 것을 보아서도 알 수 있다.

이제 우리는 이 새로운 매체에 대해 관심을 갖고 평가하고 분석하며 그것을 어떻게 이용해야 할 것인가를 논의해야 할 때가 온 것 같다.

2. 디지털 서사의 개념 정립

컴퓨터 문학, 엄밀하게 말하면 컴퓨터와 관련된 문학에 대해서는 여러 오해와 억측, 혹은 주장이 있어왔는데 그 이유는 논자들도 지적하였다시피 '장님 코끼리 만지는 식'의 접근 때문이었다고 볼 수 있다. 문학에 주로 이용되는 컴퓨터의 기본 특징이나 용어에 대한 포괄적인 이해 없이 자신이 경험한 컴퓨터 문학을 중심으로 논의를 진행하다 보니 표면적으로 나타나는 한 특징만을 강조하거나 논자들이 상정하고 있는 개념들이 서로 다른 상태에서 소모적인 논쟁을 하고 있는 경우가 많았던 것이다. 예를 들어 컴퓨터 문학을 부정적으로 보는 경우와 긍정적으로 보는 경우 두 편이 다 서로 다른 극히 일부분의 특징만을 침소봉대하여 전체 문학을 싸잡아 매도하거나 찬양하고 있다. 또 서로가 사용한 개념이나 언어 표현을 전체적인 문맥을 고려함이 없이 비꼬거나 비판해버리는 경우도 많았다.[5] '문학의 위기'라는 구절이 전체 문맥 속에서는 활자

---

5) 참고로 지금까지 사이버 문학에 대해서 논의한 논문들을 모아보았다.

강내희, 「디지털 시대의 문학하기」, 『문화과학』, 1996년 여름호: 「욕망이란 문제 설정?」, 『문화과학』, 1993년 봄호.

김병익, 「신세대와 새로운 삶의 양식, 그리고 문학」, 『문학과사회』, 1995년 여름호: 「컴퓨터는 문학을 어떻게 변화시킬 것인가」, 『동서문학』, 1994년 여름호.

김성곤, 「멀티미디어 시대와 미래의 문학」, 『문학사상』, 1994년 11월호: 「대중 매체와 글쓰기」, 『현대 비평과 이론』, 1992년 가을/겨울 합병호.

김성재, 「문학과 멀티미디어」, 『문학정신』, 1994년 5월호.

김재인, 「사이버 예술의 개념 정립을 위한 밑그림 1」, 『버전업』, 1998년 봄호.

매체의 문학이 쇠퇴하거나 작가의 권위가 약화되는 뜻으로 쓰였는데 '문학은 결코 쇠퇴하지 않는다'며 과잉 반응을 보이거나 컴퓨터를 이용한 문학은 문학(文學)이 아니라고 반박하는 경우, 이때 '문학'을 '서사'로 보고 넘어가주거나 언어 예술의 범주에서 본다면 아무 문제가 없을 것이다. 실제로 구술 문화의 특징과 문자 문화의 특징에서 컴퓨터에서의 문식성 *literacy*을 분석한 연구서도 있다.[6]

이제 이런 오해와 소모전을 불식시키기 위해서는 논의에 사용되는 개념들을 총체적으로 살펴보고 정리하려는 노력이 필요하리라 본다. 이런 맥락하에서 먼저 소위 컴퓨터 문학의 특징을 가장 정확하고 극명하게 드러낸 용어로 정립하는 것도 좋은 방법일 것이다.

지금까지 이런 종류의 문학에는 컴퓨터 문학, 통신 문학, 키보드 문학, 페이퍼프리 문학, 사이버 문학, 하이퍼텍스트 문학 등의 이름이 붙여졌다.

김주환, 「정보화 사회와 뉴 미디어, 어떻게 볼 것인가」, 『문화과학』, 1996년 여름호.

도정일, 「무의식과 욕망」, 『문화과학』, 1993년 봄호.

백욱인, 『디지털이 세상을 바꾼다』, 문학과지성사, 1998.

복거일, 「전산 통신망 시대의 문학하기」, 『문예중앙』, 1995년 가을호.

심광현, 「전자 복제 시대와 이미지의 문화 정치: 벤야민 다시 읽기」, 『문화과학』, 1996년 여름호.

여극현, 「전자 시대의 텍스트 짜기」, 『버전업』, 1998년 봄호.

이용욱, 『사이버 문학의 도전』, 토마토, 1996.

이용욱, 「전자 언어, 버추얼 리얼리티, 그리고 사이버 문학」, 『버전업』, 1998년 봄호.

장경렬, 「컴퓨터로 글쓰기, 무엇이 문제인가?」, 『현대 비평과 이론』, 1992년 가을/겨울 합병호.

장석주, 「글쓰기와 글읽기의 혁명적 전환——PC 통신과 미래의 문학」, 『문학사상』, 1994년 11월호.

정과리, 「문학의 크메르루지즘——컴퓨터 문학의 현황」, 『문학동네』, 1995년 봄호.

정정호, 「컴퓨터 시대의 글쓰기의 명암」, 『소설과 사상』, 1994년 봄호.

조형준, 「문화의 새로운 지배 양식과 문학의 위기론에 대한 소론」, 『문학동네』, 1995년 겨울호.

황순재, 「본격 문학과 사이버 문학의 접점」, 『버전업』, 1998년 봄호.

6) W. J. Ong, 이기우 · 임명진 옮김, 『구술 문화와 문자 문화』, 문예출판사, 1995.

먼저 컴퓨터 문학은 컴퓨터란 사물을 염두에 두고 지어진 이름으로 컴퓨터 화면에 떠오른 문학 작품을 보고 그야말로 문외한이 즉물적으로 지은 협의가 짙다. 이에 반해 통신 문학은 이런 문학의 보편적 특징인 networked hypertext technology 중 network의 기능만을 강조한 것으로 초창기에 널리 쓰였다. 이것은 천리안과 하이텔 등 통신 공간에서 문학 행위가 주로 이루어진 상황에서는 당연히 나올 수 있는 용어라 보인다. 이래서 지금까지 많은 사람들이 PC 통신 문학, 혹은 전산 통신망 문학이라는 용어를 사용해왔다.

현재 국내에는 '하이텔'과 '천리안,' '유니텔' 등의 통신망이 있는데 모뎀이 장착된 컴퓨터를 가진 사람이라면 누구나 통신망에 접속하여 다양한 프로그램과 정보들을 이용할 수 있다. 이 통신망을 이용하던 사람들 중 몇몇 사람들이 호기심으로 자신의 작품을 게시판에 올리게 된 것이 오늘의 PC 통신 문학의 시초이다.[7]

여기에서는 문학의 개념이 당연히 통신 공간에서 문학을 하는 행위에 초점이 맞춰진다. 컴퓨터 통신망은 누구에게나 열려 있기 때문에 누구나 자신의 글을 올림으로써 작가가 될 수 있는데 이때 기존의 문학에 비해 가장 변화가 큰 것은 문학 텍스트의 수용 부분이다.

우선 과거와 달리 엄격한 등단의 과정을 거치지 않고 쉽게 작가가 될 수 있는 상황 때문에 기존의 문학이 지니던 권위적인 부분이 많이 완화된다. 소위 작가의 권위가 사라지는 것인데 작가가 되는 과정에 일정한 단계와 관문이 있었던 예전에는 아무래도 작가가 문사 내지는 프로의 의식으로 독자 위에 군림할 수 있었다. 그러나 이제 작가와 독자는 수평적 관계에 놓이게 되고 더구나 작품에 대한 독자의 반응이 즉발적이게 된다. 하이퍼텍스트의 쌍방향성에 의거하여 작품이 통신망에 떠워지는 순간부터 독자들은 작가에게 작품에 대한 소감과 비평을 쏟아낼 수 있

---

7) 장석주, 「글쓰기와 글읽기의 혁명적 전환──PC 통신과 미래의 문학」, 『문학사상』, 1994. 11. p. 117.

고 대화방으로 작가를 불러내어 대화할 수 있다. 또 독자가 얼마나 반응을 보였는지가 '조회수'에 의해 뚜렷이 명시된다.

당연히 작가는 독자의 반응에 신경을 쓸 수밖에 없다. 어떤 이유에서인지 조회수가 적은 작품은 존재 의의를 상실당한다. 당연히 작가들은 독자들에게 잘 읽혀지는 작품을 쓰게 되는데, 통신망을 통한 소설에 추리소설이나 SF소설같이 긴장과 스릴이 넘치는 장르들이 많은 이유 중의 하나도 이것이다.

그러나 '통신'이란 특성이 소설 자체의 미학적 형식을 변모시키는 측면은 그다지 큰 것 같지 않다. 이 용어는 디지털의 하이퍼텍스트성이 텍스트에 미친 변화를 설명해주지는 못한다. 이 때문에 하이퍼텍스트 문학이란 용어가 좀더 설득력이 있다. 하이퍼텍스트는 텍스트의 개인적인 블록이나 어휘집들 *lexias*, 그리고 그들을 연결시키는 전자 링크들로 구성된 정보 기술을 말한다.[8] 책이나 종래 고퍼 시스템이 계층적으로 정보에 접근할 수 있게 되어 있는 반면 하이퍼텍스트는 키 워드에 의해 원하는 페이지로 자유자재로 이동해갈 수 있게 되어 있다.[9] 그리고 이 기술, 특히 비선조성 *nonlinearity*의 특성[10]은 새로운 매체를 기반으로 한 예술을 탄생시켰을 뿐 아니라 인쇄 매체, 나아가 아날로그 매체를 기반으로 한 예술의 내러티브 방식에까지 영향을 미친다. 자세한 상황은 다음 장(「하이퍼텍스트와 미래의 미디어 기술」)에서 거론하도록 하겠다. 그러나 하이퍼텍스트는 '통신'의 개념과 같이 디지털 시대의 서사 담론의 모든 성격을 설명해주지는 못한다. 특히 근대 이후 핵심적인 문제로 대두되는 영상 언어 *visual literacy*의 특성을 포괄하지 못하는 약점도 있다.

---

8) George P. Landow, 앞의 글, p. 1.
9) 하이퍼텍스트의 원리에 대해서는 「하이퍼텍스트와 미래의 미디어 기술」을 참조할 것.
10) Espen J. Aarseth, "Nonlinearity and Literary Theory," *Hyper/Text/Theory*, The Johns Hopkins University Press, 1994.

이 점에서 '사이버 문학'이란 위의 두 용어의 불완전성을 어느 정도 극복했다고 보여진다. 원래 인간과 컴퓨터가 만나는 지점을 인터페이스로 부르는데 현대 기술 정보 사회와 인간, 문화적 삶을 설명하는 키워드이다. 주식의 흐름을 파악할 때도 인간은 고해상도의 컴퓨터 모니터 앞에 앉아야 하고 의학 분야, 국가 방위, 우주선 발사 등 거의 전분야에 비디오 인터페이스가 이용된다. 인간은 컴퓨터와 상호 작용하면서 아이디어를 개요화하고 텍스트를 검색하거나 비교하며 메시지들을 읽고 쓴다. 소프트웨어 인터페이스를 통하여 인간은 자신의 생각을 강화하거나 고치기도 한다. 그런데 이 기술이 향상되면서 인간의 실재감은 증가하고 훨씬 몰입적이 된다.[11]

그리고 이 개념은 가상 현실과 밀접하게 닿아 있다. 이 용어는 '효력 면에서는 실제적이지만 사실상 그렇지 않은 사건이나 사물'이라고 정의할 수 있다. 비디오 게임의 연장인 체감 기계를 생각해보자. 우리들은 비디오 디스플레이를 보면서 우주 전쟁을 체험한다든지 자동차 경기를 하기도 한다. 그러나 이때 이런 상황을 단순히 '인공 현실'이라고 정의할 수는 없다. 예를 들어 석굴암의 경우 실물의 동굴은 풍화되거나 관람객에게 훼손되지 않도록 닫혀 있고 그 옆에 실물과 정말 똑같이 만들어진 동굴이 있어 관광객은 복제 동굴에 들어가 실물과 똑같이 만들어진 조각들을 보고 오는 것이다. 관광객들은 실물이 아니라는 것을 인식하고 있지만 또한 그것의 실재감을 납득하고 있다. 누구도 그것이 가짜라고 항의하거나 실망하는 사람은 없으며 오히려 더 현실적으로 조각들을 감상한다. 이 때문에 실물은 완벽한 형태로 수백 년 간 보존이 가능하다. 현실이 아닌, 가짜라는 것을 알면서도 그것의 현실성을 수긍하는 이 기이한 상황은 철학의 실재론에 대한 기본 개념까지도 바뀌게 하고 있다. 그리고 이 현상은 문학의 분야에 새로운 상상력을 불러일으킨다. 원

---

11) Michael Heim, 여명숙 옮김, 『가상 현실의 철학적 의미』, 책세상, 1997, pp. 125~39.

래 인간 신체의 외부에 존재했던 기계가, 즉 인터페이스가 인간과 기계의 접촉점에서 이루어졌던 것이 이 지경에 이르게 되면 인간 자체가 매체가 되어버리는 것이다. '사이버 문학'이라는 용어는 현재 이루어지는 모든 컴퓨터를 매체로 하는 문학들을 아우르면서 미래의 가능성까지 포괄할 수 있다는 점에서 일단 성공적이다.

그러나 이 사이버 문학의 하위 범주로서 여러 종류의 문학의 방식을 상정하고 가르는 작업 또한 진행되어야 한다고 보면 최근 'ergodic literature'라는 용어도 눈여겨둘 필요가 있다. 이 용어는 사이버텍스트 *cybertext*라는 개념이 매체의 복잡함을 문학의 교환의 필수적인 부분에 놓음으로써 텍스트의 기계적인 조직에 초점을 맞추고 있다는 논지하에 텍스트의 수요자 *consumer*, 사용자 *user*를 고려하여 성립된 용어이다. 사이버텍스트의 과정 동안 사용자는 기호론적인 경로를 완성하는데 이 고르기 운동은 종래의 읽기의 다양한 개념들이 고려하지 못하는 물질적 구축의 작업이라며 이 과정을 'ergodic'이라고 부른다. 이 용어는 '텍스트를 통과한다'는 의미의 그리스어이다. 하이퍼텍스트에서 독자는 일반 텍스트와 달리 자신의 임의대로 링크 *link*를 클릭함으로써 자신만의 이야기를 만들어낸다. 여기서 독서 행위는 텍스트 통과하기, 텍스트 선택하기의 능동적인 것이 된다. 따라서 'ergodic'은 작품 읽기에 독자의 역할을 강조한 용어라 볼 수 있다.[12] 요컨대 사이버 문학은 통신망에서 이루어지는 문학과 하이퍼텍스트의 속성을 이용한 문학으로 특징지어진다.

그러나 현재 문학에 나타나는 이 경향은 단지 시작에 불과할 뿐 디지털의 속성이 앞으로 서사 양식에 어떤 영향을 줄지는 아무도 모르며 새로운 양식이 출현할 때 사이버 문학이란 용어는 다시 바뀔 것이다. 그렇다면 디지털이란 새로운 미디어의 운용 방식에 의해 탄생한 이야기 형

---

12) Espen J. Aarseth, "Introduction," *Cybertext: Perspectives on Ergodic Literature*, The Johns Hopkins University Press, 1997.

식이란 의미에서 '디지털 서사'라는 평이한 제목을 붙여두는 것도 한 방법이 아닐까 한다.

3. 문학, 영화, 디지털 영화

디지털 서사를 연구할 때 문학 연구가들은 중요한 문제점에 부딪힌다. 그것은 영상 언어와 문자 언어를 구분하기 쉽지 않다는 점이다. 대표적인 아날로그 미디어인 영화나 TV 드라마의 경우 영상과 등장인물들간의 대화로 양자의 구분이 어느 정도는 가능하였다. 한 매체의 구조는 그 매체를 뒤따르는 매체의 내용이 된다는 맥루언McLuhan(1966)의 견해를 따르면 영화는 원자료로서 문학 작품으로부터 많은 것을 취하고 있다. 영화와 문학의 관계는 대단히 밀접하여서 영화 제작사는 베스트 셀러가 된 소설, 또는 장래의 베스트 셀러를 영화로 만들 수 있는 권리를 얻기 위해 많은 노력을 하고 있으며 스튜디오의 스토리 편집인의 역할은 중요하다. 또 어떤 영화사는 줄거리만 완성된 미완성의 책의 제작권을 사기도 한다. 예를 들어 스튜디오는 소설가들에게 적당한 돈을 미리 지불하고 책이 출판될 때 좀더 많은 돈을 지불할 것을 약속하는 경우가 있다.[13]

그러나 이런 아날로그 미디어가 디지털로 옮겨가면서 문제는 달라진다. 몰입의 정도가 다른 미디어에 비해 훨씬 크기 때문에 인간 자체가 매체가 되어버리고, 때문에 표면적으로 서사 구조가 말이나 글의 형식을 갖고 나타나지는 않는다.

먼저 컴퓨터 게임을 생각해보자. 컴퓨터 게임은 누구나 즐기는 오락이다. 이때 게임은 시뮬레이션 게임만큼 몰입을 요구하지는 않기 때문

---

13) Garth Jowett, James Linton, 김순흥 옮김, 『영화 커뮤니케이션』, 나남출판, 1994, pp. 28~30.

에 사용자는 적당한 긴장감 속에서 비일상적인 시공을 만끽한다. 그런데 이 게임은 현재 여러 가지 형식의 변조를 가지고 서사성을 획득하고 있다. 즉 말이나 글로 완성되어 객관화된 것을 접하지 않더라도 사용자는 의식 속에서 하나의 이야기를 짜나가고 경험하게 된다.

대표적인 머드 게임인 「삼국지」를 보자. 이 게임에는 소설 「삼국지」의 관우·장비·유비·여포 등이 등장인물로 나오고 상황 설정 역시 『삼국지』의 내용을 따르고 있다. 그러나 전쟁에서 누가 이기고 지느냐 하는 것은 순전히 게임 매뉴얼의 규칙을 숙지한 사용자에게 달려 있다. 사용자는 자신의 능력과 판단력에 따라 저마다 다른 스토리 전개를 하게 된다. 예를 들어 전쟁을 일 년 간 하면 백성의 충성심이 10포인트 하락한다거나, 여포의 충성심은 여자 한 명당 10포인트씩 상승한다. 작품에서 여포가 초선이란 여인 때문에 패가망신한다는 줄거리에서 착안한 규칙일 것이다. 이런 규칙들을 머릿속에 놓고 사용자는 그때그때 화면에 등장하는 조건에 반응하여 전쟁 이야기를 구성해 나아간다. 요컨대 이야기를 만들어나가는 사람은 독자(사용자) 자신이며 게임을 해나가는 과정에서 독자는 스스로 하나의 이야기를 짜나간다. 그리고 프로그래머들은 온갖 경우의 수를 생각하면서 컴퓨터 게임을 설계한다. 이 경우 이야기들은 구체적인 말이나 글을 통해 명시되지는 않지만 하나의 스토리를 이루는 것은 분명한 사실이다.

디지털 기술이 아날로그 미디어에 도입되었을 때 그 이용 범위는 부분적이었다. 주로 컴퓨터 그래픽 시스템을 이용하여 예전에 결코 시도할 수 없었던 영상 효과를 창조해내는 것이다. 복잡한 기하학적 모양과 움직임을 쉽게 렌더링하게 해줄 뿐 아니라 수학적 개념을 잘 모르는 예술가들도 기하학적 무늬들을 그래픽할 수 있게 되었다.

디지털 기술은 시뮬레이션 형식으로 영화에 도입됨으로써 영화는 현실 세계에서는 지각 불가능했던, 그러나 지금은 문자 그대로의 의미에서 새로운 세계를 창조한다. 이제 예술은 과학 기술로 삶과 예술의 영역

을 회미하게 하면서 신화가 아니라 사실을 창조한다. 「도시 풍경」, 영화
가 시작되면 관객들은 광활한 녹색 평원으로 둘러싸인 지평선을 배경으
로 한 도시의 스카이 라인을 향해 돌진하게 된다. 일단 시내로 들어서면
다양한 운동과 위치들이 시뮬레이션된다. 가운데의 산책길 부문에서 회
전하기, 고속도로 경사로를 올라 고속도로를 따라 달리기, 유리 엘리베
이터를 타고 위아래로 오르내리기, 빌딩들 사이의 통로를 따라 산책하
기, 창밖을 바라보기, 공중 이륙장에서 뜨고 내리는 헬리콥터를 타고 도
시 위를 날아다니기, 술 취한 운전자가 수영장으로 추락하는 시뮬레이
션, 마지막으로 고체 덩어리 속을 통과하는 시뮬레이션. 몇 분만 지나면
장소와 환경에 대한 강력한 감각이 창조된다. 그리고 관객은 스크린 위
에 없는 구조물들의 위치도 기억하기 시작하면서 실제로 자신이 도시에
둘러싸인 것처럼 느끼게 된다. 인간과 기계간에 극단적으로 친밀한 상
호 작용이 이루어지면서 관객은 매체 속으로 몰입해 들어간다.[14]

이 과정에서 더 나아가면 이제 관객 자체가 매체가 되는 상황이 일어
난다. 홀로그래픽 영화가 그것이다. 홀로그래피는 광파 *light wave*가 영
상을 형성하는 렌즈를 통하지 않고 직접 감광면에 착상되어 3차원의 입
체 영상을 만들어낸다. 이러한 화상은 피사체 자체와 완전히 같은 3차
원성을 갖고 있고 어떠한 렌즈도 필요하지 않다. 홀로그래피에서는 관
객의 접근 각도에 따라 화상의 다른 영역들이 시각화된다. 관객은 앞쪽
에서는 보이지 않던 부분을 대상을 돌면서 뒤쪽까지 볼 수 있다. 홀로그
램의 피사체는 움직이기도 하는데 3차원에서 한가롭게 헤엄치는 열대어
를 볼 수 있는 30초짜리 영화도 존재한다.

물론 아직까지는 관객이 홀로그램의 주변을 빙빙 돌거나 관통하거나
그것과 상호 작용할 수는 없지만 미래에 이런 기술이 개발될 가능성은
많다. 이제 홀로그램은 비현실적인 대상도 창조할 수 있고 그리하여 「스

---

14) 권중운 편역, 『뉴 미디어 영상미학』, 민음사, 1994, pp. 379~81.

타 트랙」에 가끔 보여지는 홀로그램을 실현하는 날도 있을 수 있다. 홀로그래피의 능력은 지금까지의 영화나 TV가 닿을 수 없는 완전히 비일상적인 현실 세계를 경험하게 해줄 것이다. 이제 우리는 영화를 보면서 현실처럼 느끼는 모든 것이 실은 다른 편에 있는 환영적 세계라는 사실을 인식하지 못하는 시절이 올 수 있다. 우리는 홀로데크에 앉아 있는 햄릿과 상면하여 그의 고뇌·비극을 들을 수 있고 그를 만났다고 '지각' 할 수 있을지 모른다.

4. 환상성 혹은 몰입: 허구와 현실의 경계 무너뜨리기

소위 컴퓨터 통신망에 나타나는 소설들에는 현실 세계와의 연관이 거의 없는 환상적 상황, 배경이 유난히도 많다. 우선 배경만 해도 그렇다.

첫째, 미래의 시공을 배경으로 하는 경우, 흔히 지구의 종말기라고 일컬어지는 1999년부터 멀게는 2300년 후의 세계를 배경으로 한다. 그러나 이상하게도 많은 경우 이 미래의 모습은 과거의 상태에서 찾아진다. 과학의 몰락으로 인류가 멸망한 후 원시 시대로 돌아간다든지 과학이 발달했더라도 고대의 절대 왕정 체계를 고수한다든지 한다. 이런 기묘한 결합의 세계에 첨단 과학과 고대의 마법이 혼성되어 난무한다. 둘째, 배경이 헤이안 시대, 전국 시대, 유신 직전, 즉 일본의 고대인 경우가 있다. 일본 만화에 영향을 받은 세대에 의해 이용되는 배경인 것 같은데 주로 아마추어들이 그야말로 재미로 쓴다는 점이 그나마 한국 문학계의 정통 작품이 아니라는 점에서 다행이라고 할까? 음양사·무녀·무사·귀족 들이 주요 등장인물들이다. 셋째, 일본 배경에 대한 반발로 환국, 고구려 시대가 배경인 소설들이 있다. 그러나 주요 등장인물들은 일본 배경의 것과 동일하여 그야말로 일본 만화에 한국 배경만을 뒤집어씌운 느낌이다. 넷째, 현실과 상관성은 있으나 초현실의 세계와의 교류를 다루는 경우.

첫번째의 예로 SF의 경향이 최근 한국에서 유행하는 후천 개벽 등 한국의 민간 신앙과 결합하여 나타난 『천녀 여황』[15]은 외형적인 면에서는 주체성(?)을 살린 사이버 소설이다. 그 줄거리는 다음과 같다. 인류의 출산이 자동화된 미래 사회에서 그 업무를 맡고 있었던 희영이란 연구원이 자신의 출산 기능만을 복원시키고 기계 출산 시스템을 파괴하여 왕위에 오른다. 그 후 인류는 계속 진화를 거듭하여 꿀벌이나 개미와 같은 사회를 이룬다. 여왕벌에 해당하는 여황족은 생산의 임무를 담당하고 일벌에 해당하는 일사람은 업무를, 강쇠는 생식의 기능만을 전담한다는 것이다. 그러나 우여곡절 끝에 일사람 중 하나가 현재의 여성과 같은 모습을 띠어 이 체제가 붕괴되고 현재로 돌아갈 것을 암시한 채 소설은 끝난다. 결국 진화를 해봤자 현재 인간의 모습이 가장 낫다는 암시인데 윤회·업·후천 개벽과 같은 신비의 세계를 설명하려는 노력이나 의도는 전혀 없고 과학적 설명이 인류가 이런 신비의 세계로 빠지는 과정에서 부수적으로 등장하는 소도구로 나타날 뿐이다.

그런가 하면 만화영화를 방불케 하는 소설도 있다. 2009년 아시아 연맹과 세계 연합군의 싸움에 의해 핵전쟁이 일어나 지구가 파괴된다는 상투적인 상황 설정, 그리고 2013년 파괴된 지구에서 생존자들의 싸움이 한연방공화국 방위군 대위인 한민회를 주인공으로 펼쳐진다. 그는 뇌사 상태로 있다가 발굴되어 사이보그로 개조된다. 그는 레이저 총을 어깨에 지니고 있을 뿐 아니라 푸른 갑옷의 세라믹 섬유를 여섯 겹으로 싸서 레이저 광선에도 견딘다는 망토를 걸치고 있다. 천하무적이고 판단도 뛰어난데 신혼 여행 때 죽은, 사랑하는 아내에 대한 애틋한 기억이 있는 '고독한' 영웅이다. 만화영화에 단골로 등장하는 캐릭터이다.

둘째와 셋째의 요소들은 『퇴마록』[16]에서 어느 정도 성공적으로 형상

---

15) 박경범, 시아, 1995.
16) 이우혁, 들녘, 1994.

화된다. 한 공학도가 하이텔에 재미삼아 올린 '귀신 쫓는 이야기'가 폭발적인 인기를 얻어 장편의 책으로 출판되고 영화화되었다. 이 긴 소설에는 4명의 '퇴마사'가 등장한다. 원래 의사였다가 신부가 된 후 파문당한 박신부와 한국 고유의 무술과 기공을 지닌 이현암, 타고난 영력이 있는 장준후와 현승희가 어울려 한국과 세계의 귀신들을 물리친다. 제법 신빙성 있는 증빙 자료, 역주까지 첨부하여 현실감을 높이면서도 무협소설을 연상케 하는 박진감이 그야말로 '재미' 있는 소설을 만들고 있다.

그렇다면 왜 사이버 문학에는 환상적인 요소가 많으며, 왜 그것은 근대 소설의 리얼리티에 역행하는가? 근대 소설의 미학 중 대표적인 것이 '핍진성'으로 소설은 개연성 있는 이야기, 있을 법한 이야기를 해야 한다는 것이다. 근대 이후 자연과학의 발달과 실증주의의 등장으로 현실 세계를 논리적으로 설명할 수 있다는 부르주아 계층의 확고한 믿음 때문에 사실주의는 소설의 중요한 미학으로 각광받았다. 그러나 사이버의 세계는 이런 믿음을 뿌리째 흔들어놓게 된다. 인간이 인식하는 주체에 대해 한없이 의심하게 만드는 것이다.

현실이란 무엇인가? 우리는 일상 생활 속에서 현실이 물건을 보거나 맛을 보거나 향기를 맡는 등 자신의 오감에 감지되는 세계라고 생각하고 있다. 그러나 사이버 스페이스는 이 현실감의 개념에 의문을 제기하고 있다. 극단적으로 말해서 우리가 현실이라고 생각하고 있는 세계가 사실은 우리의 지각이 생산해낸 허구의 세계일 수도 있다는 것이다. 현실감은 우리들의 감각에 매우 밀접하게 연결되어 있는 또 하나의 현상이다.

이런 현상은 요즘 유행하는 정교한 시뮬레이션 게임을 경험해보면 더 구체적으로 감지된다. 우주선 조종실을 모방한 방에 관객이 들어가면 그들의 눈앞에 우주 전쟁의 영상이 펼쳐진다. 관객들은 낙하하고 고속으로 회전하며 우주 기지를 전속력으로 빠져나가거나 거대한 운석군과

충돌하기도 한다. 고속으로 회전할 때 우주선 자체는 실제로 큰 움직임이 없다. 그러나 관객들의 눈앞에서 빠른 영상이 펼쳐지기 때문에 관객들은 회전하고 있다고 지각하게 된다. 가상 현실이 현실을 압도해버리는 순간이다.

이것만 보아도 우리가 평소에 얼마나 불확실한 정보로 현실을 인식하고 있는지 알게 된다. 관객들은 틀림없이 자신이 현실 세계에서 우주선을 타고 있지 않다고 인식하지만 감각은 자신이 우주선을 타고 있다고 실제로 느끼고 있는 것이다. 그렇다면 어디까지가 환상이고 어디까지가 현실인 것일까? 맨눈으로 볼 수 있는 것만 현실이라고 주장하던 시대는 이미 지나갔다. 예를 들어 기하학의 토폴러지 *topology*는 시각상으로 체험할 수 없어서 추측·가설로만 인정되어왔다. 그러나 컴퓨터에 의해 이것이 가시화된 것이다. 이 사이버 공간은 현실을 확대 재생산하고 있다.

이 가능성은 작가의 상상력을 현실이라고 인정된 것에 구속받음이 없이 자유롭게 한다. 작가는 새로운 미디어에 의해 생성된 사이버 공간에 몰입한다. 그리고 그 몰입의 상태를 소설로 옮긴다. 컴퓨터 게임에서처럼 전사들은 허공을 나르며 싸우고 퇴마사들은 귀신을 몰아낸다. 독자는 이 황당한 소설을 읽으면서 자신이 체험한 시뮬레이션 게임의 체감도를 떠올리며 소설을 재구해낸다. 리얼리즘 소설의 독법에서 이 세계는 황당하고 허무맹랑할 것이다. 그러나 시뮬레이션 게임에서 관객은 그가 체험하는 우주 여행을 현실로 감지한다. 이 엄청난 몰입은 종래의 책읽기에서는 일어날 수 없는 것이었으나 이제 많은 독자들은 독서의 순간에 자신이 전에 체험한 사이버 공간을 연상하며 독서를 즐긴다.

이제 사이버 소설은 주체의 인식 문제를 내용으로 다루기도 한다. 영화 「토탈리콜」은 이런 점에서 선구자적인데, 마찬가지로 「꿈꾸는 뫼르소」[17]는 사이버 공간에서의 주체의 동일성을 화두로 한다는 점에서 문

---

17) 『버전업』, 1998년 봄호.

제적이다. 과학자들은 헤븐 게이트라는 가상의 세계를 만들어 뇌파를 인위적으로 조합해서 과학자들은 자신이 인간이라고 인식하는 가상의 인간을 만든다. 이곳에 사는 인간들은 그들의 조작에 따라 스스로의 존재 인식이 달라진다는 것이다.

5. 텍스트 속의 하이퍼텍스트성, 그것이 의미하는 세계관

영화가 문학을 소멸시키지 않았듯이 사이버 문학 또한 문학을 소멸시키지 않는다. 오히려 요즈음의 작가들은 새로운 상상력으로 문학을 창작하고 있고 이 문학적 상상력은 다시 사이버 문학의 발전에 영향을 미치고 있다. 사이버 문학 이전에 보르헤스 같은 인물은 이미 사이버 소설의 등장을 예견하고 있었다는 사실이 이 관계를 잘 설명해준다. 『끝없이 두 갈래로 갈라지는 길들이 있는 정원』이란 탐정소설에서 취팽이란 등장인물은 매우 혼란스런 소설을 쓰고 있다. 3장에서는 주인공이 죽은 것으로 나와 있는데 4장에서는 그가 살아 있고 또 장에 따라 주인공들의 직업 등이 다르다. 이것을 후세인들이 연구해본 결과 취팽이 다양한 미래를 모두 작품 속에 담고 있음을 알 수 있다. 예를 들어 팽이란 사람이 낯선 사람의 방문을 받자 그를 죽일 결심을 한다. 당연히 그 결말은 아주 다양할 수밖에 없다. 팽이 침입자를 죽일 수도 있고 침입자가 팽을 죽일 수도 있으며 둘 다 살아날 수도, 둘 다 죽을 수도 있다. 그런데 취팽의 작품에서는 모든 경우가 함께 일어난다. 그리고 각각의 경우는 또 다른 갈라섬의 출발점이 된다.[18] 「하버트 쾌인의 작품에 대한 연구」에서도 같은 논리의 소설 구조가 등장한다. 쾌인이 썼다는 『에이프릴 마치』에서, 첫장은 길거리에서 낯선 두 사람의 대화를 다룬다. 2장은 그 전날

---

18) 보르헤스, 황병하 옮김, 『픽션들』, 민음사, pp. 145~66.

의 사건을, 3장은 2장에서 다룬 사건과 다르게 일어날 수 있는 전날의 사건, 4장은 역시 앞의 두 장에서 다룬 사건과 다르게 일어날 수 있는 전날의 어떤 사건을 다룬다. 따라서 이 작품에는 전혀 다른 세 가지의 그 전날이 존재한다. 다시 각기 다른 세 개의 전날은 각각 다른 세 개의 그 전전날들을 가지게 된다. 결국 이 작품은 서로 다른 아홉 개의 전혀 다른 소설들이 들어 있는 혁명적인 구조를 가지게 된다.[19] 그러나 이런 유형의 소설은 단선적인 활자 매체에서 적용되기 어려운 구조로 되어 있다. 결국 한 천재 작가에 의해 꿈꾸어진 이 소설의 형식은 컴퓨터라는 매체를 맞아 꽃을 피우게 된다.

그런데 다시 거꾸로 컴퓨터라는 새로운 매체에서 발달된 서사의 형식들은 소설에 새로운 상상력과 형식을 부여하고 이 징후는 최근 신예 작가들의 작품에 뚜렷이 드러난다.

김설의 『게임 오버』[20]는 하이퍼텍스트 소설의 구조를 지니고 있다. 실업자 여성인 천수로는 우연히 어떤 여자의 부탁으로 해운대의 호텔 투숙객에게 '선물'을 전해주러 간다. 그러나 가는 도중 자신에게 부탁을 한 여인이 고의적인 사고로 죽는 것을 목격한 데다 겨우 찾아간 호텔방에서 살인 사건이 일어났음을 목격한다. 그 후 그녀는 세 범죄 조직의 암투와 경찰들의 투쟁에 말려든다. 우여곡절 끝에 그녀는 한 추적자를 인질로 삼아 그녀의 자취방에 같이 있게 되고 야구장에서의 소동 끝에 사건은 겨우 마무리된다.

이 줄거리를 기둥으로 사건은 온갖 경우의 수로 나누어진다. 수로는 여인의 부탁을 거절하고 아무 일 없었던 것처럼 살 수도 있고 부탁을 들어주어 살인 사건에 휘말릴 수도 있다. 살인 사건이 안 일어날 수도 있고 일어날 수도 있다. 살인 사건을 목격한 후 괴한에게 죽음을 당할 수도 있고, 간발의 차이로 도망칠 수도 있다. 우연히 입수한 마약으로 통

---

19) 앞의 책, pp. 116~28.
20) 문학과지성사, 1997.

신 판매를 하다가 잡힐 수도 있고 마약을 그냥 가지고 있을 수도 있다. 위조 지폐를 쓰다가 검거될 수도 있고 그 돈이 위조 지폐인 줄 알고 태워버릴 수도 있다. 컴퓨터와 같은 하이퍼텍스트라면 이런 경우의 수를 한꺼번에 프로그램에 담아 독자가 다양한 선택으로 작품을 엮어갈 수 있을 것이다. 그러나 선조적인 인쇄 텍스트에서 선택의 방식은 제한적으로 나타난다. 기본 스토리를 전개하는 데 반대가 되는 경우를 앞에 내세우고 GAME OVER란 문장을 가운데 놓아 그 경우를 지워버리고 이야기 전개에 부합하는 반대의 사건을 서술한다. 이것은 마치 컴퓨터 게임에서 게임을 종료하고 다른 방향으로 다시 게임을 전개하는 것과 같다. 형식상으로 볼 때 이 시도는 컴퓨터의 하이퍼텍스트의 성격을 흉내낸 것에 지나지 않는다. 컴퓨터라는 매체를 통해 비로소 완벽하게 꽃을 피운 이런 문학의 양식이 다시 소설 텍스트에 적용될 때 물론 나름대로의 미학적 성과를 거둘 수는 있을 것이다.

그러나 사이버 소설의 구조가 문학가들에게 제시하는 보다 근본적인 것은 사이버 문학의 세계관일 것이다. 우리는 컴퓨터 게임을 할 때 적의 용사건 우주선이건간에 마음내키는 대로 공격하고 게임이 끝났을 때는 그 결과에 개의치 않고 다시 동전을 넣어 게임을 시작한다. 자막에 GAME OVER가 나올 때 심각해하거나 실망하지 않는다. 다시 시작하면 그뿐인 것이다. 이런 유희적이고 즉흥적인 사고 방식은 이 소설의 혹은 나아가 우리 시대의 삶의 방식이 될 수 있다는 점에서 문제적이다.

소설은 수로가 맥도날드 햄버거점에 앉아 치즈버거를 먹으며 미로 게임을 하는 데서 시작한다. 출발점에서부터 구부러진 골목들을 헤매고 때로는 막힌 곳으로 가는 시행착오를 거쳐 도착하는 곳은 맥도날드 햄버거점이다. 소설의 끝에 그녀는 맥도날드 햄버거점에서 점원으로 일한다. 그녀가 겪었던 우연과 모험들은 미로 속에서 헤맨 길이었던 것이다. 목숨이 왔다갔다하는 절대절명의 위기도 한갓 시행착오를 깨닫고 다시 돌아설 수 있는 막다른 골목 같은 것이었고 어디로 향할 것인가를 정할 때는 찰나의 즉흥적인 판단력에 기댄다. 마치 신나는 폭력, 모험 비디오나 만화영화를 보는 방식, 맥도날드 햄버거와 코카콜라 같은 패스트 푸드 음식, 오락 게임, 문자보다는 영상의 중시…… 이 한없이 빠르고 가볍고 순간적인 삶의 방식이 요즈음 90년대 신세대의 세계관이라 해도 틀린 말은 아닐 것이다.

그래서 소설의 끝에 최근 통신에 나타난 글쓰기 방식이 등장하는 것은 시사적이다. 작가는 주인공 수로의 이름·나이 등 여러 조건들을 제시하고 다시 소설을 쓸 것을 제안한다. 게임은 끝났고 이제 다른 사용자가 다시 이 게임에 재도전해야 하는 것이다.

송경아의 경우는 이 세계에 대해 조금은 더 우려의 시선을 보낸다.[21] 그녀는 전산학의 전공을 바탕으로 세계와 인물들의 삶을 컴퓨터의 운영 시스템에 빗대어 이야기를 한다. 여기서 컴퓨터의 운용 체계는 현대의 정보 사회의 속성과 적절히 대응된다. 이곳에서 개체들은 하나의 정보체, 다른 데이터들과 연결되고 서로 연결된 속에서 사회적 존재로서 쓰임을 갖는다. 개체들은 정보를 만들어내고 정보를 수송해서 세계에 새롭고 유용한 정보를 보태는 존재가 되기를 희망한다. 그러나 이 운영 체계의 세계로서 불라국은 이 꽉 짜인 운용 체계와 합리성으로 인해 폐쇄적이다. 이 상황은 컴퓨터 운용 체계의 속성과 일치한다. 컴퓨터의 운용 체계는 컴퓨터라는 하드웨어 속에서 여러 프로그램들이 운용되도록 도와주는, 혹은 양자를 만나게 하는 인터페이스의 역할을 하는 소프트웨어이다. 예를 들어 윈도 95는 컴퓨터에서 넷스케이프, 한글 등의 프로그램이 운용될 수 있게 해주는 소프트웨어이다. 유닉스도 이 점에서 윈도 95와 마찬가지이다. 그러나 둘은 운용 체제가 다르기 때문에 서로 소통될 수 없다. 각각의 조직이 워낙 완벽하고 빈틈없이 짜여져 있기 때문에, 따라서 자체 충족적이기 때문에 역설적으로 상대방은 상대방을 비

---

21) 송경아, 「바리―길 위에서」, 『책』, 민음사, 1996.

집고 들어갈 여지가 없는 것이다. 그런데 이런 닫힌 사회는 자체 내의 정보량의 증가나 시스템상의 치명적 오류가 생기면 속수무책으로 몰락해갈 수밖에 없다. 이것은 불라국의 오구 대왕의 병이라는 상징으로 드러난다. 그렇다면 이 세계를 구해낼 수 있는 것은 무엇인가?

그 주인공으로 바리는 완전한 정보 속에서 조직적으로 움직이는 개체로서의 인간이 아닌 창조적인 주체이다. 그녀는 태어나자마자 버려졌기 때문에 고립자, 즉 처리해야 할 변수가 외부에서 주어지지 않은 '서브루틴'이었고 아무 곳도 가리키지 못하고 동굴 속에서 지워지기만을 기다리는 포인터였다. 이 나라를 구할 인물이 다름아닌 정보 체계에서 소외된 자, 자유로운 자라는 설정에서 우리는 작가가 비판하고 있는 것이 무엇인가를 알 수 있다. 바리는 정보 습득과 전달에 아주 초보적인 지식만 배웠기 때문에 역설적으로 서로 연결됨으로써 비로소 의미를 획득하는 닫힌 정보의 체계를 극복할 수 있는 존재이다. 그녀는 혼란되고, 논리에 맞지 않는, 상호 배제적으로 보이는 이야기들 사이에 있는 우주의 논리를 새롭게 터득할 수 있다. 그녀는 작가의 비유를 빌리면 어떤 사물을 바라보는 것에 그치지 않고 사물 뒤에 있는 의미를 바라볼 줄 아는 존재, 새로운 네트워크로까지 발전할 수 있는 존재인 것이다.

정보 사회의 자기 증식성, 폐쇄성, 체계의 논리 속에서 정체성과 창조성을 잃어가는 인간의 존재를 비판한다는 진부한 논리가 실재 정보 체계에 대한 정확한 지식을 바탕으로 비판됨으로써 훨씬 실감나게 다가오고 신선하게 느껴진다.

6. 나가는 말

옛날 옛날에 이야기가 있었다. 그리고 그 이야기는 종이와 활자라는 매체를 통하여 지금의 문학이 되었다. 이것이 아날로그 미디어를 매개로 영화가 되었으며 다시 디지털 미디어를 매개로 새로운 변모의 조짐을 보이고 있다. 그것은 하이퍼텍스트 소설도 되고 디지털 영화 속에 이야기로 자리잡고 있으며 롤 플레잉 게임, 머드 게임의 서사 구조, 나아가 홀로그램으로 예견된다.

이제 문학은 새로운 미디어를 통해 예술로서의 또 다른 즐거움을 독자들에게 제공하면서 이전의 이야기 방식들과 공존해나갈 것이다. 그러나 한편으로 디지털 서사는 기존의 문학의 위기이자 새로운 '문학'의 탄생이라는 점에서 유혹적인 모습으로 우리 앞에 자리하고 있다.

참고 문헌

Garth Jowett and James Linton, 김순훈 옮김, 『영화 커뮤니케이션』, 나남출판, 1994.

강내희, 「디지털 시대의 문학하기」, 『문화과학』, 1996년 여름호; 「욕망이란 문제 설정?」, 『문화과학』, 1993년 봄호.

권중운 편역, 『뉴 미디어 영상미학』, 민음사, 1994.

김병익, 「신세대와 새로운 삶의 양식, 그리고 문학」, 『문학과사회』, 1995년 여름호; 「컴퓨터는 문학을 어떻게 변화시킬 것인가」, 『동서문학』, 1994년 여름호.

김설, 『게임 오버』, 문학과지성사, 1997.

김성곤, 「멀티미디어 시대와 미래의 문학」, 『문학사상』, 1994년 11월호; 「대중 매체와 글쓰기」, 『현대 비평과 이론』, 1992년 가을·겨울 합병호.

김성재, 「문학과 멀티미디어」, 『문학정신』, 1994년 5월호.

김재인, 「사이버 예술의 개념 정립을 위한 밑그림 1」, 『버전업』, 1998년 봄호.

김주환, 「정보화 사회와 뉴 미디어, 어떻게 볼 것인가」, 『문화과학』, 1996년
　　　여름호.
니콜라스 네그로폰테, 백욱인 옮김, 『디지털이다』, 박영률출판사, 1995.
「디지털 매체, 책 말살하지 못한다」, 『시사저널』, 1992. 12. 4.
도정일, 「무의식과 욕망」, 『문화과학』, 1993년 봄호.
Michael Heim, 여명숙 옮김, 『가상 현실의 철학적 의미』, 책세상, 1997.
박경범, 『천녀 여황』, 시아, 1995.
백욱인, 『디지털이 세상을 바꾼다』, 문학과지성사, 1998.
『버전업』, 1998년 봄호.
보르헤스, 황병하 옮김, 『픽션들』, 민음사.
복거일, 「전산 통신망 시대의 문학하기」, 『문예중앙』, 1995년 가을호.
송경아, 「바리—길 위에서」, 『책』, 민음사, 1996.
심광현, 「전자 복제 시대와 이미지의 문화 정치: 벤야민 다시 읽기」, 『문화
　　　과학』, 1996년 여름호.
Ong, W. J., 이기우 · 임명진 옮김, 『구술 문화와 문자 문화』, 문예출판사,
　　　1995.
여극현, 「전자 시대의 텍스트 짜기」, 『버전업』, 1998년 봄호.
이용욱, 『사이버 문학의 도전』, 토마토, 1996; 「전자 언어, 버추얼 리얼리
　　　티, 그리고 사이버 문학」, 『버전업』, 1998년 봄호.
이우혁, 『퇴마록』, 들녘, 1994.
장경렬, 「컴퓨터로 글쓰기, 무엇이 문제인가?」, 『현대 비평과 이론』, 1992
　　　년 가을 · 겨울 합병호.
장석주, 「글쓰기와 글읽기의 혁명적 전환——PC 통신과 미래의 문학」, 『문
　　　학사상』, 1994년 11월호.
정과리, 「문학의 크메르루지즘——컴퓨터 문학의 현황」, 『문학동네』, 1995
　　　년 봄호.
정정호, 「컴퓨터 시대의 글쓰기의 명암」, 『소설과 사상』, 1994년 봄호.

조형준, 「문화의 새로운 지배 양식과 문학의 위기론에 대한 소론」, 『문학동
　　　네』, 1995년 겨울호.
황순재, 「본격 문학과 사이버 문학의 접점」, 『버전업』, 1998년 봄호.

Aarseth, Espen J., *Cybertext: Perspectives on Ergodic Literature*, The Johns
　　　Hopkins University Press, 1997.

―――, "Introduction," *Hyper/Text/Theory*, The Johns Hopkins University
　　　Press, 1994.

Delany Paul and George P. Landow(edited by), *Hypermedia and Literary
　　　Studies*, MIT Press, 1991.

Gaggi, Silvio, *From Text to Hypertext*, Univ. of Pennsylvania Press, 1997.

Landow, George P., "What's Critic to do," *Hyper/Text/Theory*, The Johns
　　　Hopkins University Press, 1994.

Murray, Janet H, *Hamlet on the HOLODECK*, The Free Press, 1997.

하이퍼텍스트와 미래의 미디어 기술

박상찬 · 신정관

1. 서론

역사를 통해, 그리고 여러 문화권에 걸쳐서, 예술가들은 그들의 문화에 대한 경험과 이해를 통하여 창작의 기반을 마련한다. 다시, 예술 창작품이나 공연이 완성되면, 이것들은 문화에 다시 흡수된다. 이런 문화와 개인간의 피드백으로 예술가의 개인적인 능력은 새로운 문화를 창출하게 된다. 종종 새로운 문화 형태는 기술 진보의 도움을 받는다. 이렇게 새로운 기술의 도움을 받는 경우는 개인의 능력에 의존하는 것보다 더욱 진보적이며 때로는 새로운 형태를 개척하여 후대로 전해지게 된다. 그리고 대중 문화와 엔터테인먼트에 이르러서는 기술에 의존하는 정도가 더욱 심화하여, 그 시대를 대표하는 문화의 형식은 주로 그 시대의 기술이 제공할 수 있는 한계이기도 하다. 17세기 출판 기술이 발전하면서 소설이 각광받게 되었으며, 19세기의 사진, 20세기의 마천루와 영화 산업, 테마 파크는 모두 그 시대의 기술이 후대에 전하는 문화 유산을 대표한다.

오늘 우리는 디지털 정보 기술이 예술의 형태를 바꾸어가는 시대에 있다. 이러한 기술의 핵심에는 '시스템'이라는 개념이 자리하고 있다. 입력과 출력 장치들이 인간의 감각 기관을 대신하여 세계와 연결되며,

컴퓨터 메모리는 우리의 기억과 회상을 보조한다. 인터넷은 시간 · 공간의 장벽을 돌파하여 새로운 문화의 첨병이 되고 있다. 대중 음악과 영화는 이제 컴퓨터의 도움을 받지 않는 예가 드물 정도이며, 그 미디어는 이미 컴팩트디스크라는 형태로 디지털화하고 있다. 그 중에서도 하이퍼텍스트의 출현은 그 이전의 모든 디지털 미디어에 예측을 다시 쓰게 할 정도로 광범위하고 근원적인 변화를 이루어내고 있다.

이 글에서는 하이퍼텍스트의 비선형적인 특성이 가져오는 스토리텔링의 변화에 대해서 논해보고자 한다. 이야기해주기는 아주 오래된 엔터테인먼트의 양식이며, 소설 · 희곡, 현대의 영화 시나리오에 이르기까지 유형도 다양하고 완성도도 가장 높은 예술이기도 하다. 전통적으로 시간과 사건의 순서에 따라서 진행하는 선형적 서사 구조가 확립되어 있으나, 하이퍼텍스트의 등장과 함께 새로운 양식의 상호 작용적인 내러티브가 실험적으로 모색되고 있다. 이 글은 하이퍼텍스트와 인터넷을 이용한 스토리텔링이 인류의 가장 오래된 예술이자 엔터테인먼트인 이야기를 어떻게 변모시킬지에 대한 상상력을 자극하고 합의된 모습을 지향하는 시도이다. 2장은 HTML과 WWW와 관련한 기술들을 소개하는 것으로 시작하여 현재의 하이퍼텍스트 모습을 구성하는 기술적 요인에 관한 검토가 이루어진다. 3장은 하이퍼텍스트의 현모습에 관한 고찰이다. 하이퍼텍스트의 가능성을 인정하면서도 지금 굳어진 미디어가 퇴락하는 일은 없을 것이라는 다소 비판적인 전망에서 시작하여, 하이퍼텍스트가 만들어낸 새로운 이야기 구조가 전자 게임과 영화 등 대중적인 모습으로 구현된 것들을 소개하고, 좀더 학구적인 프로젝트를 살펴보는 등 현재까지의 하이퍼텍스트 기술과 그에 대한 상상력이 이루어낸 업적과 개념을 정리한다. 4장은 미래에 대한 전망이다. 급변하는 정보 기술은 이런 부분에 대한 서투른 전망을 좀처럼 허용하지 않지만, 하이퍼텍스트를 미래 지향적으로 연구하는 내용들을 정리하여 수동적 이야기 듣기에서 능동적인 이야기 참여로의 모습을 그려보도록 한다.

2. HTML과 WWW: 하이퍼텍스트로의 초대

　1993년에 모습을 드러낸 WWW는 하이퍼텍스트를 인터넷에 도입함으로써 지금의 인터넷 모습을 갖추게 하였고, 그로부터 불과 5년이 지난 지금 거의 모든 개인용 컴퓨터는 WWW 브라우저 *browser*를 이용하여 인터넷을 이용하고 있다. WWW는 'World Wide Web'을 의미한다. WWW 계획은, CERN(유럽 원자핵공동연구소)에서 '분산 하이퍼미디어 시스템'을 만들려고 하는 과정에서 팀 버너스 리 Tim Berners-Lee에 의해 시작되었다. 실제로 Web은 전세계에 걸쳐 있는 내부적으로 연결된 문서들의 거대한 모음이다. 하이퍼텍스트의 핵심은 하이퍼텍스트 문서와 그들간의 링크에 있다. 사람들은 특정 주제에 대해 더 많은 정보를 얻고 싶을 때, 단지 그것을 클릭하기만 하면 된다. 사실, 문서들은 전혀 다른 저작자들에 의해 작성된 문서로 링크될 수 있고 링크되어 있다—마치 각주를 다는 것과 비슷하지만, 즉시 정보를 얻을 수 있다는 점이 다르다. Web에 접속하기 위해서 넷스케이프 Netscape와 익스플로러 Explorer와 같은 브라우저 프로그램이 개발되었다. 브라우저는 문서를 읽어들일 수도 있고 다른 곳으로부터 문서를 가져올 수도 있다. 브라우저가 읽어오는 것은 HTML(Hyper Text Markup Language) 형식으로 이루어진 텍스트 파일이며, 현재의 하이퍼텍스트는 결국 HTML 문서라고 할 수 있다.

　HTML 문서는 Head와 Body의 두 부분으로 구분된다. Head 부분은 HTML 문서 자체에 대한 정보를 가지고 있고, Body 부분은 실제로 브라우저 화면에 보여지는 내용 부분이다. HTML은 컴퓨터끼리 이해할 수 있는 기호를 미리 정해놓아서(이를 태그 *tag*라고 부른다) 브라우저가 보여주는 내용을 다르게 보일 수 있다. 〈……〉 안에 든 부분이 바로 태그로서 HTML의 기호이다. HTML 문서의 예를 보고 싶다면, 어떤 홈페이지에 접속하여 화면에 내용이 나타나면, 브라우저의 메뉴에서 '보기' 아래에 있는 'HTML 보기'(또는 'Source 보기')를 선택하여보자. 곧 화면에 보고 있는 웹 사이트의 HTML 문서가 떠오를 것이다. HTML 문서는 그 자체로서는 복잡하여 이해하기 힘들지만, 브라우저는 이를 해석하여 저자가 의도한 화면을 만들어내는 것이다.

여기서 링크의 기능을 가지게 하는 것도 역시 태그의 역할이다. 링크를 의미하는 태그는 〈A HREF="……"〉 text as seen by browser이다. 이 문장을 브라우저를 통해서 보면 'text as seen by browser'만이 화면에 보이고, 이것이 어떤 링크임을 의미하는 밑줄이 그어진다. 그리고 이 링크를 클릭하면, ……의 URL(Uniform Resource Locator) 주소에 해당하는 사이트로 점프하게 되는 것이다. 그림 이미지나 음성 화일들도 일단 디지털화되어 파일로 구성된 다음에는 쉽게 HTML 문서에 나타낼 수 있다. 이와 같이, HTML 문서는 일반 워드 프로세서에서 글을 쓰는 것과 거의 동일한 작업으로 만들어낼 수 있으며, 단지 사이트 링크와 글자의 폰트·크기·위치 등을 지정하는 태그, 이미지 화일의 삽입을 위한 태그 등을 〈 〉의 기호를 이용하여 덧붙여줄 뿐이다. 요즈음에는 태그를 자동으로 붙여주는 소프트웨어들이 많아서 이들 태그를 일일이 외워서 써야 할 필요도 점차 줄어들고 있다. CoffeeCup(http://www.coffeecup.com) 이나 HotDog(http://www.sausage.com/) 등이 많이 알려진 공개 소프트웨어이다. 이들을 이용하면 HTML 문서 만들기는 워드 프로세서 작업이나 거의 다를 바가 없어진다. 또한 MS 워드 등 유명한 워드 프로세서, 프리젠테이션 소프트웨어의 최근 버전들은 이미 작성된 파일을 HTML 문서로 바꾸어주는 기능을 기본적으로 내장하고 있다.

작성된 파일을 인터넷에 띄우는 작업 또한 어렵지 않다. 보통 웹 서버 프로그램이라고 불리는 HTTP demon을 실행시키면 된다. 이것은 개인용과 기업용 소프트웨어로 나누어지는데, 개인용은 PC에서 실행이 가능하지만, 동시 접속이 10명 이내로 비교적 작은 규모이다. 유명한 공개

소프트웨어로는 퍼스널 웹 서버(http://softwaresolutions.net/websuite)
등이 있다. 웹 서버를 실행시키고 지정된 디렉토리에 가져다두기만 하
면 된다.

　지금까지 설명한 내용은 정적인 문서 *static document*를 작성하고 보
는 과정이다. 그러나, 인터넷을 이용하다 보면 사용자의 요구에 따라서
문서마다 다른 내용이 표시되는 것을 흔히 볼 수 있다. Yahoo와 같은 검
색 엔진이 그런 예인데, 사용자가 입력한 키 워드에 대한 검색 결과를
화면에 표시한다. 사용자가 어떤 검색어를 입력할지 모르는 상황에서
모든 검색어에 대한 결과를 미리 HTML 문서로 작성할 수는 없는 노릇
이니, 이러한 동적인 문서 *dynamic document*의 작성은 정적인 문서와
다를 수밖에 없다. 이러한 기능을 구현하는 방법을 가리켜
CGI(Common Gate Interface)라고 부른다. 이것은 사용자가 입력한 자료
를 토대로 컴퓨터가 실시간적으로 하나의 HTML 문서를 작성하는 것을
가리킨다. CGI는 보통 C, C++, Pearl 등의 프로그래밍 언어를 이용한
지루한 프로그래밍 작업을 동반하고 데이터 베이스와의 접속이 이루어
지기 때문에 일반 사용자 수준에서는 접근하기 힘든 주제이기는 하다.
또 다른 웹 기술인 JAVA는 Sun Micro Systems가 개발하여 인터넷의 표
준으로 자리잡아가는 언어이다. JAVA는 인터넷 프로그래밍에 큰 변화
를 일으킬 것으로 주목받고 있는 언어인데, 인터넷 사용에 있어서 사용
자와 컴퓨터간의 상호 작용의 수준을 CGI보다 한 단계 더 높였다는 점
이 중요하다. 또한 HTML의 확장된 형태로서 VRML(Virtual Reality
Modeling Language)라는 것이 있다. WWW의 세계를 평면적인 HTML
문서에서 가상 공간의 개념으로 확장을 시도한 것인데, 아직까지는 3차
원 화면을 모니터 위에서 재현하는 수준에 머물고 있다. 이에 대한 연구
는 계속되고 있지만, 실용적으로 이용되기 위해서는 네트워크의 용량,
PC의 성능 등이 VRML을 원활히 지원할 수준에 못 미치고 있는 실정이
다. 그리고 아직까지 HTML의 가능성도 완전히 개발하여 사용하지 못하

고 있기 때문에 VRML 기술의 응용은 인터넷 기술 발전의 시간표상 나중으로 미루어지는 듯한 인상이다. 끝으로 설명할 기술은 Cookie 기술이다. 이것은 웹에서 접속하는 사용자에 대한 인지(認知)를 가능하게 하는 기술이다. 예를 들어, Amazon이라는 인터넷 책방은 일단 회원으로 가입하면 다음 접속할 때에 사용자에 대한 개인적인 환영 문구가 떠오르고, 사용자의 과거 주문 목록을 참고하여 새로 나온 책 중에서 이 사람이 관심을 가질 만한 것을 광고하는 식이다. 이것은 사용자에 대한 정보를 PC의 디렉토리에 저장하여두었다가 다음 접속시에 사용자 정보를 함께 전송하여 활용하는 것이다. 인공 지능과 인텔리전트 에이전트 *Intelligent Agent*의 기술은 마치 인터넷이 지능(知能)을 가지고 사용자를 대하는 것으로 느껴지게 한다.

CGI, JAVA, Cookie 기술들이 중요한 점은, 이런 기술들이 인터넷과 WWW를 신문·방송 등과 같은 대중 매체와 다른 성격을 갖게 만든다는 점이다. 사용자가 요청한 자료에 대해서 실시간적인 대응과 데이터의 조작이 가능하면서, 대용량의 데이터 베이스를 검색할 수 있는 방법을 제공한다. 또한 컴퓨터와 네트워크의 성능이 향상되어가면서, 접속 대상 또한 기존의 대중 매체보다 범위가 확대하여 전세계에서 무제한적인 사람들이 접속할 수 있는 것은 물론, 개별적인 인식이 가능하여 각자 다른 내용을 제공할 수 있는 능력이 인터넷이 여는 새로운 세계의 모습이다.

3. 하이퍼텍스트의 비선형적 서사 구조

컴퓨터가 글쓰기에 미치는 영향은 이미 단순히 워드 프로세서를 이용하는 차원을 벗어나 있다. 컴퓨터가 가능하게 한 문학 활동은 크게 두 가지로 볼 수 있는데, 첫째, 컴퓨터와 통신망이 제공하는 방대한 자료 구축 및 검색 시스템을 동원한 혼성 교차의 문학이 가능할 수 있다. 하이퍼텍스트가 백과사전과 같은 레퍼런스를 대치할 수 있는 능력을 문학에 응용하여 기존의 소설로는 가능하지 않던 방대한 자료와 사료 등을 스토리텔링에 적극적으로 이용하는 것이다. 예를 들어, 『삼국지』와 같은 대서사 문학에 하이퍼텍스트를 이용하여 등장인물에 대한 묘사와 역사적 사건에 대한 보충 자료를 제공한다면, 기존의 소설과는 다른 양식의 문학의 등장을 예상할 수 있다. 연전에 한 외국 작가가 이러한 시도를 했다는 기사가 보도되기도 하였으나, 한편의 작품으로 탄생했는지의 여부는 불확실하다. 아직까지는 자료 시스템을 '활용'하는 수준에 머무르고 있다고 판단하는 게 타당할 것이다. 그런 의미에서 그것은 컴퓨터의 도움을 받는 문학 활동이지 컴퓨터만으로 가능한 문학 활동은 아니다.

컴퓨터 문학의 방향으로 거론되는 또 하나의 조류는 역시 하이퍼텍스트에 관한 것이다. 우리나라에서도 하이퍼텍스트와 컴퓨터가 문학 활동에 미치는 영향에 대하여 논의가 이루어지고 있다. 다음 글은 충남대 정과리 교수의 하이퍼텍스트 문학에 관한 전망이다.

문자와 동영상(動映像)과 음향이 한데로 겹치는 하이퍼미디어의 문학, 또는 여러 다양한 글쓰기들을 유기적 계층 구조로 연결한 하이퍼텍스트의 문학이 출현할 수 있다. 그러나 이 역시 아직은 전망의 수준에 머물러 있고, 한국의 경우는 더욱더 그렇다. 게다가 그러한 하이퍼미디어, 하이퍼텍스트에 대하여 여전히 '문학'이라는 이름을 부여할 수 있는지에 대해서는 좀더 깊은 논의가 필요하다. 문학의 '文,' 그리고 literature의 'letter'는 문학이 '언어'(더 좁혀, 문자)를 중심 매체로 삼는다는 뜻을 포함하고 있다. 하이퍼미디어에서는 그러한 중심 매질(中心媒質)이 존재하지 않는다. 하이퍼텍스트 또한 그 자체로서 발전하는 것이 아니라 하이퍼미디어의 장 속에 종속하여 있어서, 하이퍼텍스트는 끊임없이 불안의 상태에 놓여 있다. 그곳의 언어는 컴퓨터 부호(符號)로의 변신을 독촉받고 있는 언어이다. 중심 매체가 붕괴된 문화적 장르에 대해, 단순히 언어가 그 안에 포함되었다는 이유만으로, 문학이라고 이름할 수가 있을까? 차라리 새로운 장르의 탄생에 대해서 말하는 것이 더 타당할 것이다. (정과리, 「컴퓨터와 문학」, 『문학의 새로운 이해』 중에서, 문학과지성사, 1996)

움베르토 에코와 같은 사람도 하이퍼텍스트가 전통적 선형적인 구조의 서사 방식을 대체하지는 못할 것이라고 한다. 다음은 에코가 한 인터뷰에서 하이퍼텍스트에 대하여 이야기한 것이다.

디지털 텍스트가 시간과 존재의 문제에 대해 새로운 관점을 요한다는 것은 사실입니다. 언젠가 엠아이티 스쿨을 방문했을 때, 그곳의 미디어랩에서는 플라스틱으로 된 전자 종이를 내게 보여주었어요. 양피지에서 펄프 종이를 거쳐 플라스틱 종이 시대가 오지 말란 법도 없는 것이지요. 하지만 한 가지 분명한 것은 하이퍼텍스트가 결코 전통적인 텍스트를 대체하지는 못하리라는 것입니다. 음악에다 비유하면 전통적인 텍스트는 권위 있는 악보에 바탕을 둔 클래식 음악에 해당하며, 누구나 한 줄 즉흥적으로 써넣을 수 있는 열린 텍스트인 하이퍼텍스트는 재즈 음악에 해당한다고 할 수 있겠지요. 재즈의 즉흥 연주가 클래식의 악보 위주 연주를 대체하지 않는 것처럼, 하이퍼텍스트와 전통적 텍스트 역시 서로 공존해 갈 것입니다. (「디지털 매체, 책 말살하지 못한다」, 『시사저널』, 1996년 12월 4일자)

이상의 논의를 살펴보면 하이퍼텍스트가 전통적인 서사 구조에 주목할 만한 변화를 가져올 것이라는 데에는 동의하면서, 기존의 질서, 즉 전통적인 양식의 텍스트와 새로운 매체인 하이퍼텍스트가 공존할 것이라는 데에 견해의 일치를 보인다.

이 장에서는 하이퍼텍스트의 가능성에 대한 논의를 접어두고 하이퍼텍스트가 현재 서술자 *author*와 독자 *audience*간의 상호 작용에 가져오는 변화에 대해서 살펴보기로 하자. 그것이 문학의 본질에까지는 영향을 주지 못하더라도, 스토리텔링의 엔터테인먼트를 변화시키고 있는 모습을 발견하게 될 것이다.

현재 진행되는 디지털 정보 기술의 연구는 수동적인 경험이었던 이야기 듣기의 문화를 새로운 형태로 바꾸는 방법을 모색하고 있다. 특히 대규모 자본이 뒷받침하고 있는 영화 산업에서 발빠른 연구를 진행하고 있다. 디지털화에 따른 엔터테인먼트의 변화는 크게 두 가지로 대별할 수 있다. 첫번째는 가상 현실이라 부르는 것으로 컴퓨터를 통하여 실제로 존재하지 않는 경험을 인간에게 전달하는 것이다. 이것은 이미 영화의 특수 효과라는 초보적인 형태로서 대중 문화에 널리 침투하였다. 여기서 그 전파 속도는 주목할 만하다. 컴퓨터 그래픽을 본격적으로 이용한 SFX의 선구자 격인 카메론James Cameron의 「터미네이터 II Terminator II: The Judgement Day」가 1991년에 제작되었는데, 당시 최첨단이었던 모르핑 *morphing* 기술이 불과 5년이 지난 지금은 데스크톱 컴퓨터에서도 구현 가능할 정도이다. 컴퓨터 배우 *Computer-generated human*가 그런 노력의 하나일 것이다. 인간과 같은 형태의 기계 로봇은 20세기말, 21세기초에도 그다지 인간과 비슷하지 않을 것이다. 기계에게 인간과 같은 부드러운 동작, 피부, 창의적인 행동을 기대하기는 현실 세계에서는 어렵다. 그러나 가상 현실의 세계(영화 스크린 안과 같은)에서는 완전히 불가능한 일도 아닌 것이다. 최근에 화제가 된 우리나라의 가상 현실 인간 1호 아담은 모 음료수 CF에 나오기도 했지만 그러한 가상 인간들이 영화계를 누비는 것은 어쩌면 시간 문제인지도 모른다. 하버드 대학의 임상심리학자였던 이반 굴라스Ivan Gulas는 컴퓨터가 창조해낸 배우를 관리하는 Mirage Entertainment Science를 지난해 설립하였다. 이 회사의 첫 배우인 저스틴Justine은 금발의 미인인데, 그 세포 수준까지 첨단의 그래픽 사진 기술을 이용하여 생생하게 재현할 수 있었다고 한다. 물론 스크린 안에서만이다.

디지털이 대중 문화에 가져올 또 하나의 진원지(震源地)가 바로 하이퍼텍스트이다. 전통적인 선형 진행의 스토리텔링 방식에 반하여 독자가 선택하는 이야기가 전개되는 비선형성(非線型性)이 바로 하이퍼텍스트의 특징이다. 이야기 *narrative* 듣기는 수동적이고 확정적이며, 복제 가능하다. 미국에서건, 한국에서건, 일본에서건 같은 영화를 보는 관객들은 모두 같은 경험을 공유하는 것이다. 그러나 하이퍼텍스트를 이용한 스토리텔링에서는 관객들이 취향에 따라 주인공의 선택이 달라질 수도 있고, 우연적인 사건이 발생할 수도 있다. 따라서 모든 관객들은 감독이 제공하는 틀 안에서 각기 다른 이야기를 경험하게 된다. 약 10년 전쯤에 이미 이러한 시도가 우리나라에서도 있었다는 사실은 주목할 만하다. 어린이를 대상으로 한 만화 잡지에 연재되던 이로마씨의 작품은 하이퍼텍스트의 개념을 만화에 도입한 첫번째 시도였다. 주로 범인을 잡는 탐정의 모험을 그리는 그의 작품에서 주인공 탐정은 때때로 어떠한 선택을 해야만 했다. 그 선택은 독자의 몫이었는데, 선택에 따라 계속해서 보아야 할 페이지를 지정해놓는 식이었다. 그러면 각각의 선택에 따라서 다른 줄거리가 이어진다. 다른 보통의 만화들처럼 순서대로 페이지를 넘겨서는 하나의 완성된 이야기가 되지 않지만, 독자의 선택에 따라서 줄거리가 바뀌게 된다. 따라서 독자는 한번 만화를 읽고 나서도 선택하지 않은 다른 경우의 이야기가 궁금해져서 다시 읽게 된다. 이로마씨의 만화는 초보적인 형태의 하이퍼텍스트를 책이라는 전통적인 매체에서 구현한 것이라고 볼 수 있다.

가상 현실의 주인공이 독자와의 상호 작용을 통해 다른 내러티브를 가지도록 한 구조는 이제 널리 인식되는 도구이다. 컴퓨터 프로그램의 창시자이며 현재는 마크로미디어 Macromedia사에 있는 마크 캔터 Marc Canter는 1996년에 Meet the Media Band라는 인터랙티브 뮤직 비디오를 통해 보는 사람의 선택에 따라서 뮤직 비디오의 주인공이 다른 데이트 상대와 다른 결과로서 끝나게 되는 작품을 선보인 바 있다. 이 작품의 결말은 모두 열여섯 가지였다. 이러한 '다중결말(多重結末)'의 이야기 형식이 멀티미디어와 게임 콘텐츠에서는 이미 널리 사용되고 있다. 루카스 아츠가 만든 「스타 워즈」 시리즈 중의 하나인 제다이 나잇 시리즈 3편은 엔딩이 크게 두 가지이다. 선량한 시민을 많이 죽이고 비열하게 게임을 하면 다크 사이드에 빠져들고 동료를 배신한 뒤 주인공이 제국 황제가 되는 것으로 게임이 끝나지만 밝은 세력에 들면 제다이의 무덤에서 포스의 원천을 빼앗으려는 제국(帝國)을 제압하고 아버지와 아버지 친구의 원수를 갚는 것으로 끝이 난다. 각 엔딩마다 게임을 하는 사람의 기술에 따라 조금씩 변화를 주도록 되어 있고 게임을 끝내면 마치 영화 한 편을 본 듯한 느낌을 가지게 된다.

이러한 서술자과 독자간의 상호 작용은 이야기를 전개하는 주체가 누구인지에 대한 의문을 불러일으킨다. 전통적인 서사에서는 서술자가 전적으로 서술과 묘사에 관한 통제를 가질 수 있었으며, 이야기 듣기는 언제나 수동적인 입장이었다. 즉 새로운 인터랙티브 내러티브의 가능성을 충분히 인식하면서도 작가들의 서술에 대한 통제 상실이 가져오는 혼란과 변화에 대한 평가가 현재 전무한 실정이다.

상호 작용이 가져올 수 있는 장점은 전통적인 내러티브의 한계점을 극복하는 데 있다. 예를 들어 다큐멘터리 필름은 텔레비전의 방영 시간보다 많은 자료를 수집했음에도 한정된 시간에 평균 정도의 이해 수준을 갖는 독자를 대상으로 한 편집을 할 수밖에 없다. 상호 작용을 통하여 시간의 한계를 극복할 수 있고, 독자별로 다양한 요구를 수용할 수도 있는 것이다. 마찬가지로 영화 제작자들은 보통의 상영 시간인 100분보다 많은 촬영을 하고 편집 과정을 통하여 할당된 시간으로 맞추게 된다. 가끔 볼 수 있는 감독판 *Director's cut*이라 함은 시간상의 제약과 영화사의 요청으로 잘려나간 부분을 나중에 감독이 보완하여 소수의 팬을 위해 출시하는 비디오물 등을 가리킨다. 독자와의 상호 작용은 이처럼 시간상의 제약과 평균적인 독자에 내용과 수준을 맞추어야 하는 제약을 해결할 수 있는 열쇠이다. 전통적인 내러티브가 '한 편'의 이야기를 만들어내야 하는 내재적(內在的)인 필요성은 내용의 활용에 있어서 제약을 가져오게 마련이다. 하나의 주제를 중심으로 이야기를 구조화하는 것은 활용 가능한 모든 소재의 이용을 불가능하게 한다. 또한, 하나의 이야기만을 구성하는 것은 여러 이야기를 통해 얻을 수 있는 다양성을 제한하는 것이다. 독자에 대한 정보 결여도 마찬가지로 내러티브의 다양성과 내용상의 깊이를 상실하는 제한을 가한다. 독자에 대한 정보가 없는 상태에서 서술자는 가능한 가장 넓은 범위의 지적 수준을 염두에 두고 내용을 구성할 수밖에 없으며 이것은 종종 내러티브의 수준을 정체시키고 나쁜 경우 수준을 원래 의도한 경우보다 의도적으로 낮게 잡아야 하는 경우도 발생한다. 하이퍼텍스트는 독자의 개입을 유도하고 독자의 지식 수준과 청취 상황에 대한 정보를 활용할 수 있는 길을 마련한다.

상호 작용을 내러티브에 도입하는 가장 초보적인 방법은 롤 플레잉 방식으로 상황 설정과 주인공들이 선택하는 경우들을 총망라하여 여러 개의 다른 내용을 미리 구성해놓는 방식이다. 결과적으로 상호 작용은 주인공의 선택을 통하여 이루어지며 선택의 결과를 추적하는 것은 독자들의 몫이다. 이러한 상호 작용의 내러티브는 게임이나 학습용으로서 많이 만들어졌다. 앞서 소개한 뮤직 비디오의 예도 한정된 16가지의 결과만을 보여줄 따름이다. 최근 개봉한 영화 「슬라이딩 도어스Sliding Doors」는 내러티브의 관점에서 매우 흥미있는 영화이다. 기네스 팰트로 Gwyneth Paltrow가 주인공을 맡은 이 영화는 간발의 차이로 지하철을 놓친(또는 올라탄) 서로 다른 두 가지 앞날을 러브 스토리로 풀어나가는 영화이다. 홍보 회사 직원인 헬렌(기네스 팰트로)은 어느 날 상사가 냉장고에 넣어둔 맥주 캔을 허락 없이 마셨다는 어처구니없는 이유로 출근과 동시에 해고당한다. 힘없이 집으로 돌아오는 플랫폼에서 마주친 행인 때문에 시간이 지연되어 지하철을 놓치게 되는 헬렌(시나리오 A라고 부르자)과, 가까스로 지하철에 올라탄 헬렌(시나리오 B)의 두 가지 이야기가 교차 편집되면서 영화가 진행된다. 시나리오 B에서 헬렌은 지하철을 타게 되고 애인이 바람을 피우는 장면을 발견하게 된다. 화가 난 그녀는 지하철에서 만난 제임스와 달콤한 사랑에 빠진다. 시나리오 A에서는 행인과 마주쳐 지하철을 놓친 뒤 택시를 타러 나왔다가 노상 강도를 만나서 병원으로 실려가게 된다. 이야기가 진행되면서 더 나아 보이던 첫번째 경우는 행복의 절정에서 파국을 맞고 두번째 경우는 '전화위복'이 된다.

이 영화가 우리의 주목을 끄는 것은 영화적인 완성도보다, 이러한 시나리오가 기존의 어느 형태의 이야기 소설·영화·연극·뮤지컬 등에서도 볼 수 없었던 형태라는 점이다. 정형적(定型的)인 형태의 시간 순서대로 진행되는 이야기는 이미 주인공의 회상과 같은 장치로서 시간 순서를 뒤집는 것은 흔히 사용되는 방법이다. 타란티노의 「펄프 픽션」은 기존의 내러티브의 전통을 깨뜨린 영화로서는 처음으로 주류 영화계로부터 호평을 받았다. 사건들을 시간 순서와 관계없이 늘어놓음으로써 새로운 내러티브의 장을 열었다는 평가였다. 주목할 만한 것은 이러한 스토리텔링의 변화가 디지털 문화와 하이퍼텍스트가 널리 보급된 이후에 나오고 있다는 점이다. 서투른 추측일는지 모르지만, 디지털 문화는 작가들의 상상력의 범위를 넓혀주고 있는 것으로 생각된다.

4. 스토리텔링의 미래: 인터랙티브 내러티브

하이퍼텍스트적인 내러티브의 상상력의 무대를 「타이타닉」으로 옮겨 보자. 과연 어떤 새로운 형태가 가능할까. 카메론 감독은 「타이타닉」의

구상에 3년 이상의 시간으로 공을 들였다. 그 중에는 수심 5km 바다 밑 바닥에 가라앉은 타이타닉 호에 직접 잠수정을 타고 내려가는 것도 포함되어 있었다. 영화의 주요 등장인물들인 선장 · 선주 · 선원 · 설계자와 1등실의 중요한 승객들은 1912년 당시 실제의 사진과 그림들을 토대로 재현되었다. 배의 외부는 물론이고 내부 장식들과 소품들도 실제의 고증에 근거를 둔 것이다. 심지어는 현재 구할 수 있는 타이타닉의 일상을 담은 그림이나 스냅 사진의 장면들도 재현을 할 정도로 치밀했다. 이렇게 1997년에 파라마운트 영화사 스튜디오에 정교하게 재현된 1912년의 타이타닉의 공간 위에서 영화를 이끌어가는 중심은 1등실의 여주인공 로즈(케이트 윈슬렛)와 3등실의 가난한 화가 잭 도슨(레오나르도 디카프리오)의 사랑 이야기이다. 제임스 카메론은 이 모든 것을 준비하고 영화 「타이타닉」을 찍었지만, 타이타닉에 승선한 사람들은 잭과 로즈만이 아니다. 모두 3천 명이 넘는 사람들이 타이타닉에 타고 있었고 대서양을 건너는 사람들의 사연 중에는 잭과 로즈의 사랑만큼이나 흥미진진한 것이 얼마든지 있었다는 가정이 가능할 것이다. 그렇다면 타이타닉의 완전한 영상들을 패키지화한 것을 구입한 사람은 그 배경과 상황을 이용하여 자신만의 「타이타닉」을 창조할 수 있게 된다. 잭과 로즈를 모두 재난으로부터 구출할 수도 있고, 러브 스토리로부터 탈피하여 재난이 일어난 배경과 극복에 초점을 맞출 수도 있을 것이다. 즉 「타이타닉」이라는 가상 공간을 구입하여, 그 안에 자신만의 주인공을 설정하고 스토리를 진행시켜나가는 것이다. 마치 밑그림이 그려진 동화책에 원하는 대로의 색을 칠하여 완성하는 그림책과도 같이 가상 공간의 밑그림을 이용하면 자신만의 영화를 만들 수도 있다. 단순한 디지털 스토리북 수준이라면 지금의 기술로도 충분히 가능하다.

　이러한 상호 작용 내러티브는 먼저 어린이용으로 적용되고 있다. 밋밋한 동화책에서 벗어나 어린이가 스스로 이야기를 만들고 하는 체험을 컴퓨터와의 상호 작용을 통해 가능하게 한 것이다. 이것으로 기대할 수 있는 주요한 효과는 단순하고 수동적인 글읽기에서 적극적이고 창조적인 글쓰기의 활동을 일찍부터 체험할 수 있다는 것이지만, 사용 과정에서 컴퓨터에 친숙해진다는 사실도 무시 못 할 것이다. 실제로 이야기하기와 이야기 듣기는 어린이의 성장에서 기호적인 표현과 생각을 조직화하고 방향성을 가지도록 하는 데에 중요한 역할을 한다. MIT의 미디어연구실이 이러한 분야에서도 선도적 역할을 하고 있다. 최근에 개발되어 실험중인 SAGE(Storytelling Agent Generation Environment)는 말하는 사람의 경험이나 관심을 음성 인식 시스템을 이용하여 듣는다. 해석된 이야기에 대해서 스토리텔링 시스템은 거기에 적절한 우화나 동화를 들려주는 것이다. 시스템의 운영은 이렇게 이야기를 들려주는 부분과 아이들이 스스로 이야기를 작성하는 부분으로 이루어진다. 주로 5세에서 12세 정도의 아이들을 대상으로 하는 이 시스템의 실험에서 주안점은 제각기 다른 아이들의 이야기 습관──어떤 아이들은 조리 있게 시간적인 순서대로 이야기하기도 하고 어떤 아이들은 생각나는 대로 진술한다──을 어떻게 이해할 수 있는 에이전트를 구성하느냐 하는 것과 아이들을 정서적으로 시스템에 몰입하게 하는 환경을 조성하기 위한 더 나은 디자인을 모색하는 것이다. 아이들의 이야기를 이해하고(여기에는 몸짓을 이해하는 것도 포함된다) 시스템을 살아 있는 것처럼 느끼게 하는 것이 중요하다.

이야기 작성 단계에서는 아이들이 진술한 이야기를 화면에서 재현하는 것이다. 일단 아이가 하나의 이야기를 작성하면 시스템은 이야기의 정보를 뽑아내고 적절한 조언과 격려를 해주게 된다. 만약 이야기가 짧으면 시스템은 아이에게 부끄러워하지 말라고 말하고, 좀더 보강이 필요한 부분들을 지적해준다. 어린이들의 이야기에서 흔히 발견되는 비논리적 부분들도 수정이 가능할 것이다. 여기에는 말로써 전해지는 이야기와 함께 몸짓이 표현된다. 아이들과 놀아본 사람들은 아이들이 끊임없이 이야기를 만들어내고 있다는 점을 발견하게 된다. 인형을 가진 아이도 그렇고 비행기나 자동차 장난감을 가지고 노는 아이들도 그렇다. 손으로는 그런 장난감을 가지고 입으로는 끊임없이 말을 하면서 노는 것이다. 여기에 컴퓨터를 이용하여 상호 작용성을 준다면? 그 효과는 쉽게 상상할 수 있다. 아이들이 방금 앉아서 만들어낸 이야기를 컴퓨터가 이해하고 재구성하고 아이와의 대화를 통해 발전시켜나간다면, 5~6세 나이의 어린이들은 그 또래의 '작가'가 지은 이야기들을 읽으며 크는 일도 가능하다. 또한 할아버지나 할머니가 가지고 놀던 장난감에 담긴 이야기를 읽으면서 가족의 감정과 역사 그리고 연속성을 느끼게 하는 것도 가능하다. 이런 것들은 동화책을 읽으면서 이루어지는 제한적인 경험과는 비교가 안 될 정도로 어린이의 정서 발달에 미치는 영향이 크다고 한다. 현재까지의 실험들에서 아이들은 컴퓨터에게 자신의 이야기를 테디 베어 *Teddy Bear*와 같은 장난감과 함께 이야기하는 것을 직관적으로 잘 이해하는 것으로 나타났다. 이러한 상호 작용 이야기의 환경은 컴퓨터와 아이들, 자기 자신과의 작용에도 도움을 주지만, 아이들간의 의사 교환에도 긍정적인 영향을 미치는 것으로 평가되었다.

선택과 변화의 정도를 높이는 것이 하이퍼텍스트 내러티브를 활성화할 것이라는 인식은 학계와 산업계에 널리 퍼져 있다. 즉 '이야기 속으로' 들어가는 것을 경험하는 것이 이상적인 내러티브의 개념인 것이다. MIT 미디어 연구실의 마이클 머터프Michael Murtaugh는 인터랙티브 내러티브에 대해서 의도 · 집중 · 구조 · 반응 · 보조의 다섯 가지 특징을 들고 있다.

의도는 스토리텔링 자체가 어떤 의도를 가지고 만들어진다는 것을 의미한다. 전통적인 내러티브에서는 작가만이 어떤 의도를 가질 수 있었다. 상호 작용이 가능해지면서 독자들도 어떤 의도를 가지고 텍스트를 읽어내는 것이 명시적으로 가능해진다. 앞서 「스타 워즈」 외편의 예에서 독자는 주인공이 악의 편에 서게 할 것인지, 정의의 편에 서게 할 것인지를 정하고 이러한 의도에 따라서 작품을 읽어나간다. 하이퍼텍스트 문학의 작가는 기본적으로 다양한 독자의 의도를 수용할 수 있는 이야기 구조의 디자이너가 되어야 한다. 독자가 자신의 의도를 관철시키는 데에는 요령이 필요할 수도 있다. 지금의 수동적인 읽기에서 독자는 보다 창조적인 방법으로 텍스트와 대화해나가는 것이다.

집중은 독자가 내러티브를 받아들이는 수준을 의미한다. 이상적으로는 독자와 이야기와의 '거리'가 없어질 때에 독자의 집중이 이루어진다. 가상적인 인물에 대해서 실재의 인물과 같게 느껴져야 한다. 과거의 소설에서 주인공에 대한 묘사는 내러티브에 필요한 정도와 독자의 상상력을 자극하는 데 필요한 수준으로만 제공되었다. 독자들은 주인공에 대해서 작가가 제공하는 만큼만의 정보를 갖는다. 실질적으로 독자들은 대면에 의한 인물 탐구보다 훨씬 열악한 방법으로 주인공을 파악하면서도 주인공을 잘 알고 있는 것처럼 느낀다. 우리는 주인공의 외모에 대해서 작가가 제공하는 수준의 정보만을 가지며, 그의 성장 배경 등에 대해서는 제한된 지식을 가지게 된다. 햄릿의 이야기를 읽으면서 햄릿이 수염을 길렀는지 키는 얼마 정도인지에 대해서 인식하지 못하고 추상적인 인물 '햄릿'을 느낄 뿐이다. 셰익스피어가 제공하는 희곡에는 햄릿의 세계와 인물에 대한 완전한 레퍼런스를 제공하지 않으며 단지 두세 시간 정도의 연극을 상연하는 동안의 관중의 집중을 가져올 수 있는 정도의 소재만이 제공된다. 물론 문학을 전공으로 하는 사람들은 하나의 작품에 몇 년 동안 몰입하는 예도 있겠지만, 그것도 몰입에 필요한 소재를 작가가 모두 제공하는 것은 아니다.

기존의 소설이 제공하지 못하는 몰입의 수준을 연극이 제공하였으며, 기존의 연극이 제공하지 못하는 몰입의 정도를 영화가 제공하였다. 이제 다시 하이퍼텍스트의 서사 구조는 영화와 다른 차원의 몰입을 독자에게 요구할 것이다. 영화에서의 몰입이 주인공에 대한 감정 이입의 수준이었다면, 하이퍼텍스트의 독자는 주인공 자신이 될 수도 있는 것이다.

구조는 내러티브의 형태와 모양, 리듬과 관계 있는 개념이다. 독자에게 이야기가 보여지는 순서가 이야기상의 사건들의 발생 순서와 반드시 같을 필요는 없다. 하이퍼텍스트는 내러티브를 고정되고 미리 정해진 구조로부터 자유롭게 한다. 이것은 하이퍼텍스트가 구조를 상실했다는 것을 의미하는 것이 아니다. 소설의 장(障)의 기능은 독서의 휴식 부분을 제공한다는 것이다. 장편소설을 한 번에 처음부터 끝까지 읽어낼 수는 없고, 서술자가 미리 정해둔 '장'을 기준으로 읽어나가는 것이다. 잘 디자인된 장의 구조는 장이 끝날 때마다 내용을 정리하고 더 읽고 싶게 만든다. 하이퍼텍스트의 구조는 보다 중요한 기능을 갖는다. 독자들이 전체의 구조와 현재의 위치에 대하여 알게 하는 것이 하이퍼텍스트의 구조이다. 소설의 장이 그렇게 나누어지는 데에 독자의 동의는 필요없지만, 하이퍼텍스트의 구조는 독자에게 쉽게 수긍이 가는 것이어야 한다. 하이퍼텍스트의 구조가 모양과 속도감을 가져야 한다는 것은 이러한 구조의 역할을 염두에 둔 진술이다. 또한 하이퍼텍스트의 구조는 독서 종결의 기능도 갖는다(설령 이야기 자체는 계속되더라도).

반응은 내러티브와 독자간의 정보의 교환을 의미한다. 독자가 이야기를 이끌어나가는 수단이기도 한데 현재의 기술 수준에서 독자는 화면을 통해 이야기를 읽고 그에 대하여 키 보드와 마우스 등의 입력 장치를 통하여 시스템에 반응한다. 실험 단계에 있는 컴퓨터 인터페이스들은 반응 차원에서 새로운 전기를 제공할 것이다. 머리에 쓰는 형태로 된 비주얼 디스플레이 장치(HUD: Headup Display)는 영상의 현실성을 극도로 높여준다. 안경 부분에 정밀한 영상 장치와 센서가 달려 있어서 사람이 머리를 돌려 방향을 바꾸고 눈동자의 시선과 원근을 바꿈에 따라서 배경의 다른 부분을 보여주게 된다. 「타이타닉」의 주인공들을 따라서 배의 구석구석을 구경할 수도 있고 그들과 파티에 참석하여 선상 파티의 기분을 만끽할 수도 있다. 가상적 체험이지만, 이것이 독자와 내러티브 사이의 거리를 좁혀주는 역할을 하게 될 것이다.

보조는 내러티브의 의도와 집중을 유지하면서 하이퍼텍스트의 구조와 반응을 제공할 수 있는 기본적인 환경을 말한다. 가상 공간에서 독자의 위치를 알려주는 장치라거나, 독자가 중요하다고 생각하는 부분에 책갈피를 해놓을 수 있는 기능들이 보조 기능을 담당한다고 할 수 있다.

이들 인터랙티브 내러티브의 다섯 특징인 의도 · 집중 · 구조 · 반응 · 보조를 보조하는 방법으로서 주로 논의되는 개념은 하이퍼텍스트 수사법(修辭法)rhetorics이란 것이다. 주요한 하이퍼텍스트의 응용 연구 중의 하나인 의사 결정학 decision science의 한 분야로서 그룹 의사 결정 지원 시스템(GDSS: Group Decision Support System)에서는 하이퍼텍스트를 가상 공간에서의 의사 결정을 위한 매개체로서 다양한 실험을 수행하였다. 가상 공간에서의 의사 결정을 위한 첫 시도는 현재의 텍스트 기반 BBS(Bulletin Board System)와 같은 것이었다. 이러한 단순 텍스트의 공동 작업으로는 의사 결정에 참여하는 사람들을 집중시킬 수 없고, 의도를 정확하게 전달하고 유지하는 것이 불가능하다는 것이 밝혀지면서 하이퍼텍스트(이 경우 텍스트는 복수의 저자를 가지게 된다)에 수사학적 구조를 주는 아이디어가 주목을 받기 시작하였다. 하이퍼텍스트 수사학이란 텍스트간의 링크에 명확한 의미 semantic를 주는 것인데, 의사 결정론의 경우는 '제안' '반대 의견' '찬성 의견' '보조 자료' 등과 같이 새로운 링크가 보여줄 내용의 정확한 의도를 명시적으로 밝혀주는 것으로 독자를 보조하는 것이다. 여기서 저자가 링크에 자신만의 의미를 부여해서는 곤란하며, 시스템상에서 미리 정의되어, 구성원들간에 이미 합의가 이루어져 있는 수사학만이 유효하다. 따라서 구성원들은 아직 구성되어 있지 않은 링크에 대해서도 어떠한 내용이 들어오게 될 것인지 미리 예측이 가능하다. 브라운 대학의 란도Landow는 하이퍼텍스트의 수사학에 관하여 다음과 같은 규칙들을 제시하였다.

규칙 1. 하이퍼텍스트 링크의 존재 자체는 두 텍스트간에 목적이 분명하고 중요한 관계가 성립함을 의미하여야 한다.

규칙 2. 링크는 독자의 관련 사고를 자극하고 고취하도록 주어져야 한다.

규칙 3. 독자들은 하이퍼텍스트의 링크로 연결된 문서간에 관계가 있을 것으로 기대하기 때문에 이러한 기대를 충족시키지 못 하는 문서는 그 자체의 내용과 관계없이 일관적이지 않고 중 요하지 않은 것으로 여겨지게 된다.

규칙 4. 하이퍼텍스트의 저자는 독자들이 생각하고 탐색해볼 수 있 는 장치를 마련하여야 한다.

규칙 5. 네비게이션 *Navigation* 자체를 즐길 만한 것으로 만드는 통 일적인 스타일과 장치가 필요하다.

규칙 6. 독자가 현재 읽는 문서의 전체에서의 맥락을 알 수 있는 지 도, 처음 위치로의 복귀 장치, 현재의 내용의 목차와 포인터 등을 구비하여야 한다.

규칙 7. 링크 표시를 관련되는 내용과 이미지로부터 독립시켜두지 말라.

아직까지 이러한 규칙들은 하이퍼텍스트를 평면적인 관점에서만 고 려하고 있는 것이다. 향후에 나타나게 될 새로운 수사학들은 보다 직관 적인 이해를 추구하면서 내러티브에 대한 새로운 아이디어들을 수용하 게 될 것이다.

5. 결론

지금까지 하이퍼텍스트를 스토리텔링에 응용하는 방법론, 현재의 상 황, 그리고 미래에 대한 전망까지를 살펴보았다. 이러한 아이디어들이 어떤 모습을 가지게 될는지는 지금으로서는 확언하기 어렵다. 다만 컴퓨터 네트워크가 문학 작품에 있어서 창작과 수용에 대한 벽을 허물어버리듯이, 상호 작용성을 이용한 하이퍼텍스트는 기존의 독자에게 수동적인 문화의 수용자에서 적극적인 선택을 통해 저자와 대화하는 위치를 부여하고 있다. 이것이 기존의 문학의 관점에서 주류에 속하게 되지는 않더라도, 최소한 엔터테인먼트 분야에서는 입지를 구축하고 있음을 살펴보았다. 지금까지는 하이퍼텍스트가 이야기를 풍성하게 하고, 하나의 이야기가 다중 결말을 가지는 비선형성을 응용한 것이 대부분이었다. 우리가 주목하는 것은 하이퍼텍스트가 유도하는 독자의 참여와 텍스트 읽기에 대한 통제권의 획득이며, '읽기'가 곧 '쓰기'가 되어 문화 수용이 또 하나의 창작으로 연결될 수 있다는 가능성이다. 기존의 문학에서는 문화의 수용이 새로운 창작으로 연결되는 것은 독후감이나 패러디에 의존하는 소극적인 것이었으며, 이런 점이 멀티미디어와 컴퓨터 네트워크 시대에 문학을 대중으로부터 유리시키는 결과를 초래할 수 있다고 여겨진다. 우리는 비디오 아트가 예술이 될 수 있다면, 하이퍼미디어 또한 하나의 예술로서 승격될 가능성이 있다고 생각한다. 그것은 아마도, 비디오 아트와 같은 시각적인 퍼포먼스보다는 대하소설과 같은 지적인 시도에 가까울 것이다. 현실적으로 이러한 움직임은 교육용 소프트웨어 개발에서 두드러지게 나타나고 있으며, 하이퍼텍스트를 일상적으로 습득한 세대에서도 문학이 지금과 같은 매체로 전달될지는 자못 궁금한 일이 아닐 수 없다.

미래의 예술이 또는 적어도 대중 문화에 관하여 과학 기술의 지원을 받게 되리라는 점에서 시사적인 사실을 하나 소개하면서 글을 마칠까 한다. 인공 지능과 신경 회로망 등에 대단한 발자취를 남긴 민스키는 원래 카네기 멜론 대학의 전산학과 교수였으며 저명한 학자로서 어느 컴퓨터에나 매달려 있는 마우스를 고안했다. 그리고 현재의 컴퓨터의 모습을 창조해낸 케이Alan Kay, 현재의 슈퍼 컴퓨터의 모습을 창안한 힐

리스Danny Hillis, 이들은 가히 미국 최고의 두뇌라고 부르기에 손색이 없는 사람들이다. 이들 두 사람이 1997년에 동시에 한 회사에 고문 연구원으로 위촉되어 화제를 낳았다. 그 회사는 IBM도, 마이크로 소프트도 아니다. 최근 5~6년 간 여름 방학마다 세계에서 가장 잘 팔리는 만화영화를 생산하는 기업, 월트 디즈니 영화 프로덕션이었다. 이제 영화를 보러 가면서 영화의 스토리를 미리 구상해가야 하는 날이 그다지 멀지 않을지도 모를 일이다.

참고 문헌

「디지털 매체, 책 말살하지 못한다」, 『시사저널』, 1996년 12월 4일자.

신정관, "Two Layer Model For Problem Representation in Asynchronous and Distributed Environment," 한국과학기술원 석사학위 논문, 1996.

정과리 외, 『문학의 새로운 이해』, 문학과지성사, 1996.

James Daly, "Hollywood 2.0," *Wired Magazine*, Nov. 1996.

Landow, G., "The Rhetoric of Hypermedia: Some Rules for Authors," edited by Paul Delany and George P. Landow, *Hypermedia and Literary Studies*, MIT Press, 1990.

Murtaugh, M., "The Automatist Storytelling System," *MIT MS Thesis*, 1996.

Web Publishing Unleashed, Sams Publishing, 1996.

〈부록〉

디지털 시대의 문화 예술 관련 인터넷 사이트 소개(국내편)

곽애경

    본 인터넷 사이트들은 과학 기술과 문화 예술간의 자료 DB 구축으로 과학 기술 정보 서비스 제공에 활용할 뿐 아니라, 차후 일반 대중에게 과학 문화를 확산시키는 데 필요한 기반 이론, 방법론 및 데이터의 확보, 그리고 더 나아가서 디지털 문화 예술 분야의 학문적 정립의 기본 자료로서 인문/사회/예술과 이공학간의 관련 분야들을 소개합니다. 자세한 사항은 KAIST 내 연구팀의 수행 결과 일부인 인터넷 사이트 (http://vr.kaist.ac.kr/culture)에 계속 보완 · 정리되고 있습니다. 이들 자료는 국내 검색 엔진들, 즉 심마니(http://www.netian.com/), 정보탐정 (http://www.infocop.com/), 한글altavista(http://www.altavista.co.kr/), YAHOO Korea(http://www.yahoo.co.kr/), 까치네(http://www.kachi.com/), 미스다찾니(http://www. mochanni.com/) 등을 총망라하여 수집된 것으로, 각 분야별 대표적인 사이트를 간단히 정리한 것입니다.

1. 디지털 정보 과학 기술 분야

디지털 도서관

대림대학 도서관 학술 정보 시스템(http://library.daelim.ac.kr:8080/)

대림대학 도서관 종합 학술 정보 시스템. 1. 문헌 정보 시스템, 2. 원문 정보 시스템, 3. cd 정보 시스템, 4. data-bank 시스템/전자 도서관/디지털 도서관/학술 정보 시스템/대학 도서관/도서관/원문 정보 검색이 소개되어 있다.

멀티미디어 데이터 처리 솔루션 제공 — (주)네오미디어(http://www.neomedia.co.kr/)

(주)네오미디어는 멀티미디어 솔루션 제공 전문 업체로 전자 도서관, VOD, 디지털 방송, 가상 교육, 네트워크 관리, MPEG, 동영상, 오디오·비디어 처리, 보안 등과 관련된 소프트웨어 및 하드웨어 개발·판매, 컨설팅, 시스템 통합 업무 등이 소개되어 있다.

Internet Public Library(디지털 도서관)(http://kiep.kiep.go.kr/~vlib)

명지대 문헌정보학과 대외경제정책연구원의 사서들이 공동 개발한 시스템의 홈페이지이다. 디지털 도서관 시대에 대비하여 이용자들이 원격지에서 사서들이 제공하는 참고 서비스를 받을 수 있는 전자 참고 서비스(경제학) 시스템으로 참고 서비스 외에 관련 인물 및 문헌 데이터 베이스를 제공하며 경제학 관련 기관들의 사이트 등으로 구성되어 있다.

전자 도서관 시스템(Digital 21)(http://www.multidata.co.kr/)

전자 도서관 시스템(디지털 21)은 도서 자료 및 멀티미디어 자료에 대해 사서에게는 자료 구축의 편리성을, 이용자에게는 자료의 검색 및 정보 획득의 용이성을 제공하고 있다. 또한 인쇄 자료 및 비디오·오디오 자료의 통합 검색 시스템 구축을 구축하고, 각 매체별 디지타이징과 개별 데이터 베이스 및 통합 데이터 베이스를 설계·구축하고 있다.

정보 통신 디지털 도서관(http://etlars.etri.re.kr/etlars-cgi/Home)

정보 통신 스크랩, 전자저널/북, 산업 정보, 특허 정보, 산업 통계, 전자 도서관, 논문 잡지, 구인/구직 서비스, 기관 디렉토리 등이 소개되었다.

정보 통신 전문 인력 정보 시스템(http://etlars.etri.re.kr/Man.html)

한국전자통신연구원에서 운영하는 정보 통신 디지털 도서관(ETLARS)에서는 정보 통신 전문 인력 정보 시스템을 개발 운영하고 있다. 이 시스템은 정보 통신 분야의 구인 회사/구직자를 대상으로 다양한 채용 회사, 구직자 사항, 취업/창업, 교육, 시험 정보, 해외 인력 정보 등의 정보 통신 인력 정보를 제공하고 있다.

학술 정보 검색(http://anu.andong.ac.kr/~dwyun/index.html)

경북 북부 지역의 특산품 및 관광지 안내, 문화재 소개, 주제별 학술 정보 검색, 문헌 정보학 및 디지털 도서관 관련 정보를 모아놓았으며 안동대학교 도서관에 소장된 고서(문집)의 해제를 제공하고 있다.

한국 디지털 도서관 포럼(http://www.dlk.co.kr)

DLK는 인터넷상의 가상 중앙 도서관으로 커뮤니티 라이브러리, BBS 라이브러리, 가상 대학, 전자 출판, 디지털 도서관, 가상 강좌, 멀티미디어 정보 등을 구축하고 있다.

디지털 과학·정보

과학 기기 정보(http://www.sii.co.kr/)

과학과 관련된 정보를 무료로 제공하는 사이트로, 화학·생물·화학 공학 등 기타 전반적인 과학 정보가 제공되고 있다.

과학 기술 정보(http://www.apac.co.kr/sciencetech/)

(주)에이펙 인텔리전스가 개발한 과학 기술 정보 사이트로, 과학 이슈, 21세기 과학 기술, 과학 소식, 과학 학습, 표준 과학, 생명공학, 과학 자료실, 과학 이벤트 등의 다양한 과학 기술 정보를 제공하고 있다.

과학 뉴스(http://www.korzine.com/index.htm)

가장 빠르고 정확한 과학 소식은 물론 지적인 만족감을 제공하는 사이트로, 보기 드문 내용의 충실함과 내용의 깊이가 특징이다.

국내 과학 관련 사이트 목록(http://www.towen.com/startup/life/ sc.html)
국내의 과학 관련 사이트 목록을 제공하고 있다.

국제 회의록(학회지) Conference Proceedings(http://www.systech. co.kr/curran/)

Conference Proceedings(Non-commercial). 전자공학 · 컴퓨터공학 (Electronic Engineering/Computer Science), 기계공학 · 항공우주공학 (Mechanical/Aerospace Engineering), 도시공학 · 농학(Civil/Agricultural Egineering), 재료공학 · 화학공학(Matericals Science/Chemical Engineering), 물리학 · 수학(Physics/Mathematics), 생물학 · 의학 (Biology/Medicine), 지질학 · 지구과학(Geology/Earth Science) 및 기타 과학 기술 분야의 비영리 국제 회의록(학회지) ─ Non Commercial Conference Proceedings ─ 등의 자료를 제공하고 있다.

김태준의 음향 검출 기술 랩(http://www.kaeri.re.kr/tjkim/)

한국원자력연구소, 칼리머 검증 시험 랩의 음향 검출 기술 랩의 김태준의 개인 홈페이지이다. 최근 연구 동향을 소개하고 있다.

대전 지역 과학 기술 정보 서비스(http://science.metro.taejon.kr/)

대전광역시에서 제공하는 과학 기술 정보 서비스로, 대덕연구단지 정보, 산업단지 정보(입주 업체 홈페이지 링크 및 상품 정보 제공), 공공 도서관 안내 정보 및 도서 검색, 과학 기술 게시판, 한밭 도서관, 가상 체험관 등의 정보를 제공하고 있다.

The MathNet Korea(http://basilo.kaist.ac.kr/)

한국과학기술원 수리과학정보센터에서 제공하는 수학 관련 인터넷 서비스 MathNet의 홈페이지로, MathNet 소개, MathNet 지름길/도우미 (서비스에 대한 도움말), MathNet 소식과 함께 수학 관련 정보를 제공하고 있다(수학계 동정, 수학계 사람들, MathNet BBS, 연구 정보, 수학 교육, 가볼 만한 곳). 또한 한국과학기술원과 수리과학정보센터의 홈페이지가 링크되어 있으며 MathNet의 사용자로 등록하거나 다른 사용자의 정보를 볼 수도 있다.

블랙 박스(http://home.taegu.net/~yoshik2/)

비행기 사고의 원인을 가르쳐주는 중요한 부품 블랙 박스에 대해 소개하고 있다.

Science Net(http://www.cntg.co.kr/home.html)

과학과 관련된 다양한 정보를 제공해주는 Science Net, Astronomy, Bio, Biotech, Chemistry, Physics 등 과학 분야별 정보와 함께 과학 관련 정보를 국내 기업, 외국 기업, 학회 정보, 연구 기관, 대학 정보, 과학 뉴스, 구인, 구직 등으로 나누어 제공해주고 있다.

Science Net/Science Dir/과학의 장(http://www.science.co.kr/)

과학 관련 인터넷 디렉토리가 주제별·전공별로 정리되어 있고 인터넷 사이트, 국내 기업 소개, 해외 유명 기업 디렉토리 및 홈페이지와 링크되어 있으며 국내외 유명 학회와 연결되어 있다. 대학교, 정부, 공공·민간 연구소 홈페이지 등 과학에 관한 정보를 찾을 수 있다.

sapiens(http://ufo.sapiens.org/)

우주와 역사, UFO와 외계, 인간과 창조자에 대한 신기한 이야기들, 신화, 미스터리, 정신과 영혼, 기와 새로운 과학, 인류와 외계 문명 등 많은 자료들이 그림과 함께 제공되고 있다.

수맥의 비밀(http://www.dowsing.co.kr/)

수맥의 뜻, 탐사법, 피해, 방지, 대책, 수맥과 풍수, 수맥 게시판, 보도 자료, 오링 테스트 등의 자료가 제공되어 있다.

온라인 과학 클럽 마우비 홈페이지(http://maubii.com/club/)

지구촌 과학 토픽과 과학 관련 실험 및 자료, 온라인 판매 등으로 구성되어 있다.

U.F.O.(http://members.iworld.net/alario/)

호서대학교 물리학과에 재학중인 황래기의 개인 홈페이지로, 자기 소개와 함께 UFO에 관한 여러 가지 정보를 담고 있다. UFO에 관한 용어, 비행 패턴, 접근시 이상 현상, 모양(형태), UFO로 오인하기 쉬운 현상, 목격 사례, 관련 사이트 등을 볼 수 있으며 UFO의 홈페이지를 만든 이유를 덧붙여놓았다.

잠망경(Science Technology Yellow Page)(http://www.kordic.re.kr/~yellow/)

잠망경 서비스는 과학 기술 각 분야에서 전문성이 있고 연구 활동에 유익한 세계 각국의 홈페이지를 선정하여 한글로 요약 정리한 정보를 제공하고 있다. 이 서비스는 연구개발정보센터에서 개발한 정보 검색 시스템 KRISTAL-II와 한글 색인어 추출 시스템을 사용하여 제공되고 있다.

전자 소자(http://www.seoul-th.ed.seoul.kr/)

전자 소자는 공업계 고등학교 전자 계열, 혹은 전문대학의 전자 계열 학생들에게 기본적인 반도체 전자 소자에 대한 물리적인 이해를 돕고자 제작된 홈페이지로 서울공업고등학교 멀티미디어실에서 운영하고 있다.

정서와 음성 홈페이지(http://soback.kornet21.net/~cwjo/emotion.html)

정서와 음성에 관한 여러 가지 연결을 제시해주는 홈페이지이다. 정서적 음성을 합성하는 데모 사이트들, 정서에 관한 세계 각국의 연구실, 참고 문헌과 요약된 것들을 서비스하고 있다

창백한 푸른 점(http://user.chollian.net/~ynp69/)

지구와 태양계의 행성들에 관한 이야기, 행성 탐사선들의 정보와 행성 탐사 방법 및 그 탐사 장비에 관한 정보, 살아 있는 지구에 관한 이야기, 그리고 화성의 생명체에 관한 정보를 다루고 있다.

화성 탐사선 패스파인더 전송 사진(http://cosmos.kriss.re.kr/Mars/)

화성 탐사선 패스파인더의 최신 전송 사진을 다양하게 갖추고 있다 (Source: NASA- JPL).

디지털 교육

가상 교육 도시, 에듀랜드(EduLand)(http://www.eduland.co.kr/)

교육을 테마로 계획적으로 설계된 교육 신도시 에듀랜드에는 매일 메일로 제공하는 교육 뉴스 서비스와 2,500여 개의 교육 사이트들, 온라인 교육 웹 페이지들을 소개하는 가상 학교 등이 주요 메뉴로 구성되어 있다.

가상 학교(http://soback.kornet21.net/~jjsoo/)

가상 학교, 재택 강의, 원격 학습, 열린 학습 등의 개념으로 학교의 수업 현장을 실험하고 있다.

강원인터넷대학(http://www.koo.net/)

전문 의료 강좌: 내과·비뇨기과·산부인과·성인병클리닉, 한방의학 교실 건강 생활 강좌: 심리 상담, 대인 관계 배우기, 노인 치매 교실, 가족 건강 백과, 청소년과 약물 오남용, 청소년 성상담, 생활 유머, 일반 교양 강좌: 생활 법률 교실, 자동차 강좌, 환경 강좌, 부모 역할 훈련, 식생활 문화, 여성학, 장애인과 함께 생활, 경제 강좌: 직장인 창업 강좌, 소비자 정보, 부동산과 재테크, 나에게 맞는 부업, 주식 이야기, 그 밖에 등록자에게는 POP3, IMAP4까지 지원하는 무료 E-mail을 제공하며, 방대한 공개 자료실과 자바 대화방까지 갖추고 있다.

다우 인터넷 스쿨(http://dais.daou.co.kr/)

(주)다우기술의 멀티미디어 교실 프로그램인 평생학당DAIS은 수업의 주체인 선생님과 학생, 그리고 학부모의 교수 학습을 위한 각각의 역할을 충분히 살릴 수 있도록 모든 기능을 고려하였으며, 장소와 시간에 구애받지 않도록 하기 위하여 초고속망과 연계된 인터넷 환경으로 구축하였다. 멀티미디어 교실의 구축으로 일선 선생님들에게는 컴퓨터를 이용한 학습의 가능성을 확인하고 선생님과 학생들간의 수업을 원활하게 진행할 수 있도록 개발되었다.

멀티미디어 교수 학습 자료 DB(http://edunet.nmc.nm.kr/)

멀티미디어 교수 학습 자료는 초등학교 자연 교과목에 해당하는 멀티미디어 정보를 제공하고 있으며 이미지 · 동영상 · 소리 · TEXT 등의 자료는 수업은 물론 교육용 CD-TITLE 및 CAI 제작 등 다양한 용도로 활용될 수 있다(에듀넷 교사용 자료실→주제별 학습 자료→MALSM).

사이버 경영대학(http://www.humancyber.co.kr/buz.htm)

(주)휴먼앤사이버가 운영하는 사이버 경영대학의 홈페이지로 강의 안내 및 프로그램 개발 사업을 소개하고 있다.

사이버 멀티캠퍼스(http://www.cmchome.com/)

삼성멀티캠퍼스에서 1998년 11월부터 인터넷 사용자들을 대상으로 실시하는 본격 인터넷 원격 교육 서비스로, 경영/컨설팅/산업/CAD & Design/취업 다양한 분야에 대해 고품질 원격 교육 서비스를 제공하는 사이트이다.

서강대 가상대학 한국어 과정(http://multinet.sogang.ac.kr/)

서강대 가상대학에서 만든 외국인을 위한 한국어 교육 사이트이다.

서울대 가상대학 홈페이지(http://snuvc.snu.ac.kr/)

서울대 가상대학의 홈페이지로 원격 교육에 관한 정보를 제공하고 있다.

셰인잉글리쉬(http://www.addnet.co.kr/)

Shane Internet English는 인터넷의 다양한 멀티미디어 기능을 활용한 본격적인 사이버 잉글리쉬 스쿨로 NEWS, TOEIC, MOVIE, POP 등 다양하고 재미있는 내용으로 꾸며져 있다.

에듀랜드(http://www.eduland.com/)

솔빛에서 운영하는 인터넷 가상 교육 도시 '에듀랜드' 홈페이지다. 학원 정보, 교육 사이트, 교육 뉴스, 검색 센터, 유학 연수, 가상 학교, 만남의 광장, 비즈니스 안내 등으로 구성되어 있으며 교육 관련 정보를 검색하거나 얻을 수 있도록 서비스를 하고 있다.

여산서당 홈페이지(http://support.khan.co.kr/~shsj3501/)

여산서당의 홈페이지로 여산서당 및 선생님 소개가 있다. 또 동양 고전을 공부하고자 하는 사람들을 위한 교과 과정과 모집 요강을 상세히 실었다.

열린 사이버 대학(http://www.ocu.ac.kr:15000/)

열린 사이버 대학의 홈페이지로 시범 강의, 수강 신청 안내 등 가상 수업을 수강할 수 있도록 자세한 안내를 제공하고 있으며 1998년 9월부터 12개 회원 대학이 개설한 학위 과정 및 비학위 과정의 교과목을 수강할 수 있다고 한다.

Open Class 홈페이지(http://203.229.115.66/oxen21/)

학생들의 학습을 돕고 인터넷의 관심도를 높이기 위해 개설된 것으로 가족 소개와 관련 사이트, 살아오는 동안에 삶에 기쁨을 주셨던 분들과 제자들을 링크하였다. 열린 강의실을 개설하고 담당 교과와 컴퓨터에 관한 강의 실시를 시도하고 자체 서버의 자료와 연결된 ftp 서비스도 실시중이며 자체 제작 자료와 셰어웨어를 소개하고 있다.

유니텔 사이버 캠퍼스(http://www.unitel.co.kr/cyberuniv)

온라인상으로 국내외 저명 교수 및 전문가들의 강의를 수강할 수 있는 평생 교육의 장이다. 다양한 분야의 정규 강의와 실용적이고 흥미있는 특강이 진행되고 있다.

21세기 정보화 가상 대학 캠퍼스 21(http://www.campus21.co.kr/)

캠퍼스 21은 분야별 전문가들을 초빙하여 인터넷에서 강의를 진행하고 있다. 출간된 서적을 교재로 4~8주 과정으로 진행되며 학생은 강사에게 질문할 수 있고, 과제물을 제출해야 하며, 채팅 수업에 참여할 수 있다. 매달 공개 특강도 개최되고, 우수 학생에게는 장학금 지급과 해외 가상 대학 유학 기회도 마련되고 있다.

인간교육학회(http://user.chollian.net/~csscche/)

평생 교육을 위한 사이버 대학 인간교육학회 홈페이지로, 사이버 강좌를 하고 있다.

인터넷 스쿨(Internet School)(http://www.ischool.co.kr/)

Cyber School(가상 학교). 인터넷상에 만들어진 가상 학교로 실제 학교 생활하듯이 도서관에서 자료를 찾고 강의실에서 강의를 듣는 네티즌을 위한 공간으로 마련되었다.

일본어 일 대 일 학습 사이트(http://apstat.korea.ac.kr/~cyber/)

사이버 어학당에서 제공하는 일본어 일 대 일 학습 프로그램으로 맞춤 강의를 하고 있다.

(주)새롬정보서비스의 가상 교육 시스템(http://ces.saerom.co.kr/)

(주)새롬정보서비스에서 로터스 노츠 4.6을 기반으로 하는 가상 교육 시스템을 소개하며, 도미노 개발에 관하여 인터넷상의 무료 교육을 실시하고 있다.

(주)휴먼앤사이버(http://www.humancyber.co.kr/)

기존의 기업 교육의 풍부한 경험을 바탕으로 기업 교육, 산업 교육은 물론 인터넷을 이용한 사이버 경영대학(사이버 교육)을 운영하고 있으며, 다수의 기업 회원사를 보유하고 있다. 휴먼앤사이버의 교육 프로그램은 기업이 자사의 업무 환경에 적합한 프로그램을 개발하고 있으며, 연수원과 기업 훈련 등의 프로그램도 최근 도입하여 기업체 연수, 교육에 적용하고 있다.

푸른 솔(인터넷 가상 학교)(http://evergreen.ottas.co.kr/)

인터넷 가상 학교 '푸른 솔'은 인터넷망 속에서 초·중·고등학생들을 위해 교과 과정을 기본으로 한 정보를 다루는 사이트이다. 학습 마당, 자료 마당, 열린 마당, 시 마당, 다른 학교 엿보기, 인터넷으로 세계로 등의 다양한 메뉴를 통해 학습과 관련된 정보를 서비스하고 있다.

한국인터넷신학대(http://myhome.netsgo.com/theology/)

21세기 정보화 시대에 한국의 신학을 지구촌 어느 곳에서도 배우고 접할 수 있는 인터넷신학대학 사이트이다.

2. 디지털 문화 · 예술 분야

관련 단체들

계룡산 도예촌(http://user.chollian.net/~wist/)

계룡산 도예촌 홈페이지로 도예촌과 작가들의 작품, 각종 행사를 소개하고 있다. 계룡산 도자 예술촌은 충남 공주시 상신리 555번지 일대에 위치하고 있다. 시설물로서 16동의 개인 작업장 및 전시관, 공동 작업장, 도예 공원, 야외 소성장, 전통 가마, 운동장과 주차장을 갖추고 있으며 매년 '계룡분청 사기전' 이름으로 정기 전시회를 개최하고 있다.

대구판화가협회 홈페이지(강봉상의 판화 홈페이지)(http://home.taegu.net/~qpqpqp/)

강봉상의 판화 홈페이지는 판화의 저변 확대를 위한 대구판화가협회의 홈페이지로 대구 판화가 작품을 전시하고 있다. 또한 강봉상의 판화를 소개하고 있다.

아시아-태평양 공연 예술 아트센터협의회(AAPPAC net)(http://www.aappac.net/)

AAPPACnet은 아시아 태평양 지역에 있는 아트센터의 공연 예술 관련 정보를 체계적으로 데이터 베이스로 구축한 것이다. 공연 예술 관련 자료로는 Artist/Administrator, Company/Agency, Arts Centre, Venue/Hall, Programme, Festival 등에 관련된 정보를 다양한 방법으로 검색이 가능하다.

아트시티(http://www.artcity.co.kr/index2.html)

아트시티는 한국 문화 · 예술 및 미술을 중심으로 세계의 예술 공간, 사업, 생활, 기행을 집결한다. 프레임과 인터랙티브 환경을 활용하고, 적극적인 웹 프로모션과 갱신을 통해 네티즌 참여를 권장하며, 유통 및 전자 상거래를 극대화한다. 또한 예술 관계 기관 및 인사의 기본 정보를 무료로 등록 갱신하고, 정보의 무료 공유를 지향하고 있다.

예술 사업(http://artbusiness.artcity.co.kr/)

예술 사업은 미술 시장, 가상 사업, 예술 업체를 다루고 있다. 미술 시장은 경매, 아트페어, 아트숍을 소개하며 경매 기사를 볼 수 있다. 가상 사업에는 가상의 갤러리, 예술 사업, 아트숍이 실려 있고 예술 업체에서는 예술 용품 제작, 아트 서비스, 아트 컨설팅 회사를 소개하고 있다.

예술의 전당(http://www.sac.or.kr/art/sac_program.cgi?func=new_main)

예술의 전당 홈페이지로 각 전시 · 공연 소개와 일반 안내, 오페라하우스 · 음악당 · 미술관 · 서예관 · 예술 자료관 · 야외 공간 등의 내용으로 정리되어 있다.

온라인한인예술인협회(http://www.koreansociety.org/)

미주에 거주하는 한인 문학 · 미술 · 음악 종사자들의 홈페이지이다.

장애인문화진흥계발원(http://cad.drama.co.kr/cad/index.htm)

장애인을 위해 설립된 장애인문화예술진흥개발원의 홈페이지로 설립

취지, 사업 내용, 연혁과 조직, 후원 회원, 공연 작품 안내와 모의 회원 가입 안내, 할인 쿠폰, 공연작 소개, 공연 소식, 대화방, 회원 광장, 인터넷 가이드가 제공되어 있다.

한국공연예술매니저협회(http://members.tripod.com/~jooyt/)

한국공연예술매니저협회는 국내 클래식 공연 기획자들의 협의체이다. 국내에서 이루어지는 각종 클래식 공연을 기획하고 유치하는 기획자들의 네트워크로 상호간의 정보 교환과 권익 보호를 목적으로 하고 있다.

한국공연예술창작연구소(http://www.kpar.org/)

한국 공연(음악 · 미술 등 종합 예술 작가 홈페이지) 예술 정보 및 창작 예술 연구 발표를 소개하고 있다.

한국구족화가협회(http://my.netian.com/~mfpa/)

구족화가협회는 신체적인 장애를 가진 사람들이 입이나 발가락을 사용하여 그림을 그리는 국제적인 화가들의 모임이다. 구족화가협회는 세계 50개 국에 500여 명이 활동하고 있으며, 한국에는 20명의 회원이 가입되어 전시회 및 여러 창작 활동을 하고 있다.

한국미술협회(artkorea)(http://www.dmcity.co.kr/~artkorea/)

한국미술협회가 주관하는 미술 사이트로, 미협 회원들로 구성되어 있고, 작가의 작품을 동영상 · 슬라이드 등 3차원 영상으로도 보여준다. 메뉴로는 한국미술협회, 미술사, 아티스트, 오늘의 작가, 사이버 전시, 사이버 미술 공모전, 뉴스와 매거진, 갤러리 등이 있다.

한국수채화협회(http://www.watercolor.or.kr/)

한국수채화협회 소개, 회원 동정, 명부 안내, 13회 공모전과 20회 협회전 진시 작품 소개 및 협회 소속 작가들의 사이버 갤러리 전시, 미술 관련 추천 사이트 등을 볼 수 있다.

한국영상자료원(http://www.cinematheque.or.kr/kfa_home/)

한국영상자료원은 국가적 차원에서 우리의 영상 문화를 수집, 보관하는 유일한 기구로 1974년 1월에 설립된 법인이다. 한국 영화 데이터 베이스를 서비스하고 있다.

한국예술종합학교(http://www.knua.ac.kr/)

'음악 · 연극 · 영상 · 무용 · 미술 · 전통 예술' 분야의 예술 인력을 양성하는 4년제 국립대학인 한국예술종합학교The Korea National University of Arts의 홈페이지로 학교 관련 정보에 대한 소개를 하며 예술 관련 정보와 관련 단체 목록 등을 제공하고 있다.

한국포토저널리즘학회(http://www.kopas.or.kr/)

한국포토저널리즘학회 홈페이지이다. 포토저널리즘학회는 국내의 대학 교수 및 현업 사진 기자들이 만들어가는 단체이다.

문화 분야

The History for one(http://plaza1.snu.ac.kr/~jggyou/)

한국사 특강을 정리해놓은 인터넷 사이트로 한국인의 기원과 국가의 형성에서부터 제국주의의 침입과 근대화 운동, 한국의 문화와 종교 등 한국사의 전반을 개관하는 사이트이다.

세계 속의 코리아나(http://www.koreana.com/)

지구상에 있는 한국인의 정보를 제공하는 사이트이다.

I LOVE KOREA(http://my.netian.com/~ilk/)

한국의 사회 · 문화를 외국인들에게 바르게 전하고자 노력하는 전국 대학 동아리 아이셀 관련 정보와 회원들이 취재한 한국의 문화를 소개하고 있다. 또한 한국인들과 외국인들과의 펜팔 및 홈스테이를 주선하고 있다.

A WINDOW ON KOREA(http://www.iworld.net/Korea/)

한국에 대한 모든 정보가 담겨 있는 A WINDOW ON KOREA는 한국의 정치 · 경제 · 사회 · 산업 · 문화 · 여행 등의 여러 영역으로 나누어 정보를 제공하고 있다.

외국인을 위한 한국 Yellowpages(http://www.yellowpages.co.kr/)

한국의 외국인을 위한 정보 사이트로 매일 업데이트가 되며, 검색 엔진 서비스도 있다. 외국인이 한국에 올 때의 문화적 충격을 줄여주는 데 기여할 수 있는 페이지이다.

우리세상(우리 문화-인터넷 상설 전시관)(http://www.yellowpages.co.kr/)

인터넷 전시관 우리세상 홈페이지로, 우리 문화 · 역사에 관한 내용을 다루고 있다.

인터내셔널클럽(http://my.netian.com/~intclub/)

외국인에게 한국 문화를 비롯한 각국의 문화 정보를 제공하고 한국인과의 문화적 교류를 도모하고 있다.

전통과 현대 홈페이지(http://suny.yonsei.ac.kr/~jontong/)

계간 『전통과 현대』 홈페이지로 1997년 창간되어 그 동안 유교, 전통 사상, 전통 문화 등에 대한 깊이 있는 논의를 진행시키면서 주목받고 있는 학술지이다. 전통에 대한 왜곡된 사고를 비판하면서, 새로운 학문적 지평에서 우리의 전통에 대한 평가 작업을 하고 있다. 계간지의 논문들이 수록되어 있으며, 도서출판 전통과 현대의 책도 소개되어 있다.

한국 문화 관광(http://hill.shingu-c.ac.kr/~lbk1/index.html)

한국의 지역 소개 및 관광 안내 정보를 제공하고 있으며 지역별 특색과 문화, 시정 소식 등의 정보를 제공하고 있다.

한국 문화를 알자(http://www.shinbiro.com/~koreact/home.htm)

한국 문화에 관한 홈페이지이다. 내용은 한국의 역사 · 문화재 · 풍습 · 생활 양식 · 명절 · 문화 사이트, 연령별 문화에 대해 소개하고 있다. 혼례와 예절, 제사법, 의 · 식 · 주거 방식 등 우리가 알아야 할 우리 문화에 대한 모든 정보를 제공하고 있다.

한국문화정책학회(http://plaza.snu.ac.kr/~kscp/)

한국문화정책학회의 홈페이지로 문화 정책에 관심 있는 분들의 많은 이용을 바라며 회원 가입 방법, 문화 정책 관련 논문이나 단행본, 회원들의 토의실을 준비하고 있다.

한국의 문화 유산(http://members.iworld.net/ltwolf)

경성대학교의 홈페이지가 링크되어 있으며 불교 미술과 한국의 절에 대한 내용들을 소개하고 있다. 역사 자료와 다른 답사 자료를 정보 제공 중에 있다.

한국의 미(http://my.netian.com/~jesesoft/)

우리 옛것의 아름다움을 되찾기 위한 홈페이지로 의·식·주, 기타 우리 선현들이 남긴 아름다움과 멋을 되짚어볼 수 있는 여유로움을 간직하고 있다.

한국의 민속놀이 홈페이지(http://galaxy.channeli.net/happycyj/)

한국의 민속놀이 홈페이지로 한국 민속놀이에 관한 정보를 제공하고 있다.

한국의 전통 기와(http://galaxy.channeli.net/jjanpen/)

국내 최초의 한국 전통 기와 사이트로 기와의 종류와 제작 방법 및 시대별 특징을 소개하고 있다.

한국정보자료센터(http://www.geocities.com/Tokyo/Flats/3523/)

한국의 신문·잡지·방송, 한국 검색 엔진, 한국어 채팅 등에 대해 한국과 관련된 정보를 링크시켜놓은 홈페이지이다.

Korea Insights(http://korea.insights.co.kr/korean/index.html)

한국 문화를 전반적으로 소개하는 홈페이지로 문화 유산(상생), 전통 생활 문화(난장), 김수남 사진전, Korean Q & A, News & Event, 한국 자수 박물관, 사물놀이로 구성되어 있으며 한국의 문화 유산과 전통 생활 문화들을 사진·동영상과 함께 설명하고 있다.

koreatradition(http://galaxy.channeli.net/tradition/)

한국의 전통 문화 및 전통 문화 상품 정보를 담고자 하는 사이트이다.

KOREA 홈페이지(http://www.korea.com/)

한국에 대하여 소개하고 있다.

한국학 지구 네트워크(http://www.hahnnet.org/)

한국 · 한민족 · 한국사 · 한국 문화 · 한글 등 한국에 관한 모든 정보를 제공하고 있다. 역사 · 문화 · 예술 · 문화재 · 유적지 등 문화 유산, 철학과 사상, 의식주, 법과 제도, 국토(영토), 제주도, 독도, 관광 여행 등 전분야에 걸친 정보가 담겨 있다.

한복집(http://www.geocities.com/Tokyo/Flats/3523/)

우리나라의 의복인 한복에 대한 모든 것을 다루고 있다. 한복이란 무엇인지 그리고 한복의 종류 등을 제공하고 있다.

문학 분야

국민일보-새로 읽는 고전(http://www.kukminilbo.co.kr/cgi-bin/artlist?p=0402)

국민일보에서 제공하는 고전 문학을 해설과 함께 제공하고 있다.

문학과사회(http://www.moonji.com/)

문학과지성사가 발행하는 계간 『문학과사회』의 홈페이지로 최근 호의 일부 내용과 지난 호의 내용 전문을 공개하고 있다. 1997년 겨울호를 시작으로 하여 매월 업데이트되고 있으며 문학과지성사와 계간 『문학과사회』의 간략한 소개 및 연혁, 방명록과 게시판을 통한 상호 의견 교환 등을 다루고 있다.

새로 나온 책(http://www.digiweb.com/~kmy/new.htm)

새로 나온 책을 소개하는 페이지로 책의 표지 · 제목 · 작가 · 가격 등의 정보를 볼 수 있다.

시문학(http://www.propose.co.kr/poetry/)

시문학사에서 발행하는 시 전문 월간 문예지로 신작시 특집, 우수 작품상, 시에 관한 명상록, 주부 백일장, 해외 문예 등 풍부한 읽을거리를 제공하고 있다.

Atman Protestant(http://home.taegu.net/~friends/)

공상과학소설과 사진을 실어놓은 홈페이지로 Son of Bits, Papers, Woman of the World, Babylon5로 구성되어 있으며 '악당은 지옥으로' 라는 공상과학소설과 세계의 여성들이라는 사진들을 모아놓았다.

인터넷 시집(http://home.taegu.net/~friends/)

인터넷 시집은 직접 지은 시들로 그 중 혼자하기에 너무 아깝도록 좋은 시들을 모아서 하나의 시집을 만들어 모든 사람들에게 자신이 지은 시를 보여주는 하나의 '책' 이다.

장석원의 즐거운 책읽기(http://myhome.netsgo.com/jbob/)

알찬 도서 정보로 가득 찬 사이트로 서평 · 기사 · 출판가 화제 등 제공하고 있으며, 넷츠고 우수 홈페이지에 선정되었다.

Korean Top 10-bestseller(http://www.digiweb.com/~kmy/ best.htm)

Korean Top 10-bestseller는 한국의 도서 베스트 셀러와 가요 순위를 소개하고 있는 페이지이다. 한국 서점, 베스트 셀러, 새로 나온 책, 가요 TOP, CD-ROM, New CD 등 각 주제별로 해당 상품과 가요들을 소개하고 있으며 주문도 가능하다.

미술 분야

GALLERY CHUNG-ANG(http://korscape.com/gallery/)

미술 전문 홈페이지인 갤러리 중앙은 21세기 작가 활동과 예술 문화에 앞장서며 서울 주요 화랑가 안내, 캔버스, 미술 재료, 안료 등에 대한 정보가 있다. 이야기 마당에서는 우리 시대 예술에 대한 여론과 의견을 접할 수 있다.

FINEART(http://www.artcenter.co.kr/fineart/index.html)

FINEART 홈페이지로, 해외 · 국내 미술가와 작품 · 박물관 · 예술의 거리 등 미술 관련 정보를 제공하고 있다.

ARCO Gallery(http://www.artinkorea.com/ARCO.html)

인터넷 갤러리 아르코는 새로운 미술 전시 문화를 선도할 가상 미술 전시관이다. 일반 대중의 미술에 대한 이해를 높이고 신진 작가의 등용문이 되며 우리 미술을 전세계에 알리는 것을 목적으로 하고 있다.

Art Gallery(아트 갤러리)(http://www.futec.com/frame/gallery.htm)

국내 유명한 동양화 및 서양화를 소개하고 있다.

ART REVIEW(http://www.a-r-t.net/)

한국의 미를 소개하며 한국 미술가의 작품과 글을 수록하고, 가상 전시회를 개최하는 사이트이다.

ART in KOREA(http://www.artinkorea.com)

한국의 작가 · 화랑 · 박물관 · 미술관 · 전시관 · 미술 단체 · 뉴스 · 잡지 · 교육 · 게시판 등을 담았다.

음악 분야

Music: MUXTURE(Mixture of Music)(http://bora.dacom.co.kr/~mega22/)

음악 평론 페이지로 음악 감상, 음악 치료, 앨범 소개, 재즈, 우리 음악 등의 다양한 주제의 글이 소개되는 MUXTURE와 서치 엔진 모음, 음악과 영화에 관련된 사진 모음, 방명록, 채팅, M.O.R.E(음악 감상 모임) 등의 내용으로 꾸며져 있다.

링크코리아뮤직(http:/link.koreamusic.net/)

국내 음악 관련 홈페이지들 링크시킨 음악 검색 사이트로 모든 음악 정보를 담고 있다.

음악세상(http://www.musikbank.com/)

음악을 좋아하는 네 사람이 만든 홈페이지로 만든 이들 소개, 음반·합창단·클래식·성가 등의 정보가 있는 소리샘, 악보, VQF 파일 등의 자료실, 클래식 정보가 있는 키드 클래식이 있고 음악 관련 사이트가 링크되어 있다.

음악 정보 전문 인터넷 신문inews(http://www.inews.org /cgi-bin/Inews/show.pl? En rol _eng =News70&Enrol_kor=MUSIC365)

음악 정보 전문 인터넷 신문 inews. music365는 음악 관련 전문 정보를 제공하는 인터넷 신문이다.

인터뮤직(Intermusic)(http://www.intermusic.co.kr/)

음악 정보 서비스로, 7개의 음악 장르(가요·팝·록 & 메탈·종교 음악·영화 음악·클래식·재즈)를 나누어 각 장르의 전문 관리자가 앨범과 아티스트를 소개해주고 사용자가 직접 뽑는 최신 가요 순위인 Updown30과 사랑하는 연인과 고마운 사람들에게 축하 카드 보내기, 그외 음악계 소식과 공연 정보를 알려주는 뉴스 클리핑 등을 제공하고 있다.

전문 음악 잡지 사이버 스리엠 홈페이지(http://user.chollian.net/~petter/)

사이버 스리엠은 음악 잡지로서 정보·이벤트·음악 기행 등, 보는 것뿐만 아니라 듣고 참여 할 수 있는 전문 사이트이다. 특히 음악에 관심 있는 사람들을 위해 새로운 실용 음악 교육 부분도 다루었다.

한국의 음악 치료(http://www.mtherapist.com/)

국내 최초의 음악 치료 전문 사이트이다. 음악 치료에 대한 개괄적인 내용에서부터 음악 치료 세미나 정보, 자폐아 등의 임상 사례, 한국의 음악 치료사, 음악 치료 교육 과정, 세계의 음악 치료 현장 기사, 논문 등 유용한 정보가 수록되어 있다. 음악 치료학도는 물론 장애아를 둔 부

국립현대미술관(National Museum of Contemporary Art, Korea)
(http://www. moca.go.kr/)

국립현대미술관의 홈페이지로 소장 작품 정보와 작가 정보, 전시회 정보, 미술관 안내 등의 내용으로 구성되어 있다.

극단 오늘, 연극 문화 예술 전문 사이트(http://www.drama.co.kr/theater/index.htm)

극단 길라잡이, 연극 문화 예술 전문 사이트로, 공연 사진, 쿠폰 모음, 연극 소개, 인터넷 미팅, 개그, 유머, 채팅, 인터넷 카드, 공짜 코너, 대학로 명소, 홈 강좌, 자바 강좌 등의 메뉴가 있다.

꾸러미―비포장 문화 예술 공간(http://www.jamjam.net/ggurumi/)

비포장 문화 예술 공간 꾸러미로 무료로 즐길 수 있는 문화 예술 정보가 많이 있다. 연극 · 콘서트 · 뮤지컬 전시―전시 안내, 갤러리 소개, 박물관 교육 · 강좌 안내 등으로 구성되어 있다.

문화 공연 정보(http://www.drama.co.kr/magazine/index.htm)

연극 · 콘서트 등 문화 공연 정보를 제공하는 홈페이지로 추천 연극 게시판과 극단 창조, 예우, 까망의 홈이 링크되어 있다.

문화 광장(http://www.hanq.net/~foxinny/cll1.html)

연극과 뮤지컬 공연 정보가 제공되어 있다.

사이버 박물관(http://bora.dacom.co.kr/~warmm/)

한민족 역사 속에서 수많은 전쟁과 무기를 배울 수 있는 가상 박물관이다. 전쟁과 무기라는 부제하에 국방에 관련한 각종 군사 유물과 각종 전쟁사 및 전적지 자료를 상세히 제공하고, 또한 우리 문화재에 대한 궁금증도 질문과 답변 형식으로 설명하고 있다.

사이버 부산해양박물관(http://seaworld.pusan.kr/default_exp.htm)

부산에 있는 사이버 부산해양박물관의 소개와 시립 해양생물전시관, 해양도선관, 어린이와 해양, 등대박물관, 사이버 해양박물관 항해 등의 내용으로 구성되어 있으며 다양한 해양 및 수산 자료를 제공하고 있다.

서울시립미술관(http://www.metro.seoul.kr/muse/)

서울시립미술관의 홈페이지로 시립미술관에서 열리는 각종 전시회 정보와 함께 전시되는 모든 작품을 갤러리 형태로 감상할 수 있다. 또한 DB를 통해 소장 작가의 작품과 작가 소개를 볼 수 있으며 금요 시민 강좌를 통해 인터넷 교양 강좌가 이루어지고 있다.

은암자연과학박물관(http://huniv.hongik.ac.kr/~sexykko/)

마포구에 위치하고 있는 우리나라 최초의 자연과학박물관으로서 제2회 홍익대학교 홈페이지 경진대회에서 대상을 받은 작품이다. 제작자는 김한상(프로그램), 금경옥(디자인)이며 현재 홍익대학교 홈페이지에도 올라와 있다.

이화여대의 자연사박물관(http://mm.ewha.ac.kr/~nhm/)

이화여자대학교 내에 있는 자연사박물관에 대한 홈페이지로 국내 처음으로 대학 자연사박물관을 개설하였으며 그 자료의 양과 규모에 있어서 교내 박물관으로는 상당한 수준이다.

참소리축음기오디오과학박물관(http://www.kitel.co.kr/audio/)

축음기와 오디오 전문 박물관, 참소리축음기오디오과학박물관을 소개하고 있다. 박물관은 강원도 강릉시 송정동에 위치하고 있으며, 축음기 및 오디오 관련 기기를 1,600여 점 소장하고 있다. 이 모든 기기들은 현재 음악 재생이 가능하다. 그리고 세계에서 유일하게 보존되어 있는 기기도 있다.

풀무원 김치박물관(http://www.skc.co.kr/museum/kimchi/index. htm)

김치박물관에서는 김치의 역사와 맛 · 영양에 대해 소개하고 갖가지 김치의 종류도 볼 수 있다.

KOEX(http://www.koex.co.kr/)

한국종합전시장KOEX의 홈페이지이다. KOEX 안내(시설, 사업 내용, 대표이사 인사말, KWTC 소개, 일반 사항), 전시회 안내(해외 전시회, 1997년 전시회 일정), 오늘의 전시회, KOEX 뉴스, APECC 소개, 추천 사이트 등

으로 구성되어 있다

한국전통박물관(http://soback.kornet.nm.kr/~kjk55/museum.htm)

중앙대 산업디자인학과 2학년 학생들이 컴퓨터 그래픽스 시간에 제작한 홈페이지로, '한국의古목가구' '김치박물관' '사전자수박물관' '국악박물관' '절두산순교박물관' '국립민속박물관' '궁중유물전시관' '태평양박물관' '호림박물관' '현대의상박물관' '롯데민속박물관' '화폐박물관' '우표박물관' '짚ㆍ풀생활사박물관' '김준교갤러리' 등의 박물관들을 체계적으로 모아두었다.

한미박물관(Korean American Museum)(http://www.lacn.org/ kam/)

한미박물관은 다민족 미국 사회의 일원인 재미 한인들의 역사를 수집ㆍ보관ㆍ전시하는 사업을 하고 있다. 한미미술관은 미술 전시회, 음악 연주회, 사진 전시회, 강의 등을 주최하고 있다. 재미 한인 예술가들의 정보를 소개하고 있다.

영화 분야

국제영화제조직위원회(http://kiffoc.ik.co.kr/)

KIFFOC(Korea International Film Festival Organizing Committee)의 웹페이지로 한국 영화 1990년부터 1996년까지 모든 작품들을 영문으로 서비스 하고 있다. 전세계 200여 개의 영화제와 서울국제어린이청소년영화제 SIFFCY 등 국내의 영화제에 대한 자세한 정보도 볼 수 있다.

네오영화예술연구원(http://www.neofilm.co.kr/)

영화를 사랑하는 모든 사람들에게 열려 있는 네오의 홈페이지는 영화 전문 인력을 양성하는 네오 영화 학교, 각종 영화 정보와 영화에 관계된 모든 데이터 베이스를 구축하고 있는 네오영화기획정보센터, 네오시네마테그, 네오시나리오 공동 창작회의 소개와 안내를 수록하고 있다

무.메.광-MovieMania Gwang(http://galaxy.channeli.net/meery/)

무.메.광은 격주제로 업데이트되는 영화 사이트로 최근의 영화와 국내 미개봉작들, 오랜 고전 영화들을 다루고 있으며 사용자들이 직접 참여할 수 있는 코너가 많이 마련되어 있다.

videazimut(SING 정보 연대)(http://www.videomove.org/)

정보 연대 SING가 만들고 있는 전세계적인 미디어 운동 단체 연합인 videazimut 사이트로 영화·비디오 관련 영상 매체에 관한 정보를 제공하는 홈페이지다. 영화·비디오들을 분석한 글과 신작들에 대한 소개를 얻을 수 있으며 관련 사이트들을 링크시켜놓고 있다.

FilmMania(http://www.bostonkorea.com/)

21세기 한국 영화 혁명을 위한 FilmMania에서 선보이는 '한국어 사이트'이다. 한국 영화의 세계화를 위해 전세계 곳곳의 영화를 사랑하는 젊은이와 함께할 수 있다.

HANART(http://my.netian.com/~hanart/yes!.htm)

영화 상식·영화 소개·영화계 소식, 창작시·시모음·글모음·창작 소설이 소개되었다.

필자 소개
(*가나다순)

곽애경

한국과학기술원 인공지능연구센터 post-doc. 과정. 충북대학교 과학교육학부를 졸업하고 석사학위를 받았으며, 목포대학교에서 박사학위를 받았다. 충북대 · 목포대 · 대진대 강사를 거쳐 청주대학교 강사, 녹색연합 생태보전위원회 운영위원으로 있다. 식물 분류 생태 및 환경 생태 분야를 주전공으로 연구하고 있으며, 이들 분야에서 학회지 및 국내외 학술 회의를 통해 발표된 다수의 논문과 보고서 등이 있다.

권은숙

한국과학기술원 산업디자인학과 교수. 서울대학교 산업미술과를 졸업하고, 서울대학교와 미국 오하이오 주립대학교에서 연이은 석사학위를 받았다. 미국『디자인 이슈 Design Issue』저널의 편집이사이며, 컴퓨터 이용 디자인 교육에 관한 다수의 논문을 발표했다. 저서로는『색으로 승부하는 21세기』, 역서로는『컴퓨터 예술의 세계』등이 있다.

노영해

한국과학기술원 인문사회과학부 교수. 서울대학교 음악대학 기악과 졸업 후 미국 텍사스 주립대학(오스틴) 대학원에서 음악학으로 석사 및 박사 학위를 받았다. 저서에는『오페라 이야기』『들으며 배우는 서양 음악사』, Korean Studies가 있으며, 역서로는『서양 음악의 어법과 의미』

『페달링의 원리』 등이 있다. 19세기의 서양 음악사 중 오페라와 건반 음악이 전공 분야이며, 한국 전통 음악의 현대적 응용, 한국의 대중 음악, 기능 음악 분야에 관한 다수의 논문이 있다.

박상찬

한국과학기술원 산업공학과 교수. 서울대학교 경영학과를 졸업하고, 미네소타-미니애폴리스 대학에서 석사 및 Illinois-Urbana & Champaign 대학에서 박사학위를 받았다. 인공 지능과 전문가 시스템, 공급 사슬 관리 등을 주연구 분야로 하고 있으며, 미국 Society for Information Management, Doctoral Fellow of 1988 및 최우수 박사논문상을 수상했고, 국제 논문을 비롯하여 다수의 논문이 있다.

시정곤

한국과학기술원 인문사회과학부 교수. 고려대 국어교육과를 졸업하고, 고려대 국어국문학과에서 석사 및 박사 학위를 받았다. 미국 하버드 대학 언어학과 객원연구원을 역임하였다. 저서로 『국어의 단어 형성 원리』 『생각 · 짜임 · 글』(공저)이 있고, 역서로 『장벽 이후의 생성문법』(공편역)이 있다. 연구 분야는 국어의 형태-통사론이며, 국내외 그리고 학술 회의에서 다수의 논문 등을 발표하였다.

신정관

경기과학고를 나와 한국과학기술원에서 전기 및 전자공학과를 졸업하고 산업경영학과에서 석사학위를 받았다. 현재 산업공학과 박사과정에서 경영 정보 시스템을 중심으로 공부를 계속하고 있다. 기업의 의사 결정 과정에 데이터 마이닝 Data Mining 방법을 응용하는 것을 주요한 연구 주제로 하여, 삼성전자와 반도체 품질 향상에 관한 프로젝트를 수행한 바 있다. 지금까지 국제학술지, 국내외 학술대회에서 다수의 논문을 발표하였다.

원광연

한국과학기술원 전산학과 교수. 서울대학교 응용물리학과를 졸업하고, 전산학 전공으로 미국 위스콘신 대학교와 메릴랜드 대학교에서 석사 및 박사 학위를 받았다. 국방과학연구소 선임연구원, 하버드 대학교 강사, 펜실베이니아 대학교 조교수 및 SIG-HCI학회 회장 등을 역임하였다. 가상 현실, 인간-컴퓨터 상호 작용 및 Culture Computing을 주연구 분야로 하고 있으며, 저널과 학술 회의에 발표한 국제 논문을 비롯하여 다수의 국내 논문과 저서 등이 있다.

윤완철

한국과학기술원 산업공학과 교수. 서울대학교, 한국과학기술원 산업공학과에서 각각 학사학위와 석사학위를 받고 미국 조지아 공대에서 산업 및 시스템공학으로 박사학위를 받았다. 인지공학과 인간-컴퓨터 상호 작용을 주연구 분야로 하고 있으며 이들 분야와 인공 지능, 산업공학 등의 분야에서 다수의 논문이 있다.

이광형

한국과학기술원 전산학과 교수. 서울공대 산업공학과를 졸업하고, KAIST 산업공학 석사, 프랑스 INSA(응용과학원)에서 전산학 석사·박사 학위를 받았다. 미국 스탠포드대 연구소 초빙교수를 역임했다. 저서로 『달팽이와 TGV』『누가 컴퓨터를 두려워하는가』『포철 같은 컴퓨터회사를 가진다면』『멀티미디어에서 사이버 스페이스까지』『과학 기술에 미래를 건다』 등이 있다. 연구 분야는 인공 지능 퍼지 이론이며, 다수의 국제 논문과 특허가 있다.

최기선

한국과학기술원 전산학과 교수 및 전문용어언어공학연구센터 소장. 서울대학교 수학과를 졸업하고 한국과학기술원에서 전산학 전공으로 석사 및 박사 학위를 받았다. 저서로는 『인공 지능 입문』 『한글공학』이 있고, 역서로 『인지과학: 마음, 언어, 계산』 『자연 언어 처리』가 있다. 연구 실적으로 철자 교정기, 자동 색인기, 영한 및 한영 기계 번역 시스템, 지능형 정보 검색 및 비정형 엔진, 한국어 자연 언어 질의 인터페이스 개발, 국어 정보 베이스 구축 등이 있으며, 국내외 자연 언어 처리 분야에서 다수의 논문을 발표하였다.

최혜실

한국과학기술원 인문사회과학부 교수. 서울대 국어교육과를 졸업, 동대학원 국어국문학과에서 석사 및 박사 학위를 받았고, 1991년 『문학사상』 평론 부문 신인문학상을 수상하였다. 미국 하버드 대학 한국학연구소 객원교수를 역임하였다. 저서로 『한국 모더니즘 소설 연구』 『한국 현대 소설의 이론』, 편저로 『소설가 구보씨의 일일』 등이 있고 「「소설가 구보씨의 일일」에 나타나는 '산책자' 연구」 「이상 문학과 건축」 「통합 서사를 향하여」 외에 모더니즘 문학, 대중 문화, 여성 문학 분야에서 다수의 논문을 발표하였다.